COMO UM GRUPO DE DESAJUSTADOS DERRUBOU A PRESIDENTE

Kim Kataguiri e Renan Santos

COMO UM GRUPO DE DESAJUSTADOS DERRUBOU A PRESIDENTE

MBL: A ORIGEM

1ª edição

EDITORA RECORD
RIO DE JANEIRO • SÃO PAULO
2019

CIP-BRASIL. CATALOGAÇÃO NA PUBLICAÇÃO
SINDICATO NACIONAL DOS EDITORES DE LIVROS, RJ

K31c

Kataguiri, Kim
Como um grupo de desajustados derrubou a presidente: MBL: a origem / Kim Kataguiri, Renan Santos. – 1ª ed. – Rio de Janeiro: Record, 2019.

ISBN 978-85-01-11796-0

1. Brasil – Política e governo – Séc. XXI. 2. Corrupção na política – Brasil. 3. Rousseff, Dilma, 1947- – Impedimentos. 4. Ativistas políticos. 5. Liberalismo. I. Santos, Renan. II. Título.

19-58835

CDD: 320.510981
CDU: 329.12(81)"20"

Vanessa Mafra Xavier Salgado – Bibliotecária – CRB-7/6644

Copyright © Kim Kataguiri e Renan Santos, 2019

Todos os direitos reservados. Proibida a reprodução, armazenamento ou transmissão de partes deste livro, através de quaisquer meios, sem prévia autorização por escrito.

Texto revisado segundo o novo Acordo Ortográfico da Língua Portuguesa.

Direitos exclusivos desta edição reservados pela
EDITORA RECORD LTDA.
Rua Argentina, 171 – Rio de Janeiro, RJ – 20921-380 – Tel.: (21) 2585-2000.

Impresso no Brasil

ISBN 978-85-01-11796-0

Seja um leitor preferencial Record.
Cadastre-se em www.record.com.br
e receba informações sobre nossos
lançamentos e nossas promoções.

EDITORA AFILIADA

Atendimento e venda direta ao leitor:
sac@record.com.br

In memoriam
Paulo Atuhiro Kataguiri

Dedicamos esta obra a todos os amigos e parceiros que participaram conosco desta jornada improvável. Dos familiares angustiados aos milhares de líderes do movimento; do cidadão solitário fitando seu celular aos líderes partidários que tomaram a decisão certa: construímos, juntos, estas páginas que se seguem.

É história boa? O tempo dirá.

Mas é boa história.

É isso que importa no final.

SUMÁRIO

Capítulo I: Uma festa inesperada   11
Renan Santos

Capítulo II: Um cara perdido   27
Renan Santos

Capítulo III: Raio privatizador   71
Renan Santos

Capítulo IV: Surge o movimento   93
Kim Kataguiri

Capítulo V: Colocando o bloco na rua   117
Kim Kataguiri

Capítulo VI: A Marcha pela Liberdade   151
Renan Santos

Capítulo VII: O impeachment avança   193
Kim Kataguiri

Capítulo VIII: O acampamento   209
Renan Santos

Capítulo IX: Entreato 249
Renan Santos

Capítulo X: Reorganizando as tropas 259
Renan Santos

Capítulo XI: No corner 297
Kim Kataguiri

Capítulo XII: A batalha final 325
Kim Kataguiri

Capítulo XIII: Ressaca de rodoviária 353
Renan Santos

Agradecimentos 361

CAPÍTULO I
UMA FESTA INESPERADA

por Renan Santos

Abri o porta-malas do carro com aquela habitual cara de fastio — a de quando sei que terei que descarregar caixas e mais caixas de som. Se tem algo que você realmente faz quando tem uma banda é carregar coisas, e desse clichê nunca fui poupado. A visão não é das melhores. Meu irmão, Alexandre, havia acomodado alguns garrafões de vinho barato junto aos instrumentos, tornando confuso meu cálculo mental sobre o número de viagens a serem feitas. Seriam três pra cada homem? Quantos quilogramas por braço? Quem carregaria o quê?

A maior das certezas se encontrava sem meus braços. Meu adorado amplificador é também *adoravelmente* pesado. Um Fender Hot Rod Deluxe, um dos poucos bens materiais que acumulei e que o gosto de mostrar aos outros com ares de entendido. *Veja só, dá uma olhada nessas duas válvulas!* Torci para que alguém fizesse as honras e o conduzisse solenemente até o deck ao lado da piscina. O trajeto do carro até seu destino final deveria ser — necessariamente — acompanhado pelos saltos comoventes da turma de cachorros que habitava o sítio, transformando os pouco mais de cem metros de caminhada em uma espécie de *Pitfall* rural com baba e poças d'água. Não é pra qualquer um. Não queria que derrubassem meu amplificador.

Era sábado, 7 de setembro de 2013. Existiria data melhor para iniciar essa história do que um glorioso 7 de setembro? Poderia decorar esta narrativa com ilustrações patrióticas de Sérgio Moro que não alcançaria adereço simbólico mais verde-amarelo do que o dia da independência do Brasil. Vivíamos, então, o aguardado 7 de setembro de 2013, data em que os protojacobinos das jornadas de junho — num tempo ainda anterior à Lava Jato — prometiam incendiar o país com seus meninos mascarados e sua agenda fantasiosa. A valentia do discurso daquela rapaziada, porém, parecia causar menos revolta que o fato de tão importante feriado haver caído num sábado, impedindo o gigante de ir à praia naquele início de primavera.

Paciência. O fato é que as promessas da revolução tupiniquim haviam desembocado em uma desilusão penetrante que tomara conta do país. A revolta virara paralisia, e os poucos espasmos de consciência que vagavam pelas redes sociais estavam desencontrados, fervendo num caldo de patriotismo histriônico, gritas de salvação e desconfiança epidêmica. Nada disso, contudo, afetava os ilustres desconhecidos que simpaticamente me auxiliavam no desembarque da aparelhagem. Eram rapazes moderninhos.

Seria mais uma noite de festas organizada pelo meu irmão. O sítio, recém-reformado, havia se tornado palco de celebração do círculo *meio--hipster-meio-muçarela* que ele frequentava, e cabia a mim embalar os convivas com meu mal executado acervo de canções setentistas cuidadosamente compostas para aquela gente. Éramos todos amigos. Ainda não havia a linha divisória que nos colocaria em mundos opostos — os tais "coxinhas" e "mortadelas" —, de tal sorte que até de política falávamos.

Não gostaria de julgá-los agora. Foram todos bons companheiros de festa. Mas sei que todos se arrependem profundamente de nos terem conhecido; era como se tivessem convivido calmamente com a besta encarnada sem nada fazer para evitar o apocalipse. O MBL, grupo que fundaríamos, lutou durante grande parte de sua trajetória contra pessoas como eles, os tais "loucos, desajustados, rebeldes e criadores de caso" de Kerouac, que hoje destilam sua singularidade nas redações de grandes jornais, agências de publicidade e (curtos) circuitos alternativos.

Havia outros atrativos, porém. Por algum tipo de desígnio do destino, eu estava acompanhado de uma doida vinda da Suécia — Stina Lindströn. Ela desembarcara no Brasil para encontrar um grande amigo meu, que havia conhecido no Beautiful People — comunidade virtual de beldades que selecionava seus membros por meio de concorrido processo seletivo. O romance não dera muito certo, e ela veio parar na casa dos meus pais. Eram seus últimos dias no Brasil, e eu esperava convencê-la de minha beleza interior através de um showzinho de rock do terceiro mundo.

Havia, também, outros gringos por lá: um belga (ou francês) com cara de Harry Potter; uma negra americana que parecia a Brittany Howard, do Alabama Shakes; e uma ruivinha inglesa chamada Jess. Esta, por sinal, era o motivo oficial da festa: fazia aniversário naquele fim de semana e trouxera seu *entourage* para comemorar. Uma moça muito bonita, superando até meu alvo sueco. Mas não era o centro das atenções. Os sinos, ali, dobravam por seu namorado, um rapaz com vasta cabeleira negra e roupa florida que bebericava alguma mistura-de--festa-brasileira que abastecia o fim de tarde. Seu nome? Pedro D'Eyrot.

Mas quem diabos é Pedro D'Eyrot?

Eu havia sido avisado de que a festa contaria com a ilustre presença do "cara do Bonde do Rolê", uma banda de funk carioca psicodélico que estourara mundo afora em 2007. Eu já conhecia algumas de suas músicas: os hits "Marina Gasolina" e "Solta o Frango" costumavam embalar a playlist das festinhas praianas que organizávamos em 2008 e 2009. Eram uma boa desculpa para fazer as meninas perderem a linha sem o sentimento de culpa que teriam por dançar um funk carioca mais, digamos, ortodoxo. A banda revezava participações em festivais nacionais e internacionais, aclamada pela crítica e pelo público de todas as ruas Augustas pelo país.

Costumava ouvir Bonde do Rolê também na trilha sonora do Fifa 2008, quando disputava acaloradas (e derrotadas) partidas de futebol contra meu irmão. Eram bons tempos em que arriscávamos andar de skate nas ladeiras da Mahatma Gandhi, em Interlagos, e acompanhávamos os jogos da Portuguesa no Canindé comendo tremoço. Ainda não tinha me tornado um *workaholic* chato e desiludido, e minha turma de amigos era relativamente descontraída. Talvez, por essas e outras, a sensação que a banda me passava era positiva.

O Bonde do Rolê, de certa maneira, liderou o *front* musical brasileiro que ganharia espaço na cena alternativa mundial da última década. Ao mesclar o *beat* do funk carioca com *riffs* de guitarra e *samples* de electro, a banda criara um produto tipo exportação que falava muito sobre um país que não gerava tanta curiosidade desde os tempos da Bossa Nova. Descobertos pelo DJ e produtor Diplo, o trio curitibano rodou os principais festivais americanos e europeus, fez trilha sonora para o filme/festa *Project X* e até para a outrora gigante Motorola. (Parece coisa de dinossauro falar em Motorola nesta altura, mas, nos idos de 2008, nada podia ser mais legal que ouvir escassa coletânea de MP3 direto de um MotoRockr.)

A banda retornou aos palcos brasileiros com maior afinco em 2010, convertendo-se também em ponta de lança na defesa dos direitos LGBT. A briga com Marco Feliciano rendeu boas polêmicas nas redes sociais e deixaria cicatrizes expostas posteriormente exploradas pelos templários da direita brasileira em sua cruzada contra o MBL.

Pedro era um dos vocalistas do grupo, além de compositor e *spin doctor*. É o tipo de cara racional disposto a entender cada minúcia daquilo que fazia, discutindo e debatendo de maneira incessante todos os detalhes necessários para que seu projeto do momento tenha sucesso. Não sou capaz de dizer se fora assim a vida inteira. Já conversamos bastante sobre sua adolescência porra-louca, vagando chapado de festa em festa, de supletivo em supletivo. É de Curitiba, o que torna a aventura particularmente divertida, e da cidade é filho e produto legítimo. Não deixa de ser irônico que o principal vínculo de nosso grupo com Curitiba não seja a Lava Jato e seu conjunto de imaculados heróis de terno e gravata. Ao MBL, aquela cidade reservara um funkstar polêmico e um time de ativistas dos mais exóticos, dos quais falarei adiante. Pedro, porém, dentre todos, é o que carrega com maior naturalidade esse espírito meio oblíquo que permeia a cidade, que nunca sabemos definir exatamente se é austera ou anárquica. Pedro é ambos. Mais sério que porra-louca. O mais sério de todos nós.

O convívio nos mostraria que sua personalidade é de uma objetividade cortante, algo que contrasta com a persona artística alegre e flamboyant. É o tipo de cara que sabe levar à frente suas manias e preferências com rigidez e sobriedade, sem convertê-las num fetiche evangelizador — vício ou virtude que carrego desde cedo. As pessoas acabam se interessando pelos gostos de Pedro graças à disciplina com que os mantém — como no caso das tigelas de carne do Sukyia e sua inclinação por vestimentas floridas — e acabam as absorvendo, sob lenta e gradual osmose, tal qual as toneladas de sódio do restaurante japonês.

Tamanhos objetividade e estoicismo escondem-se por detrás de uma longa cabeleira cor de graúna, barba por fazer, camisas coloridas da Zara e calças com formatos esquisitos, que lhe conferem um ar de mosqueteiro francês do século XVII. Ou, se preferir, de sedutor persa amigo do vizir, pronto para lhe oferecer uma irresistível porção de doces de pistache devidamente envenenados por um *haxaxin*. Mas é óbvio que ele não fará isso: Pedro é leve e agradável no convívio, incapaz de interrompê-lo em uma conversa — a menos que algum cachorro apareça no ambiente, tomando-lhe completamente a atenção por alguns instantes.

O aspecto de sua personalidade que de fato facilitou o estabelecimento de uma boa amizade entre nós é sua imensa curiosidade por detalhes pequenos e idiotas, dos quais deduzimos premissas maiores, sucessivamente, até que se convertam em regras gerais por vezes cretinas, por vezes monumentais. O que conta, ali, é o exercício de imaginação, e não foram poucas as ocasiões em que saímos desses debates com planos de ação ou análises de cenário decisivas para o sucesso de nossa empreitada. Quando isso não ocorria, tampouco era tempo perdido. Foi de um fracasso dedutivo que ele concebeu a "Dialética de Gérson", um raciocínio derivado da teoria da luta de classes de Marx. Quando questionado, jocosamente, sobre o que achava do pai do comunismo por amigos liberais, não pestanejara: disse que "era marxista até o último fio de cabelo", mas apenas se pudesse permanecer na classe dominante. O raciocínio provocava risos, mas dali ele emendara uma máxima que vale para figuras como Mino Carta e Elio Gaspari: o importante para o marxista brasileiro é *levar vantagem no processo histórico*. Todo o resto será acessório.

Naquele 7 de setembro, não me recordo de ter tido algum tipo de conversa inicial mais profunda com Pedro. Nos cumprimentamos de maneira simpática, enquanto eu carregava um pesado órgão Hammond que adquirira durante um breve período de fixação pelo quinteto canadense The Band. Meu conjunto não contava com tecladista, mas aquele belo artefato de madeira, cravejado por dois andares de teclas brancas e pretas, além de botões e luzinhas multicoloridos, conferia um baita de um climão setentista à parada. Deixá-lo ligado enquanto tocávamos, além da aparência, poderia servir de incentivo a que algum Ray Manzarek em potencial saltasse da mediocridade para o estrelato e o tomasse de assalto, como um voraz Rei Arthur diante de sua Excalibur. Obviamente, isso jamais aconteceu, restando à banda confiar em minha temerária habilidade para solos de guitarra.

* * *

UMA FESTA INESPERADA

Os preparativos tomaram toda a tarde de sábado, e mal tive tempo de beber ou conversar com os convidados. Minha irmã, Stephanie, havia chegado junto com Stina e já caminhava pelo sítio descarregando suas altas risadas e posições de yoga. Não havia muita cerimônia por ali. Stephanie é o tipo de garota que faz o que der na telha e não se importa muito com o que falem a seu respeito. Por conta disso, havia me deixado sozinho com Stina, permitindo que a acomodasse no meu quarto. O cômodo nada tinha de especial, mas suas paredes de madeira pintadas de branco soariam familiares a uma sueca. Já estivera hospedado em uma casinha similar, um chalé, no réveillon de 2009, em uma estação de esqui em Sälen, no norte do país escandinavo; e devo confessar que gostei bastante. Assim, fazia sentido tentar emular a experiência nórdica na quase europeia Itatiba. Pinheiros não faltavam.

Curiosamente, fora inspirado naquela arquitetura que os proprietários haviam reformado o sítio, dando à casa principal a pintura escura típica das residências interioranas da Escandinávia. É verdade que o piso ainda era velho, daqueles de cerâmica vermelha quadrada, o que impedia uma "verdadeira experiência escandinava" naquele simulacro caipira. Mas, e daí? Havia um monte de gringos ali, sendo que um deles era uma sueca. Dava para se enganar tranquilamente.

Meu quarto, relativamente espaçoso, estava tomado pelos badulaques de Stina, que, ligadona, havia improvisado uma espécie de guirlanda de flores em sua cabeça. Achei bonitinho, em especial pelo artefato carregar consigo um ar de paganismo atávico dos mais legais — como se representasse um culto antigo a alguma divindade que se perdera no tempo, mas que, a despeito do secularismo tolo dos dias de hoje, permanecia vivo e competitivo no rol de manias femininas. Uma pena que a conversa não fluísse da melhor maneira. Guirlandas de primavera não derrubam invernos de falta de assunto, e logo arrumei uma desculpa para voltar ao jardim e provar das bebidas.

Caía a tarde e as caixas de som começavam a falar mais alto, as pessoas saíam do banho e o clima de *house party* se impunha. O pôr do sol em frente à piscina costuma ser bonito, e não foi desta vez que decepcionou — era um lindo começo de festa para todos nós. Enquanto circulava e trocava ideias de grupo em grupo — de forma reticente, que me lembre —, ocorria a chegada triunfal de Alexandre e sua comitiva. Ele, que viria a ser um dos personagens centrais desta história, era não apenas o anfitrião da festa, mas também articulador de uma aproximação com pessoas da cena *indie* paulistana.

Do alto de seus 23 anos, meu irmão era um rapaz mais decidido que eu. Abandonara o trabalho maçante de recuperação de metalúrgicas, que exercia comigo e com nosso pai, para estudar cinema e abrir uma produtora. Fazia sentido. Xande, como costumo chamá-lo (Rato, Ratão e Escroto são outras opções pertinentes), foi um dos primeiros *videomakers* de YouTube no Brasil, ainda em 2006. Seu vídeo 'The Emo Day", contando as desventuras de um jovem emo nas ruas de São Paulo, havia alcançado números expressivos à época, merecendo comentários nem tão elogiosos de uma apresentadora morena da MTV e até matéria no *Estadão*. Livre para voar, mudara-se para o apartamento da namorada, Giovanna Ferrarezi, e, em pouco tempo, desenvolvera uma vida social muito mais profícua do que a minha. Não demorou para que eu fosse levado a reboque de suas aventuras, e 2013 se tornaria um ano divertido justamente por causa disso: Alexandre e Giovanna tinham acesso a boas festas, bons shows e pessoas singulares, arejando um pouco minha cabeça já embotada após anos de confinamento em Vinhedo.

É importante registrar sua chegada, à festa e a esta história, pois foi graças à ousadia de Alexandre que toda essa trama se desenrolou. Não houvesse ele, não haveria MBL e tampouco impeachment. Foi a sua impaciência com o tipo de vida maçante que levávamos que nos faria abandonar as infrutíferas carreiras no setor metalúrgico para abraçar os riscos de um escritório que mostrasse ao mundo nossas potencialidades — reprimidas que estavam em meio a folhas de pagamento e descontos de duplicata.

A vida, rodando como um bobo naquele "Circuito das Frutas", havia se tornado um enorme enfado, e o nosso trabalho começava a ficar despido do sentido inicial, daí por que já procurássemos significado nos menores atos — seja comprando uma bobina de aço, seja conquistando um novo cliente. Como as coisas não progrediam — especialmente em setores já abalados pela crise econômica que tomava forma e pelas primeiras consequências do Petrolão —, ganhava corpo o sentimento de *que porra eu tô fazendo com a minha vida!?*, e por duas vezes eu travara completamente com algo que pode ser descrito como "depressão".

Alexandre, portanto, é o *founding father* dessa bagaça toda, o precursor visionário de uma mistura de diferentes potenciais artísticos num time multidisciplinar que poderia fazer diversas coisas — entre as quais, a política. Portanto, não é exagerado dizer que meu irmão salvara não apenas a minha vida da mediocridade, mas dera início a um fenômeno que traria sentido às vidas de milhares de pessoas Brasil adentro

* * *

Alexandre veio em comitiva de três carros. Era seguido pelos rapazes da minha banda, Padin e Vinícius, e por Bruninho — nosso amigo mais bonito e menos inteligente. Ao seu lado, dentro do Citroën C4 prata, estava Giovanna, provavelmente testando diferentes modelos de óculos e dando risada enquanto falava de unicórnios. Os cachorros que perambulavam pela festa logo se deram conta da chegada do comboio e dispararam velozmente em direção ao portão. Estava oficialmente inaugurada a sequência de horas que podemos chamar de festa.

Abriam-se as garrafas de vodca, misturavam-se as caixinhas de suco; as pessoas começavam a beber mais e as conversas ficavam mais escandalosas. Vestindo sua providencial regata azul-bebê e shorts curtíssimos vermelhos, Alexandre aportou na varanda seguido de sua trupe e foi, respeitosamente, cumprimentar Pedro, que figurava ali como lorde de sua tribo. O ato, encarado por mim como um diplomático encontro de líderes de clã, formalizava o início das celebrações.

Não havia mais de cinquenta pessoas. As turmas se dividiam entre uma varanda, repleta de redes e cinzeiros, e o deck ao redor da piscina, onde o equipamento de som da banda estava montado. Stephanie continuava com sua yoga, e uma aproximação natural entre Stina e os estrangeiros rolava com alguma tranquilidade. Nórdicos são conhecidos por seus exageros com bebida, e a moça parecia não fazer feio nesse quesito: entornava shots e mais shots de tequila com a sósia de Brittany Howard.

Boas festas acontecem quando o grupo de presentes evolui sua chapação de forma gradual e sistemática, permitindo que todos atravessem em conjunto as diversas fases, desde a euforia inicial até o torpor e a ressaca. As ovelhas desgarradas que ou bebem pouco demais, como Bruninho, ou bebem mais que a média, como Stina, acabam sendo os pontos fora da curva, as notas dissonantes que dão sabor especial a qualquer evento.

Pluguei minha guitarra cuidadosamente no pedal de overdrive, liguei o amplificador e olhei para trás: lá estava Vinícius, sentado na bateria, pronto para iniciar o *set* de músicas próprias de nossa banda. Como era de praxe, Padin, o baixista, havia passado da conta em sua bebedeira, e seu olhar marejado diante da piscina indicava que passara do limite do aceitável também em outros departamentos. Alexandre acomodou o pessoal logo à minha frente — não havia palco, então o que via era apenas um amontoado de gente balançando poucos metros adiante.

O som estava uma bosta. Ainda que gostasse muito das músicas que escrevia e achasse fácil tocar com os rapazes, já havia perdido o tesão inicial. Era, também, muito difícil cantar com aquelas caixinhas miseráveis, e toda e qualquer tentativa de entoar uma melodia convincente se convertia nuns grunhidos sufocados que pouco agregavam ao conjunto. Desisti. Como o pessoal ao redor continuava se balançando, olhei para o Vinícius e decidimos fazer uma jam session inacabável, misturando os riffs e as harmonias de nossas músicas com improvisos e solos gigantes. Funcionou. As pessoas balançavam mais e mais, algumas até suando. De certa maneira, toda aquela *tosqueira* funcionava, e todos os erros e desencontros eram perdoados como licença poética.

 A animação parecia ser tanta que, absolutamente sem razão, a sueca maluca de repente empurrou a sósia da Brittany Howard na piscina — com celular e tudo. A moça debateu-se na água até tomar prumo e retornar ao deque. Puta da vida. Todos ao redor, incapazes de entender a situação, censuravam Stina. Alexandre ria. O baixo continuava carregando a música e a festa, impedindo que a nota dissonante com guirlanda na cabeça antecipasse a fase do bode — ou mesmo que convertesse a euforia em porradaria. Deu certo. As pessoas ao redor riam, e, para alegria de todos, o Harry Potter belga assumiu os teclados e começou a solar com alguma categoria. O som ganhava corpo, a festa ganhava vida.

 Pedro assistia a tudo da varanda junto a Jess; para ele, acostumado a apresentações muito maiores e mais escandalosas, aquilo não passava de brincadeira de criança. Alexandre, por seu turno, fazia suas dancinhas esquisitas, acompanhado fielmente por Bruninho. Os dois, amigos de bairro, skate, festas, viagens à praia e sets de filmagem, já se conheciam havia tempo suficiente para que emulassem passinhos constrangedores de forma sincronizada e sem vergonha. Eram os animadores do festim, e assim seria nos minutos seguintes até que uma visita inesperada aparecesse.

 Havíamos deixado o portão do sítio aberto para facilitar a chegada dos convidados. Isso acabou servindo de convite a figuras desagradáveis que circulavam pela região. A estrada de terra que ladeia a propriedade era pouco iluminada e ligava dois pequenos bairros pobres cheios de botecos — um conjunto que não raro atraía assaltantes noturnos e bêbados às casas da região.

E então, em meio àquele pequeno agrupamento de jovens embriagados e gringos em desacordo, surgiu um elemento novo que, além do andar vadio e errático, tinha o curioso costume de colecionar celulares que repousavam calmamente aqui e acolá. Estava sujo e confuso, mas, como diz minha avó, não rasgava dinheiro. Não demorou muito para que fosse abordado por uma garota, que presenciara o ato do furto e, assustada, gritara "Socorro!", iniciando um delicioso período de confusão.

As pessoas se exaltaram, houve um corre-corre e o invasor, pouco afeito a negociações diplomáticas, disse que não devolveria "porra nenhuma". Uma das moças tentou reaver à força os celulares e foi derrubada pelo homem. A festa rumava para seu clímax. O ato de violência não poderia passar em branco. Alexandre e Bruno, então, derrubaram o homem, tomaram-lhe os aparelhos e, imobilizando-o pelo pescoço, tentaram conduzi-lo até o portão. Triste ilusão. O sujeito se debatia até acertar um soco em Alexandre, que responderia com uma sequência de *jabs* e diretos em seu rosto. O cara sentiu.

Alexandre e Bruno levavam vantagem sobre o invasor. O mesmo, porém, provavelmente dopado pela cachaça, resistia às investidas dos jovens com altivez comovente. Ainda que não acertasse os golpes, demoraria tanto para desistir e atirar-se ao chão que ganhou o respeito imediato dos rapazes. Cansados, eles conduziram o ladrão até a saída apenas quando abdicou de lutar. Os cães, absolutamente inúteis durante todo o processo, latiam. O homem foi embora com a cara inchada e prometendo vingança.

A festa continuou, mas perdendo força. O período de euforia havia passado e apenas os mais embriagados ainda acompanhavam a banda. Harry Potter — rapaz muito talentoso, diga-se de passagem — tocava o órgão com um simpático desleixo e era capaz de levar as canções junto ao saltitante baixo de Padin. Minha guitarra não era mais necessária por ali.

UMA FESTA INESPERADA

A baixa nos espíritos também me atingira, e só assim saí do transe que é tocar em grupo com amigos — uma das melhores experiências que se pode ter. Lembrei-me de que tinha missões a cumprir. Mais especificamente uma missão escandinava. Corri para dentro da casa, à procura de Stina — e lá a encontrei, deitada e chorando, envergonhada por ter arremessado a visitante americana na piscina. Bêbada e confusa, balbuciava xingamentos em sueco. Não era, definitivamente, o melhor momento para me aproximar.

Fazer o quê? As noites não precisam terminar como imaginamos. Ademais, as confusas misturas de festa brasileira (Tang com vodca) estavam cobrando seu preço; meus olhos cansavam e o sofá parecia amigável.

* * *

Acordei com a cara amassada e aquele gosto amargo de guarda-chuva. Aos meus pés, Gaia, minha pastora-belga de andar elegante, enrolava-se confortavelmente e aguardava meu despertar. O sol estava forte, devia ser algo perto do meio-dia, e os últimos remanescentes da madrugada eram os copos de plástico pós-modernamente arranjados ao redor da piscina. Vestígios de festa me deprimem. Guardam aquilo de que não queremos lembrar da noite anterior. Não queria olhar para aquele conjunto.

Na varanda, Pedro, Alexandre e alguns rapazes falavam animadamente. As conversas iam desde o lançamento da banda Tame Impala até a inconveniência de se andar de bicicleta no centro de São Paulo, uma descoberta recente em tempos da ciclofaixa de Haddad. Nessa troca de amenidades, Alexandre — exaltado, como sempre — descrevia alguns de seus planos, esperando, talvez, cativar os presentes a juntar-se à aventura ou, ao menos, referendar seus projetos.

— Cara! — dizia ele. — Hoje com uma Blackmagic você grava qualquer coisa. A gente juntou um time pequeno, e vamos pegar uns clipes pra fazer.

Pedro ouvia, parcialmente interessado. Cruzava os braços, mas balançava a cabeça em anuência.

— Não sei que bandas você está produzindo, mas podia experimentar alguma com a gente. Sério, cara, a gente consegue fazer barato pra caramba, na parceria!

— Legal, legal — respondeu Pedro. — A gente tá produzindo algumas coisas novas. Tem uma *boy band,* um negócio superbrega, que estamos fazendo com uns modelos de cueca. É um lance pop, pra jogar na *Capricho...*

— Porra, a Giovanna é da *Capricho* — interrompeu Alexandre, empolgado. — Dá pra fazer altas parcerias. Quer que eu chame ela?

— Não precisa, não...— retrucou Pedro, educadamente. — Acho que dá pra fazer algo lá, sim. Me ajudaria bastante. Tem também outros projetos... Tem uma trans, no Rio de Janeiro, chamada Mitra. Tem um som bem legal. Quero produzir ela com o Gorky. Também vai precisar de clipes...

— Porra, animal velho! Passa pra mim, deixa eu fazer um orçamento! Você não vai encontrar ninguém com tanta vontade de fazer uma parceria! — comentou Alexandre, visivelmente confiante.

Fazia sentido. Alexandre era novato no meio. Contava, no máximo, com uma Canon e um Mac e, vá lá, muita boa vontade. Sua característica fundamental, porém, reside numa capacidade extremamente específica de cativar e gerenciar indivíduos com vocação artística e fazê-los trabalhar. Eles gostam disso. Até eu que não tenho vocação para as musas gosto.

Ensolarado, de shorts e regata, repetia diversas vezes — diversas mesmo, estava no planejamento — seus projetos para 2014: pretendia abrir uma produtora de cinema com alguns amigos em um escritório em São Paulo, morar na capital e produzir videoclipes para bandas e curtas-metragens metidinhos a besta. Algo do tipo.

Interpelei:

— E, se rolar um espacinho, poderia montar com vocês um instituto de política, tratar de liberalismo...

Fazia sentido para mim. Havia liderado um ato contra a PEC 37 durante as "Jornadas de Junho", quando conheci um rapaz chamado Marcelo Faria. Único cérebro decente no meio daquela histeria esquerdista, Marcelo era ambicioso e organizado. Planejávamos nossa revolta liberal em encontros maçantes em botecos da Vila Mariana.

Ele queria um instituto; eu, uma rede disseminada de ativistas aos moldes do Tea Party. Um escritório *meiado* com meu irmão não seria uma má ideia para levar isso adiante. Mais: poderia me divertir, abrir a cabeça, refrigerar a cuca. Isso, porém, era detalhe acessório nos planos de Alexandre. Ele queria mesmo era convencer Pedro a se juntar à empreitada.

— Mas o que seria esse instituto? — perguntou Pedro, com olhar curioso.

— Cara, é algo entre um *think tank* e um movimento. Nem eu sei bem. Mas deram muito certo os atos que organizamos sobre a PEC 37 e a PEC 01... Você ficou sabendo? O Alexandre, aliás, gravou um vídeo bem legal sobre isso. Está no YouTube.

— Tendi, tendi... Mas o que vocês defenderiam?

— Pedro... — respirei. Tinha medo de amedrontá-lo com minhas concepções de direita. — É uma linha de pensamento meio diferente, não tem muito por aqui. É a defesa da liberdade econômica... Você imagina, pagamos tantos impostos, temos tanta burocracia... Com um estado menor, mais enxuto, mais respeitador, seria bem diferente... Consegue imaginar? Algo tipo... A Suíça, sabe? Mas nada radical... O que não pode é continuar esse troço aí...

Alexandre me olhava preocupado. Imaginava, naquele instante, que Pedro fosse mais um progressista *indie* avesso ao contraditório, e que eu, bobo que sou, iria arruinar seu contato comercial.

— O Renan é doido com essas coisas — me cortou Alexandre. — Mas é ótimo isso, ele ficava enfurnado em Vinhedo lá nas fábricas. Tem que ver isso mesmo... — emendou, parecendo até ser meu irmão mais velho.

— Hum — murmurou Pedro, assentindo com a cabeça. — Já ouviram falar de bitcoin? Eu achei um negócio bem legal... Tem agora essas paradas de transação em blockchain, um monte de tecnologias novas. Eu gosto muito disso, até comprei uns livros. Acho que eu trouxe aqui...

— Caralho, que legal, você manja disso — respondi. — Bem legal! Pois é, cara. Toda a galera no movimento liberal fala disso, faz parte justamente da filosofia do negócio todo... Você me entende? Imagina só uma moeda sem Banco Central, sem controle, sem impressão vazia de lastro... É foda!

— Pois então, vocês podiam montar seu banquinho de bitcoin lá no *nosso* escritório — comentou Alexandre. — Teria espaço pra todo mundo! Eu vi com o Bruno uma sala bacana na Brigadeiro, bem perto do Centro. Tem metrô perto, tem tudo. E o preço tá barato. Por que vocês não se arranjam por lá? O Renan, eu já sei, está vendo tudo com aquele Marcelo. Só falta você, Pedro — concluiu de forma sacana.

Era de se esperar alguma resistência, mas Pedro foi bastante aberto à ideia de rachar um escritório. Fazia as vezes de produtor na sala de sua casa, na Vila Mariana, junto a seu parceiro Rodrigo Gorky. Por que não arriscar algo diferente? Naquela varanda ensolarada, comprometeu-se a se reunir com Alexandre em São Paulo para debater a ideia. Via com bons olhos a possibilidade de produzir videoclipes *low-cost* para as bandas que buscava lançar aos montes. A ideia era sedutora.

Meu "cantinho político" no triunvirato que se desenhava era apenas um detalhe diante de um projeto cultural com grande potencial. Seria, talvez, uma pequena fuga para meus dias chatos de industrial falido. Poderia visitá-los e por vezes encontrar atores e músicos, andando pelos cantos, debatendo liberalismo. Não seria incrível? Um *think tank* pop! Será que nos tornaríamos isso, uma parada "bacana" e "moderna"?

Não exatamente.

Nascia, naquele momento, o movimento mais *sui generis* a botar os pés na Banânia.

CAPÍTULO II
UM CARA PERDIDO

por Renan Santos

Chegar aos 30 é uma merda. Você ainda está jovem e cheio de energia, mas o terreno percorrido já permite uma desconfortável olhada no retrovisor para conferir se aquilo feito, de fato, valera a pena. Muitos se abstêm desse exame. É compreensível. Vivemos tempos em que todos se consideram especiais e acham que sua breve passagem pelo planeta azul será de alguma serventia para esse amontoado de primatas falantes.

Na ânsia de imprimir individualidade, de deixar marcas, as pessoas pilotam suas vidas cheias de vigor e rumam para o nada sem nem ao menos questionar *que merda estou fazendo aqui?*.

Já tive o desprazer de olhar para o retrovisor algumas vezes desde 2011. Me via como um jovem empresário inútil administrando passivos num país em que não acreditava. Não realizara nada especial. Meu papel nos negócios com meu pai era o de um jovem coadjuvante sem talento, que retornava para casa sozinho pensando em grandes planos inúteis para uma existência sem propósito.

Morava em Vinhedo, saía em São Paulo. Nada construíra, nada conquistara. Sem diploma, após abandonar a Faculdade de Direito da USP em 2008, não tinha perspectivas de arrumar um emprego. Sentia-me prisioneiro de escolhas ruins que fiz ao longo da juventude. Ao me imaginar tendo que seguir nessa vida nos anos seguintes, era tomado por uma angústia das piores. Buscava fugir dessa emboscada saindo para correr, conversando com alguém no WhatsApp ou lendo um livro. Quando não funcionava, paralisava.

Isso ocorreu algumas vezes. Era uma percepção terrível sobre mim mesmo, um sentimento de revolta e uma aceitação da impotência diante das circunstâncias. Olhar no retrovisor me machucava, pois sabia que fracassara em tudo que havia feito. Falhei como aluno de Direito; nunca arrumei estágio e não tinha o menor interesse nas aulas que se sucediam naquele prédio antigo no Centro de São Paulo.

Na política acadêmica, onde de fato fazia um grande papel, fui traído por meus amigos e saí do grupo que criara. Chorei como criança. Se de fato fui bom em algo, fora nos tempos de XI de Agosto — *e ainda assim perdi*. Como empresário, não era feliz e não realizara nada demais. Morava com meus pais — bem-intencionados, mas muito grudentos — e não tinha poupado nem um centavo. Era um legítimo *durango kid*.

A contemplação da miséria pessoal doía e me travava por dias, até mesmo semanas. Tornava-me grosseiro com os outros e sorumbático comigo mesmo. A única resposta que me vinha à cabeça era sair andando aleatoriamente, ou mesmo virar mendigo. Cheguei a procurar maiores informações sobre como me alistar na Legião Estrangeira, mas não dispunha dos requisitos básicos para ser um soldado. Pensei em estudar em países estranhos, recomeçar a vida do zero. Mas permanecia paralisado.

Só saía do estranho torpor, que viria a descobrir mais tarde ser depressão, quando me confrontava com algum grande problema na empresa e era obrigado a reagir.

De 2011 a 2013, crises assim se tornaram mais frequentes. Os negócios não iam bem e o país começava a perceber a merda que tinha feito nas eleições presidenciais de 2010. A economia simplesmente não crescia, e meu discurso ranzinza sobre o futuro do Brasil nas mãos da elite vermelha encontrava semelhança nas análises de gente como Reinaldo Azevedo e Rodrigo Constantino, que eram cada vez mais lidos e populares.

Lembro-me também dos relatórios pessimistas de Luis Stuhlberger sobre os rumos da economia brasileira. Contrastava demais com o otimismo exagerado de nossa mídia oficialesca e de analistas de boutique como Ricardo Amorim, do *Manhattan Connection*. Lembro-me de ouvi-lo falar que *investir nos BRICS seria aposta certa para a próxima década*. Sei.

De alguma maneira, os resquícios daquela festa ocorrida em setembro serviam como guia para algum tipo de recomeço — algo que eu talvez buscasse naquele 2013. A ideia de abandonar os negócios — de sair da chatíssima Vinhedo! — me seduzia profundamente. A perspectiva de voltar a São Paulo e de trabalhar com gente jovem e arejada também.

Não me levem a mal. Foram anos trabalhando com homens e mulheres mais velhos em indústrias obsoletas. Isso deixa marcas. A hipótese de estar ao lado de meu irmão e do Pedro em um projeto excitante que eu não sabia exatamente o que era me lembrava dos tempos de faculdade, quando enfileirava empreitadas megalomaníacas uma atrás da outra sem me preocupar muito com o resultado final.

Mas vamos regredir alguns meses. Aquele 2013 era um ano estranho. Eu fora capturado pelas tais "jornadas de junho" e assistia extasiado àquelas movimentações sem liderança ao redor do país. Ficava agoniado. Não conseguia acompanhar o dia a dia da empresa e tinha olhos apenas para os estranhos desdobramentos que surgiam pelo caminho. *Meu deus, ontem foi gigante! Será que vão atacar o PT? Parem de falar em bilhete de ônibus, porra! E o projeto de poder do Lula, ninguém menciona?*

Me irritava a falta de foco; não suportava aqueles ripongas vazios com dreadlocks e fala mole! Ah, a eterna fala mole da esquerda! — cheia de pausas vazias, rodeada por olhares seboso e displicentes. Nunca engoli essa gente. Não poderia ser vítima de sua liderança.

Ativo na internet, comecei a acompanhar os eventos organizados no Facebook. Organização caótica, boa vontade comovente. Não havia a polarização pós-2015. Era uma massa de pessoas confusas propondo agendas mirabolantes. Um rapaz falava em *reformar o SUS*. Outro dizia que o inimigo era o Renan Calheiros. Alguns lembravam do Mensalão — mas poupando a presidenta Dilma, ainda a "gerentona do bem". Comecei a ser adicionado nos primeiros grupos de WhatsApp, completamente caóticos, que pululavam pelas capitais. Nomes, nomes e mais nomes. Alguns rapazes falavam dos tais black blocs — supostos meninos que defendiam os manifestantes da ação violenta da polícia. Soava legal.

Não tardaria, porém, para que algo realmente proveitoso brotasse. A classe média — aquela lá, que paga a conta e leva a fama — não só resolveu entrar na brincadeira como botou ordem na casa. Foi dela o grito *sem bandeira de partido!*. Foi graças a ela que o movimento ganhou corpo, peso e relevância. As primeiras "camisas da CBF" — como a esquerda gosta de falar — já pipocavam alegremente nas avenidas de 2013. E foi com essa gente que resolvi sair às ruas num sábado de sol, 22 de junho, dia do jogo Brasil e Itália pela Copa das Confederações.

* * *

Havia algo de diferente no ar. Falava-se na televisão de uma tal PEC 37 — uma emenda à constituição que restringia o escopo de atuação do Ministério Público em favor das diversas polícias. Arnaldo Jabor clamava contra o projeto. Os eventos de Facebook abordavam o tema com alguma urgência, mas com pouca precisão. Resolvi pesquisar sobre os organizadores, um tal de "Dia do Basta", e nada vi que pudesse soar interessante. Parecia aquela baboseira de "esquerda ética" dos anos 1990, com uma menina cafona dando entrevistas previsíveis e um agrupamento de rapazes igualmente modorrentos dando-lhe suporte. Uma merda dessas jamais poderia chegar a lugar algum. Estavam mortos no tempo.

Acordei, na manhã daquele sábado, dia ensolarado em Vinhedo, com uma disposição maior do que o comum. Tomava um suco de laranja e arguia com minha mãe sobre toda aquela bagunça.

— Sabe, Renan... Você realmente tem que ir nesse evento. Se anima! Você tem ideia que até minhas amigas, em São Paulo, foram nesses atos? Tem que dar uma bagunçada mesmo!

— É mesmo... — respondi, pensativo. — O que me irrita ainda é aquela horda de engajadinhos de esquerda pra lá e pra cá. Um bando de idiotas! Eu reconheci um ou dois, da época da faculdade, tentando se passar como líderes dessa coisa toda. Imagina só! Uns coitados que perdiam os debates pra gente! Será difícil pra mim ter que ser liderado por essas pessoas hoje...

— Relaxa, você é muito neurótico... Prova aqui isso — retrucou ela, me estendendo um pote com a geleia de framboesa caseira. — Está uma delícia! E outra, Renan... Ali ninguém segue ninguém... Cada um leva o seu cartaz, é bem democrático. Você não vai precisar ficar puxando o saco de ninguém. Olha... — prosseguia, dessa vez compreensiva. — Eu sei que você é todo "grilado" com esses lances de "seguir os outros", de "ter um chefe". Mas você tem que ir! Não adianta só reclamar, você tá virando um chato...

De fato, estava virando um chato.

— Ok, eu sei... Tá boa a geleia...

— Pega mais. Eu tô de saída, vou no mercado. Quando você voltar de São Paulo, me conta os detalhes. Tenho certeza que você vai arrasar! — voltava ela a utilizar-se de seus trejeitos de mãe coruja para motivar seu filho semissorumbático. — Ah... Você vai levar seu irmão? Leva ele, é sempre bom! Um beijo!

Ela saiu pela porta, pegou sua yorkshire, entrou no carro e zarpou. Eu fiquei lá, olhando a xícara de café e pensando naquele estranho retorno ao mundo da política que abandonara na época da faculdade. Não minto aqui — cumpria religiosamente a promessa que havia feito a mim mesmo, na época de faculdade, de não mais perder tempo nesse tipo de atividade. Tinha adquirido uma espécie de repulsa pela insegurança intrínseca à atividade, que revelara o que havia de melhor e pior em meus amigos e colegas. De modo geral, mais revelava o pior em todos nós do que qualquer outra coisa... *Mas fazer o quê?*, pensava. Eu simplesmente não conseguia admitir que fenômeno tão interessante fosse guiado por uma turba de idiotas.

Já lia, à época, repito, as análises de Reinaldo Azevedo e Rodrigo Constantino sobre o surto de junho. Eles condenavam a ausência de propósito e o espírito *enragé* dos manifestantes, e denunciavam a possível manipulação do fenômeno por lideranças de esquerda. É fato que a vanguarda que iniciara o processo era de esquerda — mais precisamente ligada ao PSOL —, e era perceptível que havia um mal-estar no seio do bloco esquerdista com as consequências dos atos ao redor do país. A popularidade de Dilma simplesmente despencara; seus aliados mais próximos começavam a enxergar um cenário eleitoral mais atribulado para o ano seguinte, e só não vimos a tucanada falando grosso pois também temiam as consequências da turba enfurecida na porta de seus palácios.

Eu tendia, porém, a discordar da leitura dos nobres articulistas. Minha participação em diversos grupos de WhatsApp trazia-me fartas evidências de que a massa de "liderados" pelo Passe Livre simplesmente ignorava sua proeminência e suas demandas. As pessoas estavam encantadas com a ideia de construir soluções políticas do zero, de debater propostas mil! E queriam externar sua revolta — com a bandeira do Brasil em mãos — independentemente de ideologias que ferissem seu ódio generalizado. *Isso é uma puta oportunidade!*, eu pensava, e foi movido por esse encanto quase magnético pelo fenômeno que parti para São Paulo.

Parti, a bem da verdade, cedo demais. Fui ao evento de gaiato, como anônimo curioso, e cheguei antes dos tais organizadores. Vestia minha velha camiseta da seleção brasileira de 1982, único adereço verde e amarelo que tinha em casa; calçava um tênis branco, da Nike, surrado como de costume, e uma calça jeans Levis do meu dia a dia. Não carregava cartazes nem nada. Sabia apenas que o tema da PEC 37 seria tratado naquele ato. Falava-se nos arredores que o Ministério Público de São Paulo estaria presente, o que conferiria uma legitimidade e uma capacidade de ação maiores que a bagunçada do Passe Livre. *A turma do Harvey Dent não brinca em serviço*, pensei. Estava confiante.

O local escolhido era o vão do Masp. Não tinha ideia da futura intimidade que teria com aquele espaço... Foi por conta daquele dia, daquele evento, que escolheria, nos anos seguintes, o museu para ser o ponto de encontro de centenas de milhares de pessoas nas jornadas contra o petismo. Não que houvesse algum ineditismo nisso — o local já fora usado em diversas convocações pregressas, mesmo nas manifestações de junho —, mas soava importante para mim vincular nossa ação política àquele espaço que parecia tão natural para os habitantes da minha cidade.

Por volta das 11h, as primeiras pessoas chegaram. Era um grupo difuso de estudantes, que, embora aparentasse variar dos 15 aos 25 anos, replicava alguns dos clichês imaginados por mim em minhas análises. "Tem que tomar cuidado com a polícia, eles infiltraram uns caras na última!", dizia um dos rapazes, com dreadlocks no cabelo. Os demais ora anuíam ora agregavam frases de efeito para a retórica antipolicial. Mais do que preocupados, pareciam excitados com a ideia de confronto com as forças de segurança. *São tarados por um cassetete*, eu pensava, enquanto via seu agrupamento de pós-adolescentes ganhar adeptos. *Era só o que me faltava ser liderado por esses idiotas!*

De supetão, saí da pilastra em que me apoiava e parti em direção ao grupo. Queria saber, exatamente, o que estavam conversando. Seriam os organizadores? Teria que conferir com os próprios.

— E aí pessoal... É... Por acaso são vocês que estão organizando o ato? — perguntei, vacilante.

Eles olharam de soslaio; um dos quais, aparentando ser mais jovem, parecia desconfiar de mim. Fechou a cara e aguardou a resposta de algum de seus colegas, que não veio. Na falta de representante, ele mesmo se expressou.

— Esse ato não tem organizadores! É só trazer seu cartaz e ouvir as orientações! — disse, olhando nos meus olhos, com ares de Robespierre.

— Mas quem dá as orientações? — retruquei. — Seria a polícia? — respondi, com um leve sorriso cínico.

Começaram a rir. O jovem rapaz não gostou. Passou a contorcer os braços irritadamente enquanto encarava o de dreadlocks a seu lado, aparentemente alguém de destaque no grupo.

— Não, mano, se situa! — O jovem subiu o tom. — Quando começar o ato você tem que ouvir o que a galera fala, como se comportar, como proceder, como evitar que a polícia plante alguma coisa, provoque alguma briga... É tua primeira vez por aqui? Porque, se é, então tem que baixar a bola e ver com a galera que já vem conduzindo a luta...

— Sim, é minha primeira vez... Mas não se ofenda! Eu realmente estou meio perdido por aqui. Sabe quem é que está organizando? Eu vi um evento no Face de um tal de "Dia do Basta". Vocês conhecem? Sabem qual é a orientação deles, alguma coisa assim?

— Cara... É meio solto... Muita gente organizando... — tomou a palavra o sujeito de dreadlocks. Ele soava meio distante, ainda que solícito. — A gente veio porque sabia que ia ter... Temos um grupo de WhatsApp pra tratar disso. Estamos pensando em montar um movimento. Mas é só você chegar, perguntar pra galera...

— Mas quem protocolou com a PM? — indaguei. — Tem que ter um organizador oficial pra parar a rua.

Todos caíram na gargalhada. Houve uma confusão de vozes, em que todos tentavam demonstrar, de forma barulhenta e agressiva, o quão absurda era a ideia de "protocolar o ato com a PM". "Se alguém faz isso, eles te ficham e somem com você", uns diziam. "Tá doido, tio? O cara tá achando que isso aqui é carnaval", completavam outros. Parecia ter falado um grande absurdo em meio à fogosa matilha de manifestantes. Mas vi ali uma oportunidade. *Se ninguém se apresentara, por que não eu a tomar as rédeas?*, pensei. Já fizera isso antes, em ato na faculdade de Direito.

— Entendi, pessoa! Bom… Vamos mandar ver hoje! — emendei, já procurando o melhor caminho para sair. — A gente se vê na Paulista. Depois me deem um desses cartazes. Bora ferrar o Renan Calheiros!

* * *

Saí de perto, apertando o passo conforme me afastava. A avenida estava aberta ao tráfego, e tive que aguardar ansiosamente o sinal fechar para que atravessasse seus dois lados e alcançasse o tão aguardado posto de polícia, logo à minha frente. Sentia-me como quem descobrira um tesouro secreto; precisava pegá-lo antes que alguém mais o fizesse. E assim procedi; apresentei-me à polícia, entreguei meu RG e me coloquei como responsável pelo ato.

— Bom dia, meu jovem! — respondeu o policial, surpreso e até simpático. — Que bom que você se identificou. Existem outros organizadores?

— Não que eu saiba… — mantinha ares de "entendido das ruas" enquanto falava. — Tem muita gente falando besteira aqui… O ato é sobre a PEC 37 — reforcei. — A última coisa que queremos ver é essa gente do PSOL causando. Vocês devem estar de saco cheio, não?

— Positivo. Tá uma pressão enorme sobre a gente. Mas não tem só esses imbecis. A maioria que vem aqui é gente normal. — Ele apontava para alguns transeuntes, de verde e amarelo, que aguardavam pelo ato sentados nas mesas de um bar logo ao lado. — Tem cada vez mais gente decente nessas ações. Especialmente de final de semana. Mas tem que saber separar. Outra coisa são esses moleques petistas... Um dia desses, nessa semana mesmo, cuspiram em uma oficial que estava trampando comigo. Depois reclamam que tomam borrachada!

— Da minha parte será tudo tranquilo. Estou aguardando o restante dos organizadores... E depois, o que fazemos?

— Cara, pega um megafone, alguma coisa do tipo, e instrui a galera a evitar vandalismos, confronto com a polícia e coisas do tipo. Se puder fazer isso, facilita muito o nosso trabalho. Está muito difícil trabalhar desse jeito. A gente dá uma força aí pra você...

— Fica tranquilo — respondi. — Será um prazer trabalhar com a PM.

O diálogo fora ouvido pelos demais policiais ao redor. Soava como algo exótico tudo aquilo — alguém tentando conversar com a autoridade competente em nome do bom senso. Não deixa de ser irônico que quem tentava isso, justamente, era um marinheiro de primeira viagem, que compartilhava com a polícia certo desprezo pelos organizadores. Até por isso, a simpatia foi mútua. Os oficiais ali presentes praticamente imploravam por um ato pacífico e afirmavam — repetidamente — que "não estavam lá para agredir ninguém". O sinal de boa-fé demonstrado pelo organizador descabelado com a camisa da seleção de 1982 pareceu ter funcionado; dali em diante, em nenhum momento a turma do "Dia do Basta" recuperaria a liderança do ato.

Retornei ao Masp, eufórico, procurando por pessoas dispostas a serem meu grupo organizador. Não demorou muito até que encontrasse um rapaz, oriental, com um belíssimo megafone, pronto para o trabalho. Conversamos pouco; ele me apresentou outras pessoas dispostas a colaborar no ato. Sabia, graças a Deus, da temática da PEC 37. E não era parte daquela turma de jovens assanhados em busca de desavenças com autoridades. Em coisa de trinta minutos, reunimos um grupo heterogêneo, de boa-fé, disposto a tocar o ato.

UM CARA PERDIDO

Eram entre dez e quinze pessoas, que se reuniram num círculo, abaixo do Masp, para combinar os detalhes da passeata; eu e o japonês do belo megafone discutíamos o percurso, ao passo que o jovem Robespierre, que conhecera ao chegar, acompanhava tudo aquilo com um olhar curioso. Seu nome era Vítor. Voluntarioso, parecia disposto a tomar todas as medidas necessárias ao bom andamento do ato — inclusive impedir que a polícia viesse boicotá-lo com sua suposta "sabotagem". Os demais "organizadores" pareciam empolgados e empreendiam esforços na confecção de cartazes e na aglutinação das pessoas que se aproximavam sob o vão do museu.

Era impressionante; a quantidade de energia cívica acumulada após décadas de desleixo patriótico parecia transbordar naquelas pessoas. Eu olhava aquilo tudo meio atônito, tentando manter minha cara impávida de agitador de ruas. Mas empolgava. Caminhava por entre cartazes e via gente verdadeiramente feliz em participar daquele processo. Duas meninas, com camisas amarelas, aparentando 15, 16 anos, estavam sentadas ao chão, com os dedos sujos de tinta, trabalhando em um cartaz. A julgar pelas roupas, pareciam ser de alguma região mais abastada de São Paulo. Tinham ao seu lado uma senhora, com ares de neurótica, que mais parecia ser uma moradora de rua. Aparentava falar sozinha. Ainda assim, trabalhava com afinco na obra das garotas, espremendo os olhos para contornar a letra S" de "safado", no slogan que parecia ser "Renan Safado, Fora do Senado".

Cerca de uma hora antes do horário anunciado, a marquise já estava repleta de gente. Havia imprensa no local, curiosamente sorridente, como que contemplando a revolução que tomava corpo. Eu sentia a tensão do momento. *Será que irei discursar pra tanta gente?* — me perguntava. Seria a realização de alguma espécie de sonho. Mas não me detive em pensamentos e expectativas. Temeroso pela chegada do pessoal do "Dia do Basta", caminhei novamente até a polícia, carregando comigo um pedido: tomar a Paulista e iniciar o manifesto antes do previsto.

— Senhores, o pessoal se aglomerou antes do que esperávamos. Já tem gente ocupando uma das vias, e acho melhor já tomarmos a rua antes que alguém se machuque. O que vocês acham?
— Bom, fale com os organizadores e oriente o pessoal a vir pra cá. Iremos mobilizar os soldados pra fazer o cordão logo que iniciarem.
— Ok! — respondi, empolgado. — Vou falar com a galera ali e já volto!
Apertei o passo e cheguei no japonês do megafone. Expliquei o combinado e ele, solícito, me disponibilizou sua máquina de guerra. Pronto! Tinha em mãos um reluzente megafone branco, daqueles com fio de telefone ligando o falante a um microfone em forma de caixinha. Um instrumento de poder e tanto naquele local. De posse dele, caminhei até o centro daquele vão, já apinhado de gente, com passos lentos e decididos. Muita coisa passou pela minha cabeça. *Será que vão me considerar ridículo?*, pensava. Temia parecer um tonto dando ordens em meio àquela massa que se organizava espontaneamente. Temia mandar as pessoas para a rua e ser repreendido pela polícia. Temia não saber usar o megafone... *Como liga essa merda?*, perguntava para mim mesmo. Mas mantive a pose. Os passos eram cada vez mais curtos.
Ao encontrar a posição ideal, percebi que minhas mãos estavam suando. Estava verdadeiramente nervoso. Mas sabia que precisava falar. Era isso ou simplesmente deixar o bonde passar, impávido, ignorando aqueles que hesitam diante da oportunidade. Tomar a liderança de um ato parecia bom demais para ser verdade, e me vinham à mente imagens clássicas de Daniel Cohn-Bendit montado sobre carros estacionados, apontando a direção dos ventos históricos para as turbas enfurecidas. *Meu Deus, pare de pensar nesses idiotas. Fale alguma coisa!* Encontrei o botão que ligava o megafone, e, ao apertá-lo, um intenso som de sirene gritou de seus falantes. Tomei um susto. As pessoas ao redor me olhavam, espantadas. A senhora do cartaz do Renan Calheiros parou o que fazia e se virou para mim, com olhar de curiosidade. O breve

momento de silêncio foi a deixa de que precisava para tomar coragem e mergulhar em minha missão. Ativei o botão correto, ouvi o eco saindo do megafone e respirei profundamente. Levei o microfone à boca, como quem fazia aquilo todos os dias, e gritei:

— Atenção, pessoal! Vamos agora para a Paulista. O ato vai começar e, por questões de segurança, precisamos de todos na rua. Vamos lá!

As pessoas se entreolharam. Aos poucos, uma a uma se levantava, erguendo seus cartazes ou fechando seus potes de tinta. Vozes ecoavam sob o museu, e a massa começava a se movimentar em direção à avenida.

Iniciava-se ali minha carreira de ativista.

* * *

O ato tomou forma com naturalidade incrível. O grupo de pseudo-organizadores reunido naquela manhã fora capaz de passar as instruções para o público que se apinhava pela avenida em acordo com a Polícia, o que facilitaria demais o bom andamento da manifestação. Realizei o discurso de abertura na forma de jogral, fazendo com que as palavras ditas pelo megafone ecoassem como ondas por centenas de metros Paulista adentro; os demais organizadores fizeram o mesmo, e até Vítor, nosso jovem Robespierre, apresentou certa fluência em suas falas. Tratei de deixar claro que aquele ato tinha um objetivo claro: dar cabo da tal PEC 37, de forma implacável, sem margens para que uma agenda difusa tomasse novamente as rédeas e mentes dos presentes.

Mas não seria fácil assim. Antes de partirmos em direção à Consolação, um grupo nos rodeou questionando nossa legitimidade. Traziam consigo algumas folhas de caderno repletas de reivindicações as mais diversas, desde a demolição dos estádios em construção para a Copa do Mundo até o confisco das propriedades dos políticos para que fossem leiloadas e revertidas para "investimentos bilionários em saúde e educação". Tentávamos ignorá-los, mas tinham seus próprios megafones, e insistiam em dar instruções contraditórias aos manifestantes. *Que merda!*, eu pensava. Como lidar com essa gente?

Não tardou até que reforços chegassem. O oficial responsável pela operação da PM se aproximou de mim trazendo consigo um homem branco, corpulento, com camisa polo e ar reverencial. Parecia uma autoridade, mas não um político. Tratei de estender a mão e iniciar a conversa, para saber quem era:

— Prazer, eu sou o Renan. Bem-vindo à nossa bagunça.

— Opa! Prazer, meu jovem! — disse ele, de forma simpática e solícita. — Pega aqui meu cartão. Me chamo Felipe Locke, sou presidente da Associação de Promotores do Ministério Público de São Paulo. Viemos dar uma força para o ato. Tem promotores de todo o estado por aqui.

— Ah, legal! Vocês vieram pela PEC 37, não?

— Claro. Isso é o maior absurdo que já vi. Querem amordaçar a gente! — Ele se aproximou de mim para dar ênfase no que falava. — Se isso passar, político nenhum vai preso. Não dá pra deixar um negócio desses prosperar.

Gostei da veemência. Parecia acreditar no que estava falando.

— Então vem aqui... — puxei-o pelo braço. — Explica isso pra galera aqui. Vou te anunciar e você se apresenta e explica o que está acontecendo pra todo mundo. As pessoas precisam saber!

Entreguei o megafone a Felipe. E ele discursou. Suas palavras soavam como música para os presentes. Uma autoridade responsável — aparentemente comprometida em caçar corruptos — pedia ajuda às ruas para enfrentar a perfídia de Henrique Alves, Renan Calheiros e as demais raposas do Congresso. Havia roteiro melhor naquele instante? As reivindicações pelo sequestro dos bens dos políticos e a demolição de estádios ficaram para depois. Enquanto cantava "Quem não pula quer a PEC", a massa rumava à sede do Ministério Público de São Paulo contente com a perspectiva de obter uma vitória real. Era muito mais do que qualquer doidinho poderia oferecer.

Foi junto dos promotores que marchamos com uma pauta comum. Não se pedia por "mais saúde, segurança e educação". Focava-se na PEC. A imprensa teria material consistente para trabalhar. Brasília receberia uma mensagem clara, fácil de ser compreendida.

Após alguns minutos de caminhada, a turma do "Dia do Basta" chegou, espantada, vendo o ato que organizara sendo tocado por outras pessoas. Recepcionamos o pessoal e os incorporamos ao nosso grupo com vigoroso espírito democrático. Já não faria diferença alguma após o encaminhamento que déramos com o promotor Felipe.

Dei também minhas primeiras entrevistas. Acompanhado dos demais organizadores, falei para a BandNews e o SBT; comemorávamos a cooperação com a promotoria e o fato de o evento não ter apresentado qualquer ocorrência policial. Aquele ato, sob o confortável sol do inverno paulistano, não se parecia com as investidas noturnas da turma do Passe Livre e seus "infiltrados"; era uma tarde bonita, com espírito cívico e esperança no ar.

É interessante observar, hoje, que aquelas pessoas que caminhavam lado a lado viriam a dividir-se, anos depois, nas turmas que saíram às ruas de vermelho e amarelo na guerra do impeachment. Quantos entre os que ali se abraçaram e cantaram o hino nacional, fraternamente, terminariam se odiando, num caminho sem volta, nas lutas que definiram o destino do Brasil? Fica a reflexão. A divisão foi necessária e não me arrependo nem um pouco em ter contribuído para desenhar uma risca de giz separando "nós e eles".

Divagações à parte, o ato foi um sucesso. Cheio de gente, encerrou-se num gigantesco abraço ao prédio do Ministério Público. Felipe Locke, presidente da APMP, discursou comigo ao final do evento e expressou sua alegria com o impacto obtido. Os demais promotores, empolgados, afirmavam que seus contatos em Brasília — destacadamente o deputado tucano Carlos Sampaio — percebiam a resposta das ruas como suficientemente enfática, o que poderia demover Henrique Alves e seus colegas de levar à frente a polêmica emenda.

Enquanto conversávamos sobre as minúcias políticas da PEC, a massa se dividia em turmas distintas, que caminhavam pelo centro de São Paulo lideradas por novos atores. A turma do "Dia do Basta" parou na Sé, onde sua líder sem energia discursou qualquer coisa para centenas de presentes. Outros tantos, guiados pela turma demolidora de estádios, partiram em direção ao Largo do Arouche e desapareceram noite adentro.

Feliz, dei de cara com meu irmão e sua namorada. Ele havia filmado tudo, inclusive meus discursos, e prometeu preparar "um baita vídeo" de convocação para o próximo ato, na semana seguinte. Gostou do evento, elogiou minhas falas e minha cara de pau, e juntos saímos para comer um hambúrguer. Não sem antes pegar o contato dos demais presentes.

— Anota meu celular — disse Felipe Locke. — Ainda faremos muitas coisas juntos.

Na terça-feira seguinte, dia 25 de junho, a PEC 37 foi escorraçada pela Câmara dos Deputados, pelo placar de 430 a 9. A única grande vitória política das jornadas de junho — e aquela que legaria ao país seus frutos mais transformadores. Tivesse passado, a emenda invalidaria provas do Mensalão, permitindo a absolvição de muitos dos envolvidos no escândalo. Mais do que isso, inviabilizaria a ação futura do Ministério Público Federal do Paraná, principal responsável pelas investigações de um escândalo incomparavelmente maior, que viria a tomar as páginas policiais e os corações dos brasileiros: o Petrolão, alvo direto da Operação Lava Jato. Nascia ali, fortuitamente, a umbilical relação entre as ruas e a força-tarefa que mudaria o destino da elite política do país.

As partes envolvidas, em sua grande maioria, nunca ligaram os pontos nem conversaram a respeito. Mas a feliz coincidência de um encontro entre a associação dos promotores de São Paulo, um jovem sem direção e um agrupamento de pessoas que se conheceram e decidiram obter uma vitória concreta naquela tarde de sábado legou ao país consequências que ninguém poderia imaginar.

UM CARA PERDIDO

* * *

O entusiasmo da minha participação nos eventos que abalaram o Brasil em 2013 me recolocou num universo que renegava desde 2005. Sempre fui um animal político, um entusiasta da formação de grupo, da batalha de narrativas, da estética como instrumento de combate. Negara tais qualidades porque não sabia lidar com a frustração de ter fracassado na política universitária. Mas me sentia curado. Cumprira um sonho antigo — o de discursar para milhares na avenida Paulista. Minha autoestima política pós-adolescência estava recuperada.

Enquanto lia e relia clássicos, me enfronhava em grupos de debate temáticos no Facebook. Textos e vídeos contextualizando a crise política e moral do país começavam a pulular nas redes sociais. Fazia sentido. As manifestações de 2013 geraram uma importante massa crítica de indignação que fora aproveitada por adversários do governo petista para alavancar a audiência e a influência no debate político. Institutos liberais e autores conservadores, com maior destaque para o filósofo Olavo de Carvalho, faziam a cabeça de uma garotada que começava a perceber sentido histórico em sua revolta com o estado das coisas.

Conceitualmente, fora criado um caldo de cultura *sui generis* no país, dando início àquilo que podemos chamar de "nova direita brasileira". Era tudo por demais incipiente ainda, mas os influenciadores adquiriam relevância ao passo que seu público cruzava as barreiras sectárias que hoje empobrecem esse fenômeno cultural. Era normal fundir a crítica econômica austríaca obtida no Instituto Mises a uma análise de dominância política da esquerda concebida por Olavo. Você podia acompanhar o desenrolar do dia a dia político com Reinaldo Azevedo e, se fosse um pouquinho mais histórico, seguir ferozmente as páginas de sensacionalismo político que cresciam de forma exponencial, como era o caso da TV Revolta e do Movimento Contra a Corrupção.

COMO UM GRUPO DE DESAJUSTADOS DERRUBOU A PRESIDENTE

Acompanhava tudo aquilo com muita atenção. Marcelo Faria, amigo desde o ato de 22 de junho, era um tenaz administrador da página Povo Brasileiro, além de colega de sonhos políticos ambiciosos. Era um rapaz competente e pragmático, ainda que especialmente controlador e meio esquisitão no trato social. Sua rede social oferecia uma primeira experiência de crítica política viralizante sob a lente do pensamento liberal. Aprendíamos à época como evangelizar o público revoltado com o petismo por meio da sagrada palavra do livre mercado. Não era fácil, mas já conseguíamos estabelecer alguns padrões.

Partíamos do princípio de que a polarização política nas redes se iniciara durante o julgamento do Mensalão ocorrido em 2012. Foi com este episódio que o brasileiro médio, alijado de voz e meios de ação durante todo o processo político do escândalo em 2005, pôde expressar sua indignação contra a corrupção do país e ver justiça sendo feita diante de seus olhos. Havia um novo instrumento por meio do qual esse indivíduo podia fazer ressoar aquilo que pensava e sentia. E isso fez toda a diferença.

Diferentemente do Orkut, popular no Brasil na década anterior, o cada vez mais presente Facebook estimulava uma interação maior entre os perfis dos usuários, que tendiam a se agrupar em função da convergência de interesses. Os primeiros *clusters* sociais altamente difusos, muito mais descentralizados que as "comunidades" do Orkut, permitiam que pequenas discussões políticas tomassem corpo a todo instante entre amigos, familiares, colegas de trabalho e até estranhos atraídos pelo debate. Desenhava-se ali a risca de giz artificial que separaria os defensores do governo petista de seus novos críticos em ascensão.

É engraçado, pois mesmo os principais analistas de cenário político e as redes da esquerda brasileira ignoram este marco zero. Dão como certo o início do processo nas manifestações de 2013, o que é apenas uma meia verdade. O monstro fora gestado nas encarniçadas batalhas jurídicas entre ministros do Supremo, trazendo à classe média sua primeira narrativa vitoriosa desde o ingresso do PT no poder, em 2003. Tínhamos um "herói" que usava "capa", na figura de Joaquim Barbosa; um "vilão corrompido", encarnado em Ricardo Lewandowski; e um séquito de almas em disputa materializado nos demais ministros. Tínhamos cobertura midiática, antagonistas claros e o uso competitivo do discurso moral para colocar no *corner* a propaganda triunfalista do petismo.

O referencial moral do julgamento do Mensalão serviria de base para o nascimento de uma oposição crítica ao petismo, que se fundamentava na ideia do Judiciário justiceiro. Não à toa, Joaquim Barbosa convertera-se em *popstar* nacional, cantado em verso e prosa pelos manifestantes "sem partido" que apearam o Movimento Passe Livre do comando dos atos de 2013. Tamanha era sua influência sobre o imaginário dos revoltados que, em pesquisa realizada pelo Datafolha, no dia 20 de junho, durante ato na Paulista, o ministro apareceu em primeiro na corrida presidencial para o pleito de 2014, com 30% das intenções de voto.

O embrião político ali gestado, porém, não se sustentaria somente na ideia de um "juiz punidor". Antipolítico, saía de dedo em riste apontando culpados mil; inimigos, contudo, era incapaz de escolher. O gigante acordou, mas tinha pés de barro e não chegaria a lugar algum. Desmoronou na própria incapacidade de se converter em força política e de articular um propósito histórico. Fora o despertar histérico de uma gente cansada de ser usada, cujos gritos, estridentes, não podiam ser compreendidos por seus opositores. O moralismo sem foco cobraria seu preço.

Entendíamos isso com clareza. Assim, nos parecia coerente instrumentalizar o fenômeno moralizante que tomara as ruas do país em junho e convertê-lo em força política real e legítima. Que fique claro: despido de refinamento ideológico e desprovido de imaginário, pertencimento e propósito, o despertar da classe média — como chamo o movimento de 2013 — tornar-se-ia um episódio isolado e efêmero na história do país. Permitir que isso viesse a ocorrer seria um desperdício de energia cívica e transformadora sem igual; um atestado de burrice para as lideranças políticas do nosso tempo.

Tínhamos visões distintas, porém, na forma de levar tal intento à frente. Marcelo propunha a criação de um instituto, que forneceria base intelectual e serviria como centro difusor de ideias liberais para as massas; eu acreditava na ação política direta através de um movimento descentralizado, aos moldes do Tea Party. Em essência, nenhum dos dois estava errado. O que ocorria, entretanto, era que a vocação natural de ambos para os empreendimentos pretendidos levaria a um conflito, cuja consequência seria o rompimento político ou a sujeição de um projeto a outro. Era questão de tempo.

Mas ainda havia muita coisa a se resolver. Como ficaria a empresa, como ficaria minha família? Eu carregava um fardo muito difícil de ser aliviado. Era o filho mais velho e queria abandonar meus pais. Precisava de um estopim para detonar uma mudança tão drástica em minha vida.

* * *

Ainda que os recentes episódios políticos me distanciassem cada vez mais da minha vida de pequeno industrial quebrado, não podia, simplesmente, afastar-me das obrigações com meu pai e a empresa; a crise, estabelecida no setor, cobrava um preço caro, e a atividade da metalúrgica era mantida, sempre, equilibrando-se numa linha tênue entre a sobrevida e a bancarrota.

Naquele 30 de setembro de 2013, eu acordara novamente com um péssimo humor. Era aniversário do meu irmão, e ele, naquele momento, já morava em São Paulo com sua namorada. Eu ficava em Vinhedo, e cabia a mim, pelo resto de ano, acumular as atividades abandonadas por ele na área financeira da empresa. Eram contas e mais contas a pagar; mas o pior, mesmo, eram as demoradas operações de desconto de duplicata realizadas quase todos os dias. Era como garantíamos o fluxo de caixa para pagar nossas despesas correntes.

Não contava com a simpatia dos funcionários; estavam, todos, desesperançados com a situação da empresa e do próprio país. Ainda que não nutrissem simpatia pelo emprego, o mundo ao redor não se encontrava mais colorido, tornando a permanência na companhia uma necessidade maior. Isso, porém, não aplacava as tensões; era uma antiga metalúrgica, que já vivera seus melhores momentos, e muitos trabalhadores que pelejavam conosco nos últimos anos — desde que meu pai assumira a empresa — simplesmente não aceitavam a queda de faturamento, benefícios e perspectivas. E era em meio a esse clima nebuloso que eu tomava meu caminho, todas as manhãs, de Vinhedo a Itupeva, para cumprir a triste jornada descrita algumas páginas atrás. Um clima de constante tensão, de disparos de adrenalina a cada operação bancária não feita, a cada paralisação, a cada visita de oficial de Justiça. Mas nada comparado com o que ocorreria naquela segunda-feira.

* * *

Enquanto mastigava um pão com manteiga e presunto, discutia com meu pai, na cozinha, sobre as tarefas do dia. Era greve dos bancários, o que atrapalhava — e muito — o trabalho no setor que mais atuava. Haveria, também, uma reunião importante com fornecedores de tinta industrial; discutiriam os débitos antigos relacionados a uma empresa parceira e voltariam — talvez — a nos fornecer materiais. Excitante, não? E assim, este que vos fala e seu pai, Mário, seguiram até a empresa, dentro do carro de sempre, falando as coisas de sempre.

Nossa relação sempre foi muito boa. Meu pai pode ser definido como um nerd de humanas, viciado em história, biografias e guerras, algo que recheou de referências meu imaginário desde a tenra infância.

Foi através dele que descobri gregos, romanos e o mundo medieval. Foi com ele que aprendi sobre mitologia, religião e a vida de homens como Alexandre e Júlio César. Meu centro político veio dali, e não da leitura de diversos clássicos que, no fim das contas, apenas reforçaram aquilo que já estava construído. É para isso que os pais servem, afinal.

Ele tem 1,80m de altura, mais ou menos; é mais alto que eu, careca e dotado de uma barriga aceitável para a idade. Está em relativa boa forma para um homem sedentário e estressado. É inegavelmente mais parecido com meu irmão do que comigo; é mais claro e possui o mesmo tipo de olhar sereno e vigilante que Alexandre, ainda que sua barba e voz tenham alguma semelhança com as deste que vos fala. É um homem jovial, que se sente muito mais confortável ao redor dos amigos dos seus filhos do que com senhores da sua idade. Não aguenta falar de futebol nem de trabalho, o que denota, também, sua endêmica falta de paixão e disciplina pelas atividades repetitivas do lavor diário. É, de certa maneira, o tipo aventureiro descrito por Sérgio Buarque de Holanda em seu *Raízes do Brasil* — um sujeito preocupado com resultados rápidos e soluções criativas e audaciosas.

Tais características, opostas à rigidez disciplinada do ambiente fabril, terminavam por nos distanciar da atividade que tocávamos; não éramos industriais clássicos, com as mãos sujas e apreço pelo ofício. *Estávamos industriais*, algo muito diferente, e isso talvez ajude a explicar os sequentes insucessos que tivemos em nossas operações conjuntas.

Da minha parte, gostava de aprender com ele sobre como ser um sobrevivente neste mundo duro e competitivo. Ele é advogado, vivo e esperto, capaz de se defender em negociações complexas e trazer o sustento pra casa em meio à adversidade. Mas não creio que goste de ser assim. Imagino, na verdade, que deveria ser arqueólogo, historiador ou algo que transformasse seus gostos mais profundos em uma atividade produtiva. A vida, entretanto, segue seu caminho, como um rio; e ele aprendera a ser negociante, e assim se erguera desde o início da sua maioridade.

Eu decidira trabalhar com ele — em especial nessas empresas em dificuldade — para forjar meu leve e jovial caráter, após os atribulados anos de estudante de Direito. Carregava dentro de mim a ideia de que me faltariam malícia e dureza; e que, portanto, deveria sofrer mais, correr riscos, enfrentar o mundo de frente! Aqueles anos me haviam ensinado isso... Aprendera a lidar com oficiais de Justiça, sindicalistas e trabalhadores furiosos. Aprendera a trabalhar, ter responsabilidade pelos meus atos, abandonar sonhos fúteis e me apagar quando necessário. Apagar. Não é isso, afinal, o que fazemos quando adultos? Levara tempo, mas tinha alcançado o tal amadurecimento que tanto almejava. Ao menos, acreditava nisso naqueles idos de setembro, dentro do carro que rasgava a Anhanguera quase que automaticamente. *O banco está fechado, será um dia morto*, pensava com meus botões.

Cheguei à empresa, chequei os números e as operações correntes. Tínhamos 40 mil reais em conta, o valor exato para completar a folha de pagamento que cumpríamos, com algum atraso, todo dia primeiro do mês. O corredor do escritório era escuro e abafado, tendo saídas, do lado esquerdo, para o parque fabril, e do direito, para as diversas salas onde me revezava ora em reuniões ora tocando operações financeiras e comerciais. Aquele corredor havia se tornado a minha casa; era lá que passava meus dias, entre o som repetitivo das prensas e as vozes sufocadas no telefone. Era *tum, tum, tum* de um lado e "Renan, já me enviou o borderô?" do outro. Eu vivia e morria um pouco a cada dia naquele lugar.

Nada de especial se passaria no período da manhã. Almocei com meu pai em um restaurante grosseiro, no posto de gasolina logo abaixo. Serviam costela assada e um buffet bem do vagabundo, em que se destacavam o feijão aguado e a farofa industrial com ovo, devidamente resfriada após horas de exposição. Conversamos qualquer coisa, comemos e retornamos. Não havia muito a se fazer além de aguardar o fornecedor de tinta — e ouvir o tilintar das peças saindo da prensa.

COMO UM GRUPO DE DESAJUSTADOS DERRUBOU A PRESIDENTE

* * *

Foi na sala de reuniões, em torno de uma longa mesa de granito, que recebemos o tão aguardado vendedor. Municiado de seu catálogo de vendas, entrou no recinto e deu de encontro com Mário, que o recebia com um sorriso básico calculado.
— Olá, meu amigo! Como vai essa força?
— Tudo tranquilo — retrucou Mário. — Sente-se! Quer café? Renan, peça para Eliana trazer café aqui pra gente! Foi difícil chegar aqui?
— Foi tranquilo, a estrada pra cá é muito boa — respondeu o vendedor. — É seu filho, este rapaz? — Ele trazia a empolgação típica dos vendedores. — É Renan, o seu nome? — indagava, olhando para a frente, enquanto escorregava um cartão de visita até que chegasse à minha frente já devidamente posicionado para que eu lesse o nome. — Parabéns pela empresa. Já está trabalhando com seu pai! — prosseguiu.
— É importante isso... Hoje o que a gente mais vê são esses jovens desapegados de tudo. Você sabe bem... Muita vagabundagem, não? Se formou em quê, meu amigo?
Esse momento era duplamente constrangedor. Primeiro, porque eu não era formado em coisa alguma, ainda que aparentasse ter mais de 25 anos. Segundo, porque o curso que fizera, Direito, de nada serviria para impressionar aqueles tipos com perfil técnico. Respondi, de forma furtiva:
— Estamos aí, estudando... Preciso ainda me formar. A gente não tem tempo pra nada, e eu estudava em São Paulo — disse, enquanto manejava seu cartão. — Vou pedir o café pra vocês.
Levantei-me da cadeira e caminhei até o telefone cinza que se encontrava sobre a bancada de madeira disposta sob o janelão de vidro lateral. Torcia para que o café estivesse fresco — e que ainda houvesse boas quantidades de sua versão amarga, livre dos baldes de açúcar despejados pelas moças da limpeza. Odeio café adoçado. Torcia, por mera

liberalidade, para que nosso visitante compartilhasse desse desprezo. De alguma maneira, avalio a inteligência das pessoas pela quantidade de açúcar que consomem. *Quanto mais adocicados, mais idiotas*, imaginava. *O mundo é daqueles que sabem lidar com o amargo da vida.*

Quando pegava o telefone, fui interrompido por meu pai:

— Ei, Renan! Você viu isso aqui? Ele é da Akzo Nobel. São suecos, não?

— Isso mesmo, meu amigo! — adicionou o vendedor. — Uma empresa sueca com operações nos quatro cantos do mundo. Você conhece o trabalho da Akzo Nobel em outras áreas? Por que esse interesse na Suécia?

Com o telefone em mãos, tive a atenção roubada pela conversa em questão. Falar sobre a Suécia servia como escape para os temas chatos do dia a dia. Eu visitara o país três vezes nos últimos quatro anos.

— Gosto muito de lá... Especialmente das suecas! — respondi com um sorrisinho no rosto. — Mas é um país muito legal. É incrível. Muito organizado, você não acha? Até falo um pouco de sueco. Aprendi com um amigo antes de uma dessas viagens.

— Nunca fui até lá — retrucou o vendedor. — Mesmo assim, cabe notar que passamos todos por treinamentos rigorosíssimos. Nossa planta possui todas as certificações, e somos a empresa mais qualificada para fornecimento de tinta para a área automotiva. Nós tivemos uma grande relação no passado, sabe? — Ele começava a tirar suas planilhas da pasta enquanto conduzia o assunto, cuidadosamente, para o tema que deveríamos abordar naquela tarde. — Vocês querem dar uma olhada no volume que a empresa de vocês consumia dois anos atrás?

Ainda com o telefone em mãos, me aproximei da mesa, fazendo com que o fio se esticasse. O vendedor trazia consigo gráficos e números dos tempos áureos de seu fornecimento de tinta. Enquanto os colocava cuidadosamente sobre a mesa, com olhar confiante, manejava um outro pacote de documentos, provavelmente com os débitos deixados pela gestão anterior. Ele iria nos mostrar o quão boa era nossa relação no passado para, logo em seguida, estender o calhamaço de dívidas — devidamente corrigidas pela inflação — que deveríamos reparcelar num possível acordo de fornecimento.

— Renan, e o café? Não vai pedir? Vai ficar parado aí? — disse Mário, mais curioso do que irritado. — E coloca esse telefone no gancho.

Ainda desatento, dei dois passos atrás e recoloquei o aparelho em sua base. Porém, tão logo deitado novamente sobre o console, sua campainha disparou. Atendi. Era o porteiro, desesperado.

— Seu Mário, tem uns *homi* subindo aí. — disse ele. — *Dissero* que são da polícia, tão procurando você!

— Mineiro — esse era seu apelido—, aqui é o Renan... O que é que está acontecendo? — respondi, surpreso com a afobação do guarda. — Quem está aqui?

— Uns *homi* da polícia. Eles já subiram aí.

Não houve tempo para raciocinar. Em poucos instantes, um sujeito forte — *um bolado, para ser mais preciso* — abriria violentamente a porta da sala, com uma folha de papel em mãos. Era careca, de olhos verdes, usando roupas justas que destacavam seus músculos estranhamente inchados. Tinha uma daquelas correntes de prata típicas de gigolôs, além de uma pouco discreta pistola na cintura.

— Quem é Mário Jorge? — perguntou, apontando a folha de papel com o rosto de meu pai impresso em preto e branco. — Aqui é da Polícia Civil!

* * *

Meu pai levantou-se da cadeira, atordoado, olhando para aquela estranha figura que invadira solenemente a reunião que aguardáramos o dia inteiro. Ele não compreendia a natureza daquela visita — inesperada e não anunciada. Sem entender o ocorrido, dirigiu-se até o invasor, olhando com cautela, mas sem aparentar temor. Já havia passado por situações parecidas anteriormente, e não queria, evidentemente, escandalizar o vendedor de tintas que, naquele instante, ainda manejava suas planilhas como se nada estivesse acontecendo.

— Pois não, sou eu. E você, quem é? — disse meu pai, de frente para o homem que recém chegara.

— Aqui quem faz pergunta sou eu! — retrucou o sujeito, rispidamente. Aparentava engrossar a voz para soar mais assertivo. — Aqui é da Polícia Civil, departamento de narcóticos, e temos uma denúncia contra você e sua empresa.

Narcóticos? Que porra é essa?, pensei. De súbito, me dirigi até a porta, ao lado do meu pai, para entender o que ocorria. Havia dois outros tipos — um mais baixo e gordo, vestido como policial civil, e outro, que passara correndo, também gordo, mas vestindo boné e camiseta folgada. O susto imposto por sua chegada impedia que eu percebesse qualquer estratégia em sua movimentação. Fomos pegos de surpresa em uma "operação", se assim podemos dizer.

— Então apresente suas credenciais — afirmei, por instinto. — Você tem mandado pra entrar aqui? Quem permitiu que vocês subissem?

— Ei, você, *vamos se acalmando* — disse o outro homem, atrás do "bolado". — Meu nome é Otávio, somos da Polícia Civil de Jundiaí. Nós temos uma denúncia aqui. — Ele baixou os olhos numa pausa resoluta — Uma denúncia séria sobre processamento de drogas na sua fábrica.

— Drogas? — meu pai reagiu, indignado. — Mas o que você está dizendo, meu amigo?

— Olha, meu senhor, nós recebemos uma denúncia e viemos averiguar. Disseram que o senhor prensa cocaína neste estabelecimento. Então vamos *ficar calminho* por aqui pra que a gente não precise tomar nenhuma atitude mais enérgica.

— Mas o que você tá dizendo? Ninguém mexe com droga por aqui. Você está louco? — gritei, já desesperado. Era perceptível a maldade e a encenação no rosto de Otávio, e o quadro tenebroso que se abria naquela operação, onde absolutamente tudo poderia acontecer, me fez tremer de cima a baixo. — O que vocês estão fazendo aqui? — gritei novamente. — Que merda é essa?

Enquanto isso se desenrolava, percebi que o terceiro elemento, de boné, corria pelo corredor e entrava numa das pequenas salas, onde fazíamos reuniões menores. Era óbvio que armava alguma coisa.

— Ei, o que ele está fazendo ali? — apontei. — Quem é esse cara?

Mário, percebendo a chicana, tentou sair da sala, no que foi barrado pelo policial bolado. Otávio, por seu turno, parecia incomodado. Olhava para os lados até que o rapaz de boné retornasse, com um objeto retangular em mãos, do tamanho de uma fita cassete, triunfante como quem tivesse ganhado na loteria.

— Olha só isso aqui! — gritou. — É cocaína!

Naquele instante mesmo, meu cérebro turvou. Comecei a gritar por socorro, pedindo ajuda aos funcionários que não apareciam. Meu pai, atônito, balbuciava algumas palavras, mas eu era incapaz de reagir. Sentira apenas, por trás, o vulto do vendedor de tinta passando; ele se mandava de lá, velozmente, evitando ser parte na cena lamentável que se sucedia. Estávamos sozinhos. Os três homens, naquele corredor velho e engordurado, tinham total controle. Otávio, que parecia ser o chefe do bando, recebeu o artefato do elemento de boné e, familiar com o objeto, abriu seu invólucro de fita adesiva com uma chave de carro. Atento à tarefa, não tardou a dar seu veredito:

— Isso aqui é maconha, meu senhor. Você está preso, doutor Mário!

Houve um princípio de confusão. Meu pai levantou a voz e tentou discutir com o Otávio, até ser imobilizado pelo grandalhão e atirado ao chão. Quando imaginei intervir, fui também imobilizado pelo rapaz de boné, que me aplicou um "mata-leão". Otávio tirou a arma da cintura e apontou de forma desleixada para mim, gritando:

— Vamo ficar quieto, te acalma aê!

Enquanto isso ocorria, um grupo de funcionários se aglomerava na saída do corredor; assistiam a tudo passivamente, como que gostando. Atirado ao chão, com a cabeça prensada, meu pai tinha suas mãos algemadas contra suas costas pelo "bolado", que era auxiliado, naquele momento, por Otávio. Ele não conseguia falar; o joelho direito do grandalhão pressionava seu tórax contra o piso, numa postura absolutamente odiosa e desproporcional. *Meu pai não tentou reagir! Que absurdo é esse?*, pensava.

Olhava aquilo tudo perdendo o ar, tentando berrar, mas Otávio, atentamente, apontava a arma para mim e me mandava "calar a boca". Eu continuava olhando. A violência injustificada, a encenação ridícula, a figura dos policiais... Como esquecer aquela cena? Pareciam hienas, simulando indignação e profissionalismo, enquanto humilhavam meu pai. E eu nada podia fazer, nada! Ouvia o barulho das algemas se fechando, a cara de porco do grandalhão rosado se esforçando para erguer meu pai. Alguns funcionários, ao fundo, riam do ocorrido. Umas poucas mulheres levavam as mãos ao rosto. Ninguém — absolutamente ninguém — se mobilizou para fazer algo.

— Leva ele pra lá — gritou Otávio, após algemar meu pai. — Leva esse moleque pra sala enquanto o Rogério cuida desse aqui.

Dali em diante, fui separado de meu pai e levado até a sala onde, supostamente, fora encontrado o tijolo de maconha. Ainda que totalmente fora de si, havia percebido a contradição no discurso dos policiais. Afirmavam, de início, que se tratava de cocaína. Porém, o bloco, envolvido com uma fita plástica marrom, daquelas de embalar caixa, era maconha prensada. Por que tamanha confusão? Mas deixei isso de lado. Estava com os olhos marejados, assustado, sem saber quais seriam seus próximos movimentos. Tudo passava por minha cabeça. Seria o pessoal do sindicato — cuja fama de mafiosos rodava a região — tentando nos dar um susto? Seria um fornecedor antigo, revoltado com a nossa gestão? E se for alguém simplesmente querendo fazer mal? *Nosso trabalho é muito difícil, gera muitos inimigos*, eu pensava.

Comigo, na sala, estavam Otávio e o vagabundo de boné. Este, perceptivelmente, diferenciava-se do seu chefe não apenas pelas vestes; falava um português chulo e me tratava com ironia e agressividade. Otávio, por seu turno, aparentava ter o controle da situação e, após meu pai ter sido levado da empresa, logo sentaria à minha frente para "conversar".

— Tente ficar calmo. Vocês têm um advogado? — iniciou ele, pausadamente. — Ligue para seu advogado e mande vir até aqui imediatamente.

Ele soava, agora, cordial. Parecia tentar colaborar com a situação como se fosse uma espécie de *amigo*. Sei que parece ridículo, mas, de fato, nesses momentos de terror e apreensão, essas pequenas mudanças de postura têm impacto sobre a moral de quem está fragilizado. Era a tática do *good cop/bad cop*.

— Pelo que me parece, pode ser uma armação contra seu pai. A gente nunca sabe... O ruim é que isso aqui — ele apontava para o tijolo — é uma encrenca das feias! Deve haver muita gente que não gosta de vocês. Imagina se isso sai na imprensa... Acabam fechando a tua fábrica. É que a gente quer resolver isso na boa. Vocês têm sorte... Teu advogado é de Jundiaí?

— Sim, ele é... — respondi com a voz trêmula. — Estou ligando nele agora.

Era impressionante como minha arrogância interna — a forma como eu conversava comigo mesmo sobre outras pessoas — substituía-se por uma sensação de impotência e autodesprezo. Estava eu, lá, em meio a duas figuras que jamais vira, completamente indefeso, sem poder fazer algo para ajudar meu pai. Minutos antes, ele havia sido atirado ao chão como um saco de batatas e eu só pudera gritar como um garotinho. É uma situação de merda.

Liguei para nosso advogado, Dr. Rafael, que me atendeu prontamente. Ele já sabia do ocorrido; fora contactado pela Eliane, do departamento financeiro, uma das poucas pessoas a nos prestar algum tipo de solidariedade naquele momento.

— Renan, fica calmo... — disse ele. — Isso aí é uma armação comum aqui na região. Sabe se o teu pai tá bem?

— Não, doutor. Levaram ele pra delegacia, eu acho. — Olho para a frente e vejo que Carlos balança a cabeça, anuindo com minha hipótese. — Ele está lá, sim. Vem logo aqui pois aparentemente eles querem conversar contigo.

— Ótimo, Renan, fica calmo que estou indo.

**

Não percebi a passagem do tempo até a chegada do Dr. Rafael. Sentia-me exclusivamente humilhado, enquanto o rapaz de boné ficava revirando os papéis na sala em que estávamos. Ele abria pastas, fazia perguntas aleatórias e trocava mensagens por celular — aparentemente com o policial bolado que havia levado meu pai embora. Otávio, ansioso, andava pela sala. Tentava se isolar para atender o telefone, e ficava me perguntando, apoiado sobre a mesa circular do pequeno recinto, acerca da chegada de nosso advogado. Parecia incomodado.

Tão logo Dr. Rafael chegou, Otávio foi a seu encontro. Cumprimentaram-se cordialmente — parecia que já se conheciam — e seguiram pelo corredor até o estacionamento, onde conversariam. Fiquei na sala; era impedido de sair pelo tal rapaz de boné, que se comportava como se policial fosse. Eu não sabia se era ou não. Entediado, e talvez gostando da posição em que se encontrava, olhava pra mim, e começou a falar:

— Seu pai te meteu numa treta... — Ele coçava a cabeça e esticava os músculos do rosto, denotando uma preocupação fingida. — Sorte que vocês têm grana, né?

Eu não respondia. Ele tentava puxar conversa em tom de deboche, como que tirando sarro da situação toda. Parecia bastante confortável com esse tipo de atividade. Sua aparência era como a do cantor Chorão, do Charlie Brown Jr. Arregalava os olhos na hora de raciocinar, denotando um esforço físico pra concatenar ideias.

— Isso aí é alguém que armou pra vocês, tem que ver bem — prosseguiu. — A gente na polícia conhece bem esses *caso*. Você pega um B.O. de alguém que armou pra você e no final tem que resolver mesmo. Mas sorte que seu advogado tá aí, né?

— Eu não vou resolver B.O. de ninguém — respondi. — Essa história é ridícula. Ninguém aqui prensa maconha com máquina hidráulica. Além disso, cadê o mandado? Sob ordem de quem vocês entraram aqui?

— Calma aê, calma aê — retrucou agressivamente, enquanto se sentava a meu lado. — Você tem que resolver teus B.O., irmão! E outra, você não gosta de pagar de bacana? Eu tenho aqui tudo seu, *cê* não acha que *nós num* trabalha? — retirou do bolso de seu moletom de vagabundo um maço de folhas de papel sulfite, como aquele trazido pelo bolado, com impressos em branco e preto. — E essa Pajero aí? Quem é essa mina dirigindo? É a gostosa da tua irmã?

Com seus dedos gordos, abria de forma confusa as folhas de papel, entre as quais havia uma imagem de um dos carros lá de casa sendo dirigido por minha irmã, que ainda estava no Brasil. A foto, tirada à distância, não fora obtida de alguma rede social; alguém se preocupara em seguir minha irmã e fotografá-la em seu carro — talvez para achacá-la em alguma versão alternativa do plano. Não sei. Senti, na hora, apenas um calafrio. Era como se o trabalho arquitetado por eles fosse maior e mais complexo do que eu poderia imaginar. É uma sensação de medo e impotência ante um conjunto de forças que se articulam fora do seu controle, sem motivo aparente, apenas para prejudicar. Fitei-o nos olhos, cheio de raiva, enquanto redobrava o maço de papéis e recolocava no moletom. Ele ria.

— Ei, Renan, vem aqui — disse o Dr. Rafael. — Vamos pra delegacia. Você vem no meu carro.

Levantei-me da mesa, deixando o vagabundo por lá. Ele não sinalizou oposição. Dirigi-me até o sedan preto do advogado tomado por alguma esperança; se me chamava — e me tiravam de lá! — é porque havia espaço para negociação. Ou solução. Na verdade, eu simplesmente queria sair o mais rápido possível daquele inferno.

UM CARA PERDIDO

— Escuta, Renan: os caras armaram um flagrante pra vocês. É meio comum. Vocês não são os primeiros a passar por isso. Teu pai tá na delegacia já com eles, mas não levaram ele pra cela nem nada. Está numa salinha, aguardando a nossa chegada. Eles querem fazer um acerto.

— Que tipo de acerto? — retruquei. — Quanto eles querem? O que eles querem?

— Então... Falaram em coisa de 300 mil reais... Vocês têm isso? O Otávio me disse que é isso, pois o flagrante foi bem pesado. *É foda esses caras...*

— Você tá doido? — respondi, assustado. — Não temos nada disso. E, se tivéssemos, quebraríamos a empresa. A maior parte da grana tá em estoque, matéria-prima, duplicatas... Eu tenho um pouco de dinheiro em caixa, mas teria que ver com o Alexandre. Vou ligar nele.

Alexandre, meu irmão, ficava com os tokens das contas bancárias. Ainda que vivesse em São Paulo e se distanciasse do nosso dia a dia, acumulava algumas poucas responsabilidades residuais que nos auxiliavam na administração. Era, por assim dizer, uma fórmula de manter um vínculo com meu pai e tornar sua separação profissional um pouco menos traumática. Falar com ele, naquele dia em especial, foi muito desagradável. Era seu aniversário — fazia 25 anos — e eu arruinara seu passeio com a namorada. Alexandre ficou revoltado e pegou a estrada, sem pensar, rumo a Jundiaí. Questionei-o acerca dos valores em caixa — tínhamos os 40 mil para a folha de pagamento. Ele, porém, me lembrou: era greve dos bancários, e seria impossível sacar qualquer quantia naquele dia.

Mas que grande merda!, pensei. E se não tivéssemos dinheiro para dar àqueles vagabundos? Meu pai dormiria na cadeia? Eles transformariam aquilo tudo em inquérito? Sairia na imprensa? O que fazer num caso desses? Minha cabeça fervilhava de opções fatalistas. Dr. Rafael, por seu turno, gostou da situação:

— Bom, Renan... Eles não vão poder manter o seu pai lá. Tudo o que eles não querem, justamente, é registrar a ocorrência. Querem resolver por fora. Vamos lá negociar.

Chegamos à delegacia em cerca de quinze minutos. Saltei do carro e subi velozmente as escadas do prédio. Sobre uma espécie de marquise, estavam lá Otávio e seu companheiro "bolado", que pela primeira vez se identificou para mim.

— Bom, teu pai tá aí dentro. Tá tudo bem, cara, alguém armou alguma com ele. Meu nome é Rogério, fica aqui com meu cartão. — Continha o logotipo da polícia, seu nome e seu contato. Na face oposta, escrito à mão, um número de telefone. — Esse aqui é meu outro número. A gente vai precisar conversar mais depois.

— Sabe — interveio Otávio —, pede pro teu advogado resolver rápido isso aí. Eu falei com o doutor... Ele é gente finíssima. O delegado conhece ele. A gente já libera teu pai antes do anoitecer.

Orientei o Dr. Rafael a que oferecesse no máximo 120 mil — parcelado — e que negociasse bastante. Não tínhamos condição alguma de dispor de 300 mil reais. O advogado prometeu que resolveria o quanto antes. Entrou em uma pequena sala no interior da delegacia, separada por divisórias de escritório das bem vagabundas, e lá permaneceu ao menos por uma hora. Em um determinado momento, meu pai foi chamado; imaginei que ele, que possui habilidades de negociação melhores que as do Dr. Rafael, fosse capaz de resolver. Mas, ao cabo de uma hora, saíram de lá, ambos, sem qualquer coisa resolvida.

Eles não queriam arredar pé do montante inicial, e o advogado se esquecera de avisá-los sobre a indisponibilidade de caixa decorrente da greve dos bancários. Quando meu irmão chegou, instantes depois, resolvi tomar rédea da conversa e buscar uma solução com os policiais. Chamei Alexandre de canto e, juntos, formulamos uma estratégia para encaminhar um desfecho:

UM CARA PERDIDO

— Cara, você consegue tirar um *print* do saldo em conta? — iniciei.
— Vamos mostrar pra eles que temos apenas isso. Como eles vão querer em *cash*, podemos falar que depositamos na conta do Dr. Rafael. Eles conhecem ele. Seria uma espécie de "garantidor da operação". Dali em diante, ele saca e paga eles.

— Consigo sim, cara. Como é que o papai está? — respondeu Alexandre, afoito. — Vou pegar o sinal da internet aqui e resolvo.

— Boa! — respondi, ganhando confiança. — Ah, e feliz aniversário...

Alexandre mirou fundo nos meus olhos, arregalou suas pálpebras, dilatando suas pupilas, e retrucou:

— Vai tomar no seu cu, Renan!

* * *

A estratégia funcionou. Rogério e Otávio perceberam a impossibilidade de levantarmos o dinheiro para seu achaque naquele momento e aceitaram receber uma quantia menor, que seria sacada pelo nosso advogado, Dr. Rafael, tão logo a greve se encerrasse. Aceitaram também que houvesse um parcelamento de quantia menor; cerca de 120 mil reais, a serem pagos em dez vezes, mensalmente, ao vagabundo de boné. Meu pai foi liberado, não sem antes fazer um Boletim de Ocorrência em que os policiais, muito prestativos e diligentes, disseram ter contado com a colaboração da direção da empresa para "esclarecer as denúncias de processamento de drogas no local". O delegado fingia nada entender. Seria leviano elencá-lo como parte interessada no golpe; mas estamos no Brasil, né? Tudo é possível por aqui...

Alexandre retornou a São Paulo, e eu voltei para a casa dos meus pais, em Vinhedo, tal qual um autômato, despido de significado. Fui para o banheiro, liguei o chuveiro, e fiquei sentado no chão, recebendo água quente na cabeça por quase uma hora. Estava completamente tenso, travado, quebrado. A perseguição, a humilhação, as consequências —

vamos lembrar, eu não teria mais o dinheiro para pagar a folha —, tudo aquilo moía não apenas minha consciência, mas meu corpo como um todo. Estava em frangalhos. Assistir a um homem grotesco como aquele Rogério fazer aquilo com meu pai, na minha frente, me torturava. Tentava apagar a cena da memória, mas retornava a todo instante, fazendo com que eu ficasse falando *merda, merda, merda*, como mantra pra tirar aquilo da cabeça. Não dormi; fiquei travado na cama imaginando maneiras de torturar o Rogério, fórmulas mil para assassiná-lo em uma emboscada. A destruição financeira imposta por seu achaque só não era pior que a destruição psicológica; aceitá-la, passivamente, era conviver com a humilhação como método.

Que tipo de homem seria eu? Alguém que vê aquilo tudo e aceita pagar a conta? *Isso acontece com outros empresários*, imaginava, buscando algum tipo de dignidade. Mas logo vinha a imagem do policial jogando meu pai no chão — e a cena se repetia várias vezes — enquanto eu ficava me revirando na cama. Pegava o celular, tentava ler alguma notícia, ou falar com alguém, mas já eram 4h e não tinha alma viva no WhatsApp. Tornava a colocar o travesseiro sobre a cabeça. *Como vou pagar o salário dos funcionários?* Estava molhado de tanto suor. Não adiantou nada tomar banho, estava ensopado, e não tinha forças para levantar da cama. Cheguei a minha testa e percebi: estava febril, e um novo tipo de calafrio, este ligado à queda da resistência, começava a tomar conta de mim. Não conseguia pregar o olho, e as idas e vindas ao celular, sem objetivo aparente, por vezes passeando por aplicativos diversos, faziam com que o tempo passasse e o cérebro se esquecesse, ainda que momentaneamente, do dia anterior.

Arrastei o dedo pela timeline do Instagram, do WhatsApp e do Facebook; nada que já não tivesse visto, repetidamente, ao longo das muitas horas delirando na cama. Mas prossegui, chegando ao cúmulo de rolar, sem sentido, a lista telefônica do aparelho. Passava freneticamente pelos nomes — talvez procurando por um mercenário, um assassino de aluguel. Não achei. Mas acabaria me deparando com o nome de Felipe Locke, presidente da APMP, a Associação dos Promotores de São Paulo, que conhecera na manifestação na Paulista. *E se eu falasse com ele?*, pensei. *Posso pedir alguma dica, chegar em alguém. Só preciso de alguma ajuda. Quero matar esses caras...* A febre foi tomando conta até que apaguei. Não restava muito de mim para contar história.

Despertei, algumas horas depois, às 9h. Era um zumbi. A febre, porém, não me impediu de ligar para a fábrica e saber se estava operando — sim, estava. Meu pai já estava por lá, e decerto imaginava que eu chegaria depois, para reassumir as funções cotidianas após o inferno do dia anterior. Mas eu não quis assim. Deixei o celular permanentemente aberto no telefone do promotor e, sem comer, entrei no carro e zarpei. Não para o trabalho, mas para São Paulo, tremendo de frio e de raiva, perdido entre os pensamentos do dia anterior e a esperança, ainda que confusa, de fazer uso dos contatos que tinha no Ministério Público. Voei para a cidade, tomei uma pancada de multas, até chegar ao centro de São Paulo e estacionar no mesmo prédio velho, na rua Riachuelo, onde costumava parar nos tempos de estudante no Largo São Francisco.

Saí de lá andando, de cabeça baixa, falando sozinho, trombando com engravatados e mendigos, até perceber que estava sem bateria no celular. *Droga, que idiota que eu sou!*, pensei, e fiquei rodando em círculos, na frente da Faculdade de Direito que tanto me marcara, tomando coragem para entrar no prédio do MP. *E se ele não quiser me receber?. Mas e daí? Eu já estou morto... Não tenho nada a perder.* Entrei pela porta da frente, me identifiquei e subi até seu gabinete, no que fui atendido de forma prestativa. Todos perceberam meu estado, me ofereceram água, e ouviram cuidadosamente a minha história.

— Você não está morto — disseram. — Basta levar esse caso pro corregedor certo. Existe um, em Campinas — jurisdição de onde ocorrera o crime —, que vai atendê-lo muito bem. Existe gente honesta na polícia.

Ora, caralho, quando que eu iria pensar que aquelas pessoas, que marcharam comigo naquele dia maluco, naquele junho maluco, estariam ali, me prestando socorro, preocupados com o que passei? Sei que esta não é exatamente a melhor forma de construir essa narrativa — eu deveria dar mais atenção aos detalhes! —, e eles foram precisos e atenciosos, de fato tocados com minha situação. Mas eu, ainda tonto, só pensava no absurdo que era todas aquelas pessoas, que se abriam para mim como uma nova vida, atuando e participando de um processo estranho que fermentava na minha cabeça. Felipe, os promotores, os policiais, o delegado, todos eles, de alguma maneira, faziam parte de uma história meio estranha, meio cósmica, que me tirava do meu isolamento habitual. *O que está acontecendo com a minha vida?*, pensava. *Preciso ir logo para Campinas... Minha cabeça está doente...*

E assim fui, no mesmo instante, sem bateria no celular, sem comer. Tinha em mãos o endereço da corregedoria e o telefone do delegado, que já me atendera no Ministério Público e prometera atenção no caso. Rasguei a estrada, tomei mais multas, paguei meus pedágios, entrei na cidade, depus para o corregedor. Contei toda a história, expus o ocorrido; ele se animou, pois estava no encalço dos canalhas fazia dois anos. Descobrimos o óbvio: que o cretino de boné não era policial coisa alguma; era, sim, um *ganso*, gíria policial utilizada para definir o parceiro criminoso sem distintivo de policiais achacadores. *Sim, ele era um ganso. Como não percebi isso?* Com a cabeça em altas rotações, vibrava com as descobertas. *Então quer dizer que eles já estavam sendo procurados? Serei eu a dar o golpe de misericórdia nesses bostas?*

Permaneci nessa alta intensidade febril por mais alguns dias; meu pai prestou depoimento e uma operação foi projetada. Minhas conversas foram gravadas e o B.O. realizado na delegacia — ato falho ignorado pelos cretinos — tornou-se prova cabal da ação criminosa. Por semanas conduzi as conversas até que a operação estivesse montada, no dia da entrega da primeira parcela, em dinheiro vivo, nas mãos do *ganso* —

outrora "vagabundo de boné". E então a corregedoria o pegou, e com o tipo, no seu carro, dinheiro vivo e algemas da delegacia. Era apenas um bandidinho comum.

Alguns dias depois, Carlos e Ricardo foram presos, entregues de forma estúpida pelo desleixo com que conduziam seus achaques e pelo prestativo depoimento do antigo colega, pouco afeito à lealdade. Descobrimos, pouco depois, que *o ganso* era primo de um funcionário da empresa — que aqui chamarei de Robson —, responsável por toda a tramoia. Mas não paramos ali. Nas semanas seguintes, ofertamos todas as informações necessárias para que Otávio e Rogério perdessem a condição de policial. Eram gente da pior espécie — canalhas que passeavam pela cidade com carro importado, ostentando dinheiro tomado de suas vítimas —, e eu tinha especial prazer em dedicar horas do meu dia, cuidadosamente, para estudar os despachos de sua prisão provisória.

Mentem aqueles que não consideram a vingança sublime! Eu contava os dias para a audiência a que fora convocado, algumas semanas depois, quando seria julgado o pedido de *habeas corpus* que pleiteavam após a prisão preventiva. Queria revê-los, queria ter a alegria em contemplá--los, outrora tão confiantes, em situação de miséria. Ah, a vingança! Sentia-me mais vivo do que nunca.

* * *

Fui ao Fórum, em Jundiaí, acompanhando de Dr. Rafael. Minha participação, aparentemente, seria resumida a relatar os fatos ocorridos naquele 30 de setembro e responder, laconicamente, se temia ou não pelo retorno de Otávio e Rogério às ruas. Era óbvio que temia! Havia denunciado criminosos de verdade, com ligações, inclusive, com o crime organizado local. Não poderia dar brecha para vê-los soltos. Robson, de acordo com os relatos, encontrava-se em situação desfavorável; fora abandonado pelos ex-policiais e dificilmente obteria a liberdade. Mas seus colegas de crime, aparentemente, nutriam algumas esperanças.

Nos dias que se seguiram à prisão, emissários de Otávio foram enviados ao escritório de nosso advogado para negociar os termos de um acordo. Até dinheiro ofereceram. Como Dr. Rafael recusara, os bandidos ficaram sem margem de manobra para a condenação que lhes aguardava. As provas eram fartas e o B.O., lavrado no dia da invasão, impedia-lhes de jogar a culpa toda em Robson, que fora pego em flagrante recebendo pagamento quando da operação da corregedoria. Era uma situação complicada, mas que ainda não compensava os dias de torpor que passara buscando vingança contra aquela gente. As imagens da agressão ao meu pai ainda apareciam na minha cabeça, embora com menor intensidade. O trauma daquele ataque começava a ser dirimido, ainda que não estivesse resolvido até aquela tarde.

Chegamos meia hora antes. Estava eufórico. Aguardava pacientemente, com sorriso no rosto, a viatura que traria Emerson e os policiais. *Venham logo, seus filhos da puta*, era o que pensava naquele dia especial. Mas eles tardavam a chegar. *Onde vocês estão, seus bostas?* Minha ansiedade era reforçada, também, pelo estranho grupo de pessoas que se reunira ali; um a um, homens e mulheres iam chegando e se cumprimentando com intimidade. *O que seria aquilo, pensei?* Reparei que me olhavam com desprezo. Parecia que o criminoso era eu. Mas quem seria aquela gente? Seriam familiares dos bandidos? Dr. Rafael então chegou, cheio de informações:

— Você não sabe, Renan! Sabe quem é toda essa gente aí? — cochichou para mim com sorriso no rosto. — É metade da Polícia Civil de Jundiaí. Vieram apoiar os caras. Você acredita?

— Apoiar?? — balbuciei, atônito. — Vieram apoiar os caras?

— Pois é... Parece ser uma forma de reforçar a idoneidade dos policiais. Até o delegado veio. Muita gente gosta deles por aqui, pelo visto...

Não podia acreditar no que via. Eram, de fato, investigadores e escrivães de Jundiaí, em horário de trabalho, solidarizando-se com seus colegas presos após tentar incriminar falsamente um empresário e seu filho por tráfico de drogas. Mas que diabos eu presenciava? Que merda de país era aquele? Outros tantos chegaram enquanto conversávamos. Devia haver vinte pessoas naquele espaço para prestar apoio e credibilidade aos achacadores. Fiquei estupefato.

Mas não pararia ali. Instantes depois, Robson foi conduzido ao mesmo corredor, algemado e trajando vestes de presidiário. Não olhava para a frente. Passou por mim cabisbaixo, abatido, sem a marra com que me encarara naquele 30 de setembro. O policial o levou até um canto, próximo a uma escada, e lá o abandonou, virado para a parede, até que a audiência se iniciasse. Eu o fitei, incrédulo; era um trapo de gente. Comecei a rir, sem muito controle, mas me continha, com receio das pessoas ao redor. Aquele corredor começava a ficar abafado. Robson, o ganso, ou "o cara do boné", como me referia a ele, era o oposto daquele animal altivo e provocador que revirava os documentos na sala em que fiquei trancado. Parecia sofrer. Mas minha reflexão sobre sua triste situação não duraria muito, porque fui interrompido por Dr. Rafael, que cutucava meu braço:

— Ei, dá uma olhada ali. Não são eles, no meio daquela gente?

— Eles quem, André?

— O Rogério e o Otávio. Eles estão conversando no meio do povo.

— Impossível! — retruquei. — Não vi policial algum conduzindo os dois. E onde estão as algemas?

— Pois é... Rapaz... Não é que estão sem algemas, mesmo? São eles ali, atrás daquela moça gordinha, perto da porta.

Não tive como resistir. Levantei-me do banco, ganhei ângulo e pude notar as duas figuras. Eram, de fato, Rogério e Otávio, conversando com os demais colegas como se estivessem no horário de almoço na delegacia. Não havia algemas — eram tratados de forma diferente daquela submetida ao antigo amigo Robson. Permaneci olhando, ouvindo as palavras que cochichavam em meio àquele emaranhado de baixas autoridades. Logo em seguida, Otávio virou seus olhos para mim, sem esboçar uma palavra, e notou que eu estava lá, sozinho, como um qualquer, em meio ao piquenique de investigadores que ganhava forma naquela antessala. Parecia resignado; conversava com seus colegas com certa displicência, ainda que entremeando algumas risadas em meio a frases curtas e calculadas.

Rogério, porém, parecia estranhamente diferente. Os dias na cadeia não lhe haviam feito bem. Estava ao lado de uma moça — parecia ser namorada ou esposa — e apresentava olhar fundo e abatido. Seu porte físico reduzira-se ao de homem grande, mas comum. A rotina de exercícios físicos e suplementos para homens de meia-idade fora — assim parecia — interrompida durante o cárcere. Não era mais o playboy arrogante, o *escroto de merda* que atirara meu pai ao chão. Aparentava, naquele instante, ser um homem fragilizado, com a barba por fazer, procurando suporte em sua companheira e em seus colegas. Eu abri um sorriso.

Ricardo evitava me olhar. Não tinha a mesma audácia de Otávio, que mantinha alguma pose enquanto conversava. Este era, para ser honesto, alguém realmente querido pelos presentes. E eu fiquei ali, de pé, observando tudo aquilo, espantado com o país em que vivia. Tinha, diante de mim, um retrato fático do que era o Brasil. Um grupo de agentes de segurança oferecendo apoio para ex-colegas criminosos; estes, sem algemas, recebidos como autoridades, merecendo tratamento especial em relação ao comparsa "comum". Os agentes e amigos dos bandidos olhavam com desdém para a vítima, eu, e ofertavam sua credibilidade aos réus na esperança de um fim de ano ao lado dos colegas.

Era um daqueles momentos únicos, que mudam a sua vida. Ainda de pé, com as mãos na cintura, baixei a cabeça, como costumo fazer, para divagar sobre aquilo tudo que se sucedia. O som abafado das vozes cochichando servia de cama para que meus pensamentos voassem. O transe, a febre de que fora acometido, o momento de torpor causado pela humilhação e a tensão naquela tarde de setembro, tudo se resolvia com estranha leveza. Eu me sentia livre — *verdadeiramente livre!* — e feliz comigo mesmo. *Poderia fazê-los sofrer, poderia vingar meu pai!*, era apenas isso que pensava naqueles breves instantes. Ora, você só pode se sentir adulto e plenamente capaz quando consegue proteger ou vingar os seus. E era isso que eu fazia naquele maldito fórum. Estava vingando os meus. Não apenas meu pai, meus irmãos e minha mãe, que sofreram tanto com o episódio. Eu vingava todos os outros empresários achacados por essa gente, por esses filhos da puta todos, portando distintivos e falando grosso com linguajar de bandido.

Pro inferno todos eles, pro inferno esse país! Pra que servia essa merda de pátria? Pra que tentar tocar minha empresa, tocar minha vida, fingir normalidade num cenário de loucos? De que adiantava adiar o inadiável? Havia um fio condutor, que se iniciara naquela tarde de junho, em meio ao povo na Paulista, e se encerrava naquele corredor mofado repleto de canalhas. Até quando iria negar meu chamado? Até quando me esconderia na Vinhedo, das uvas e radares, buscando me apagar? *Eu já estou morto*, pensava. E estava mesmo! O que mais teria a perder? Eu era o pária, ali, de pé, isolado em busca de "justiça". O sistema, ao meu redor, solidarizava-se em busca de salvação. Não seria esse o resumo geral da República?

Depus de forma firme. Contei cada detalhe solicitado pela juíza. Fora questionado se via risco na soltura dos réus. Confirmei que sim.

Eles permaneceram presos. E eu ganhei liberdade para fazer o que tanto queria.

CAPÍTULO III
RAIO PRIVATIZADOR

por Renan Santos

Coloquei os pés no novo espaço, pela primeira vez, em abril de 2014. Era uma sala comercial antiga, instalada onde funcionara anteriormente os escritórios de cobrança da Unimed. Seu piso, de tacos de madeira, referendava a aura antiquada que permeia as ruas ao redor do prédio onde se encontra, no glorioso bairro da *nem tão* Bela Vista. Sua face voltada para a rua era de vidro; conferia luminosidade ímpar e um efeito estufa de fazer Al Gore chorar. As paredes, ainda sem pintura, eram de um verde água mofado e o teto, baixo. Não era exatamente amplo, mas atendia às expectativas.

Havia espaço para Pedro e seu parceiro de banda, Rodrigo Gorky, instalarem um estúdio. Uma antessala separava o "departamento musical" do salão maior, onde trabalhariam Alexandre e seus sócios do audiovisual. Eu e Marcelo ficaríamos junto a eles, numa mesa separada.

Não tínhamos grana para grandes investimentos em infraestrutura e decoração. Instalamos divisórias de dry-wall, um teto com novas luminárias e pintamos tudo de branco e preto. Do meu pai, ganhamos um conjunto de sofás e mesas de centro. Pedro contribuiu com alguns quadros e o novo sócio de Alexandre, o ator Gabriel Calamari, investiu parte de suas economias, obtidas no showbiz infanto-juvenil, em vasos, geladeira, tapetes e badulaques. Compramos, juntos, uma desajeitada mesa de trabalho, erguida sobre cavaletes de madeira vagabunda pintada de preto. Para acompanhá-la, uma mesa de reuniões antiquada herdada da empresa que eu administrava e seu bravo conjunto de cadeiras amarelas — que nos acompanham, ainda que disformes, até os dias de hoje.

Um ar-condicionado fabricado no início dos anos 1990 — apelidado carinhosamente de Rubinho Barrichello — seria o encarregado de resfriar a estufa conhecida como sala 71. Conforme esperado, nunca conseguiu. Mas gostávamos dele. O ronco do seu motor, esforçado, fazia-nos pensar que dava o seu melhor. Era o que bastava para ganhar nossa amizade.

Além do ar-condicionado, outro objeto inanimado a adquirir nome e caráter foi um cacto mexicano batizado como Souza. Trazido por Calamari, era o elemento mais interessante instalado no ambiente. O adesivo "Menos Marx, Mais Mises", estampado em sua morada, um vaso negro de cerâmica comprado no Ceasa, viraria marca registrada. Elegante e altivo, Souza se tornaria figurinha carimbada em praticamente todas as filmagens realizadas pelo nosso time. Possuía, inegavelmente, luz própria.

Na parte externa, havia apenas um capacho. Nada de plaquinha, logotipo ou adesivo identificando a empresa ali instalada. Nossos vizinhos, simpáticos, achavam tudo aquilo meio estranho. Compreensível. Era um clássico escritório de contabilidade, leal representante da burocracia brasileira e da velha economia nacional, com dezenas de funcionários e uma formidável catraca logo após o hall de entrada. Nada sei além disso — o que não deixa de ser significativo. No fundo, gostávamos uns dos outros.

RAIO PRIVATIZADOR

Tal amabilidade, porém, se resumia aos contabilistas. O time de porteiros era sofrível e preguiçoso, e tinha especial má vontade ao cumprir suas complexas tarefas diárias quando aqueles a serem atendidos eram os *filhos da puta* do 71. Também pudera! Nossa rotina de trabalho entrava madrugada adentro, o que dificultava a providencial soneca do turno da noite. Para nos evitar, escondiam-se em salas abandonadas no primeiro andar, permitindo a nossos visitantes o prazer único de serem abordados por cracudos de boa-fé e prestigiados assaltantes na calada da noite. Um luxo só.

Na vizinhança do edifício, tínhamos companhia saudosa. A oferta de lanchonetes e restaurantes era comovente e criamos fortes laços de amizade com aqueles que nos abasteciam. Na esquina, logo em frente, havia o Lanches Unidos, amigo para todas as horas. O nome, ambicioso, soava como uma grande corporação americana do início do século XX. Era, porém, apenas um honesto pit-stop para saborear um bauru e ser destratado pelo Bigode, o carismático atendente. Para almoçar, a escolha recaía sobre seus vizinhos Madrigano e Viva Lanches, ambos com preços módicos e instalações resilientes. O primeiro, um clássico restaurante comercial do centro de São Paulo, servia bons virados à paulista na segunda-feira; o segundo, conhecido como Kilixo, era um self-service genérico sem muita inspiração. Eram baratos. Suficientemente baratos, quero dizer.

Sobre isso não há muito o que esconder. Não tínhamos a menor ideia de como poderíamos bancar a atividade da startup — se assim podemos dizer — ali instalada. Isoladamente, cada um buscava maneiras próprias de sobreviver. Alexandre e Gabriel filmavam pequenos videoclipes; Pedro e Rodrigo excursionavam com sua banda pela Europa. Marcelo estava em Fortaleza, criando o que viria a ser seu instituto, parceria com Rodrigo Saraiva Marinho, um advogado e ativista libertário bem conhecido por aquelas bandas. Trabalhava com traduções, o que, de acordo com ele, rendia o "leitinho pras crianças".

Minha situação era estranha. O negócio que administrava estava fechando as portas, com cada vez menos clientes e inadimplência crescente. Não havia muito o que fazer e, a bem da verdade, já aceitávamos o fim do empreendimento com resignação. Mas isso já não me importava tanto. O trabalho de militância virtual iniciado com Marcelo começava a dar frutos, e tive tempo de dar partida, na primeira metade daquele ano, ao meu primeiro experimento político municipal — a célula mater do que viria a ser, formalmente, o Movimento Brasil Livre.

A história em si é curiosa. Eu fora colocado, no começo de 2014, em um grupo de Facebook da cidade onde morava, Vinhedo. Era lá que as forças políticas do município empreendiam esforços de convencimento e atacavam-se umas às outras em debates pouco frutíferos sobre os predicados éticos dos oponentes. Um sujeito com ares de "esquerda ética" e discurso moralizador dava as cartas no espaço e impunha argumentos humilhantes sobre a pouco inspirada classe política local. Era o vereador do PSOL Rodrigo Paixão.

Não tardou para que me chocasse com o nobre edil socialista em acirradas discussões sobre a realidade da cidade e do país. Destroná-lo não foi difícil; e, cá entre nós, não existe grande mérito em refutar um militante do PSOL. A realidade basta para trazer luz às inconsistências e contradições de quem, afinal, prega socialismo e liberdade. Os embates, porém, renderam-me a admiração e a amizade de muitos que pensavam de forma similar mas evitavam se manifestar. Surgia ali uma oportunidade.

Resolvi, nas semanas seguintes, aglutinar essas pessoas. O time eclético tinha de tudo. Eram funcionários públicos, pequenos empresários e alguns advogados. Passamos a nos reunir regularmente, criamos grupos de WhatsApp e ousamos lançar um movimento político local com caráter liberal e ação política midiática e incisiva. Batizamos a criança de Movimento Renova Vinhedo. E, sem muitas cerimônias, entramos em campo.

Dominantes no ambiente virtual, passamos a dar as caras na Câmara municipal, atraindo forte oposição dos ainda incrédulos vereadores de esquerda. Não era para menos. Outrora senhores das plenárias, os socialistas locais passaram a ser atacados e rotulados como "extremistas", perdendo a capacidade de atrair e manipular o descontentamento da classe média local com a corrupção endêmica na cidade. Em poucas semanas, tomamos o protagonismo oposicionista. Alguns meses depois, já saíamos com regularidade na imprensa local, até mesmo propondo projetos de lei.

Dada sua característica nuclear e replicável, a experiência de Vinhedo espalhou-se pelas cidades vizinhas, Valinhos, Itatiba e Jundiaí, e uma massa regional de militantes começou a tomar forma. Nossa guerrilha virtual ocupava os bunkers até então dominados pela esquerda; e Marcelo, à distância, trazia reforços do florescente movimento liberal brasileiro. Empreendemos um modelo de ação política orientado a ocupar espaços, influenciar a opinião pública e obliterar a argumentação falaciosa da inteligência política local — majoritariamente de esquerda, como era de se esperar. Tínhamos ali uma fórmula vitoriosa.

Só não havia dinheiro.

* * *

— Renan, você tem que vir aqui no meu escritório. Preciso te falar de uma ideia que eu tive!

— Manda.

— Tem um rapaz de Valinhos... Boa gente. Ele quer ser candidato a deputado estadual. Já tem legenda, inclusive. O pai dele é vereador.

— Hum.

— Vou fazer o jurídico da campanha. Você podia ver a parte de marketing, né? Você é bom nisso. Tem o teu irmão que faz os vídeos. E acho que dá pra levantar uma grana...

— Ele é bom? Tem chances? Qual o partido?
— Então... Dá uma passada aqui. Te explico melhor.
Intrigante. Rubinho parecia especialmente animado ao ligar para mim naquela manhã de quarta-feira. Já o conhecia suficientemente bem para entender quando estava animado à paisana — em geral comentando sobre mulheres, festas e futebol — ou com política, sua verdadeira paixão e grande diversão. Aparentemente, esse era o caso.

Rubens Nunes — como informa seu cartão de visitas — foi o primeiro amigo que fiz em Vinhedo. Nos conhecemos através dos clássicos embates com o PSOL nas redes sociais da cidade, e dali em diante passamos a conviver com maior regularidade. Foi em seu escritório, entre pizzas e garrafas de cerveja, que fundamos o Movimento Renova Vinhedo. É mais jovem que eu — tinha uns 25 anos à época —, mas já então aparentava o formalismo de alguém com mais de 30. Não sei exatamente se meus padrões de formalismo servem de referência — muitos caçoam de meu visual surrado e jovial —, mas considero seguro afirmar que Rubinho é um notório coxinha até para os mais assíduos frequentadores do Lide.

Seu pai, vereador na cidade, era seu principal referencial comportamental e político. Por causa dele, desde pequeno aprendera a pedir votos nas ruas, fazer campanha de porta em porta e panfletar de bairro em bairro. Era um legítimo amante da pequena política de interior, algo que sou incapaz de compreender, mas, vá lá, até entendo. Existe gosto para tudo, afinal. Eu gosto de assistir a comentários sobre corridas de F1 dos anos 1980. Rubinho, de pedir voto no bairro da Capela. Cada um com suas manias.

Logo aprendi a confiar em sua capacidade de julgamento, mais sagaz que a minha. Ele, por seu turno, fazia contato com uma subcultura em fermentação que lhe soava exótica, mas atraente. Conforme a amizade e a parceria cresciam, eu acompanhava com curiosidade seu espanto diante das roupas, do estilo e dos trejeitos de Alexandre; ou seu escândalo ante os videoclipes da banda de Pedro. Rubens é muito diferente de nós — e, até por isso, complementar e necessário.

Rumei para seu escritório logo após o almoço. Animado, ele me aguardava com seu indefectível gel no cabelo e um calhamaço de documentos que *gostaria de te mostrar agora!* Entusiasmado, me levou até sua sala, fechou o laptop e começou a discorrer sobre um sujeito chamado Paulo Batista, de Valinhos. Dizia que era um homem simples, mas esforçado. Seu currículo parecia invejável: cursara cinco faculdades, fazia trabalhos sociais e era respeitável corretor de imóveis na cidade. Praticamente um Mitt Romney da terra do figo, pensei. Uma sumidade!

Ademais, disse Rubinho, o homem tinha forte apoio de diversas igrejas evangélicas, o que lhe garantiria quase 20 mil votos na largada da campanha. Para ser eleito, bastava ser um dos dois mais votados na coligação PRP/PHS. Uma oportunidade única.

Rubinho sugeriu que fizéssemos sua campanha web. Além disso, afirmou, teríamos liberdade para criar seu programa político — das propostas aos discursos —, além de material gráfico, logotipia e estética. O orçamento? Não sabíamos. Paulo prometeu levantar recursos ao longo da campanha e Rubens contava conosco na captação. Não parecia ser a ideia mais funcional. Mas me senti lisonjeado por ser considerado um potencial "captador de recursos". Soava *House of Cards*, creio eu.

Não lembro de ter respondido na hora. Minha primeira reação foi ligar para Alexandre e avisar que arrumara um cliente para seus vídeos. Um cliente pobre — mas cliente. Ele não pareceu muito animado. O serviço daria trabalho e os ganhos seriam pífios. A lógica mandava que recusasse. Mas a realidade falava mais alto. Era maio, a reforma do escritório castigava nosso bolso e qualquer quantia que entrasse seria bem-vinda. Além disso, pensei, *estaremos dando sentido ao conceito de política e arte que idealizamos na festa.* Pura bobagem. Servia, ao menos, de consolo. Alexandre topou.

Horas depois, falei com Pedro, que ficou ainda mais animado. Para o funkeiro, pouco importava a quantia oferecida. Se tivéssemos um *case* de sucesso, poderíamos angariar novos clientes e criar uma fórmula. Paulo Batista, para ele, era investimento; para Alexandre, uma forma de pagar o aluguel; para Rubens, um cliente; para mim, um desafio. Era a chance de colocar todas as potencialidades de nosso escritório à prova — da criatividade de videomaker de Alexandre ao tino marqueteiro de Pedro D'Eyrot. Marcelo e eu cuidaríamos da agenda de propostas e da articulação política com o movimento liberal. Tudo soava excitante.

* * *

Nosso primeiro encontro com Paulo se deu durante um evento do Renova Vinhedo, em abril de 2014. Havíamos juntado nossa turma, devidamente camisetada, para fazer uma pesquisa de opinião na cidade. Consultávamos, à época, sobre a possibilidade do uso de *vouchers* na rede de ensino municipal. Era uma agradável tarde de sábado e uma oportunidade perfeita para conhecer melhor aquele que concorreria a deputado no pleito que se aproximava. Estávamos no centro da cidade e, entre uma entrevista e outra, pude conversar com ele sobre sua visão de mundo.

Não sou capaz de lembrar algo de memorável vindo de Paulo. Acho provável que suas diversas graduações tenham tomado-lhe o tempo ao longo do qual poderia formular um raciocínio político suficientemente interessante. Ao menos não gostava do PT. Era um começo.

Tínhamos em mãos uma folha em branco e poucos recursos. Paulo não demonstrava, nas primeiras semanas de trabalho, qualquer resistência às ideias que propúnhamos. O libertarianismo adolescente que pregávamos soava lógico para o candidato e permitia, ao menos, que ele pudesse arriscar alguns chavões contendo a palavra liberdade. Não que não tivesse lá suas ideias. Durante a gravação de seu primeiro vídeo,

RAIO PRIVATIZADOR

Paulo insistia em afirmar, para a câmera, que o *PRP é a renovação, o PRP é a revolução!* O lema, constrangedor, deixava claro que o candidato nutria grandes esperanças no cartório "republicano progressista" de São José do Rio Preto. Uma aposta arrojada, para dizer o mínimo.

A sede estadual do PRP, curiosamente, ficava logo ao lado de nosso recém-inaugurado escritório. Seus burocratas almoçavam no Madrigano e por vezes nos cruzávamos em busca de um bife rolê ou um virado. Não pareciam muito animados para o pleito vindouro. Apostavam — se é que apostavam em alguma coisa — no craque Ademir da Guia, grande maestro da Academia de Futebol do Palmeiras nas décadas de 1960 e 1970. O ex-jogador, eleito vereador pelo PCdoB em 2004, vinha claudicando na política desde então. Ainda que decadente, porém, era capaz de arregimentar suas duas dezenas de milhares de votos — algo muito acima da média para um candidato do PRP.

Os prognósticos eram animadores: éramos azarões em um partido nanico e antiquado, focado num jogador de futebol dos anos 1970; nosso candidato contava conosco para fazer arrecadação; nosso homem criativo estava em turnê pela Europa; e, por fim, não sabíamos exatamente como divulgar sua candidatura em redes. Éramos poucos no escritório, e a disponibilidade de equipamentos, limitadíssima. Mas estávamos animados. Verdadeiramente animados. A Copa do Mundo se aproximava, tínhamos um escritório e um cliente, e eu começava a contatar freneticamente os grandes nomes da subcultura libertária que aflorava pelo país. Não sabia exatamente o porquê, mas nossa aposta era especificamente nesse enclave ideológico que surgia no Brasil.

Não é possível compreender o universo do libertarianismo brasileiro sem atentar, antes de tudo, para sua curiosa relevância. Como uma doutrina marginal, que passara ao largo do debate político americano, pôde fincar raízes em solo brasileiro e deixar marcas importantes na formação do caráter da tal Nova Direita? Confesso que nunca me empolguei pelo assunto nem pelos autores. Li *As seis lições* de Mises e achei bacana. Fazia sentido. *A revolta de Atlas*, de Ayn Rand, não me seduziu — os personagens eram muito vencedores e pouco me interessava se carregavam o mundo nas costas —, ao passo que o material produzido por Hoppe, Rothbarth e outros herdeiros de Mises, se é que posso falar assim, me soava doido demais.

O trabalho eficiente de Rodrigo Constantino, Hélio Beltrão, Fabio Ostermann e Juliano Torres já produzia seus primeiros frutos. Palestras sobre o tema pululavam nas universidades, e o "Estudantes pela Liberdade" brasileiro já ultrapassara, em número de integrantes, o irmão americano — mais do que isso, havia uma natureza coletiva bastante peculiar nos membros do movimento. Ser libertário evocava um discurso vencedor, triunfalista, egoísta e altivo. Gritos de guerra como "imposto é roubo" e slogans como "Menos Marx, Mais Mises" tornaram-se memes na internet. O típico jovem libertário considerava-se um campeão do debate político em redes sociais, e suas posições progressistas sobre, por exemplo, a questão das drogas permitiam-lhe simular um quê de descolado em sua militância política.

Foi num evento cheio dessas pessoas que vi pela primeira vez alguns dos personagens que ilustrarão nossa trajetória. O que me levava àquelas festas — em sua maioria cervejadas com muitos homens — era a estranha curiosidade por um fenômeno tão obscuro quanto encantador. Muita gente boa sairia daqueles encontros para contribuir, de fato, no campo de batalha político, mas, ali, todos queriam beber e se vangloriar de quão superiores eram no debate público. Essa prepotência adolescente me chamava a atenção e despertaria o primeiro insight para a campanha de Paulo: nosso corretor de imóveis deveria ser um herói refutador na internet. Era a síntese de tudo o que vira nas festas de que participei.

* * *

Nossa primeira campanha política em redes sociais baseava-se em uma polêmica: um sujeitinho da pequena Valinhos pretendia ser deputado estadual para, atenção, privatizar a USP, a Unicamp e a Unesp. Para isso, ao menos nas primeiras semanas, iria provocar militantes de esquerda em grupos de Facebook dessas universidades com memes e postagens afirmando a inviabilidade financeira de tais instituições.

Eu e Marcelo Faria garantíamos o conteúdo das postagens, enquanto Frederico, um amigo de meu irmão, fazia um *freela* cuidando do visual da coisa. Eram de Fredo, as artes no perfil de Paulo Batista. Formado em design, ele imprimiu um estilo clean às publicações, que rapidamente alcançaram o objetivo inicial: longos debates tinham lugar na página de Paulo e estudantes da FFLCH, do IFCH e similares eram devidamente "refutados" pelo perfil do candidato — eficientemente controlado, obviamente, por mim e Marcelo.

Não demorou até que o ilustre vendedor de casas fosse descoberto pelos grupos de debate libertários, despertando uma feliz curiosidade que logo se converteria em militância. Após algumas semanas, a página já contava com mais de 2 mil seguidores, número considerado expressivo por nossa inexperiente análise de dados. O modelo, porém, não escalava: Paulo crescia organicamente, conforme um número cada vez maior de jovens descobria suas habilidades refutadoras e se juntavam à campanha, mas aquilo não seria suficiente para transformá-lo em fenômeno de massa, tampouco elegê-lo.

Ainda assim, sua popularidade crescente me surpreendia: em evento organizado por nosso grupo de Vinhedo, que contava com a ilustre presença de Fabio Ostermann e lideranças libertárias, Paulo Batista foi ovacionado, roubando a cena do principal expositor. Além disso, os grandes nomes do movimento ali presentes saíram encantados com o candidato. Fiquei perplexo, confesso. Conhecendo sua profundidade intelectual, passei a respeitá-lo cada vez mais como vendedor.

A despeito de um início de campanha que confirmava minha tese central, era possível notar algum tipo de estagnação em suas redes. Paulo não tinha tamanho para ser captado pelo radar da grande imprensa; sua polêmica, sem o eco de um veículo maior, logo perderia fôlego para mobilizar interesses. E, ainda que nosso time estivesse motivado, as primeiras rusgas com Marcelo começavam a ocorrer, e não tardaria até que rompêssemos.

A grande guinada na campanha de Paulo teve vez, porém, com a volta de Pedro D'Eyrot ao Brasil. Finda a turnê internacional do Bonde do Rolê, o funkeiro trazia a tiracolo uma série de ideias e um livro de cabeceira: *Acredite, estou mentido*, do relações-públicas norte-americano Ryan Holiday. A obra, a despeito do nem tão verossímil drama pessoal do autor, trazia um fabuloso receituário para polêmicas e bagunças no estranho mundo das redes sociais e dos blogs caça-likes. Havia um método ali. E, mesmo diante do chororô do autor sobre a "caixa de pandora" que abrira, a maioria das estratégias que descrevia — em especial o investimento na polarização e na escandalização — já era bem conhecida por marqueteiros políticos diversos e por vendedores de tabloide mundo afora. O que importava, afinal, não era o livro, mas a confiança que ganháramos com a chegada de Pedro e suas ideias.

Desde o primeiro dia conosco ele imprimiria humor à campanha, fazendo uso de memes que apelavam para o ridículo e o *nonsense*, e logo antagonizando Paulo com a campanha presidencial de Dilma Rousseff. Novos públicos se abriam. A página duplicou de tamanho. Havíamos encontrado uma fórmula.

Trabalhar com humor facilitava demais o trabalho. Após alguns dias sob a nova linha editorial, nós nos sentíamos todos mais confiantes para ousar. Foi nessa toada que surgiu o primeiro vídeo bem-humorado da casa: um baseado falante que reclamava com seu dono, satirizando uma bem-sucedida campanha de marketing que um portal de compras lançara alguns meses antes. A peça colocava o baseado e o típico bicho-grilo uspiano em uma situação embaraçosa, o absurdo despertando o humor. Deu certo: Paulo Batista tinha seu primeiro viral.

O aumento nas taxas de crescimento em rede do candidato motivou um passo ousado de nossa equipe: decidimos recusar a "estrutura" oferecida pelo PRP para a confecção do vídeo de campanha de Paulo Batista. Já que teríamos direito a longos quinze segundos — oferecidos pelo partido apenas após Paulo ganhar corpo nas redes —, concordamos todos em gastá-los com uma obra-prima. Algo que marcasse o marketing político brasileiro. Não podíamos esquecer que seria nossa estreia em um programa eleitoral. Estávamos verdadeiramente empolgados. E iniciamos imediatamente o brainstorming.

Diversas ideias eram sugeridas, desde o candidato domar um Godzilla privatizador em uma Tóquio tropical até fazê-lo voar vestido de Super Homem. Como o valinhense sentia-se confiante — relatara haver sido e *reconhecido nas ruas por duas vezes!* —, não imaginávamos que haveria rejeição ou medo de sua parte para uma empreitada mais, digamos assim, criativa.

* * *

Foi num domingo feio de setembro que eu e Alexandre decidimos produzir o *insert* de Paulo Batista para a campanha televisiva que se iniciara. Não havia uma ideia central e os recursos eram bem limitados. Para os efeitos especiais, fundamentais num vídeo burlesco, tivemos de buscar um pano de *chroma key* de mais ou menos dois metros por dois na casa de amigos. Além disso, transformarmos o diminuto escritório em um miniestúdio para filmar o indomável candidato privatizador.

Paulo demorou muito para chegar. Já sofríamos, nas últimas semanas, com suas dificuldades para falar diante das câmeras. Ao que tudo indicava, ele andava inseguro, ainda que embevecido pela pequena celebridade angariada. Foi batendo na tecla da fama certa que ganharia com um spot ousado que o convencemos a aderir à brincadeira. *Excelente!*, pensei. O desafio, porém, era criar um roteiro. Tínhamos pouquíssimo tempo, cerca de quinze segundos, e o nome e o slogan do candidato deveriam ficar claros e aparentes, roubando ao menos quatro segundos de toda a peça. O apelo ao bizarro deveria ser claro e direto, tomando conta dos onze segundos restantes. Como fazer isso?

Alexandre havia pensado inicialmente em utilizar o *chroma* para criar um fundo apocalíptico. Mas qual seria o cenário? Como encaixar Paulo ali? Haveria o tal Godzilla? As perguntas eram muitas e o tempo, escasso. Havíamos bebido muito café, o candidato falava demais, e eu tenho pouca paciência para essas pequenas conversas que levam a nada; creio que isso justifique minhas poucas amizades e uma endêmica fama de prepotente. Paulo era muito chato, ainda mais quando decidia refletir sobre a causa que começara a defender. Suas conclusões canastronas soavam óbvias até para o observador mais desatento, e eu, como *manager* de sua campanha, era obrigado a acompanhar aquilo tudo com olhar de assombro e recompensar suas sinapses barulhentas com breves "uhum" e "boa, Paulo!", "vai, garoto".

Até por isso, não lamento o resultado final. Paulo não se elegeu. Teve apenas 17 mil votos, e dali em diante rumaria para o ostracismo. As entrevistas que dava para a *Folha* eram absolutamente constrangedoras. Ele não tinha a mínima ideia do que falava, e Pedro e eu suávamos frio diante de cada resposta que emitia. *Puta que pariu! Quantas vezes tenho que te explicar isso?* era o mantra recorrente, e, naquela noite de domingo, eu tentava olhar no fundo de seus olhos para enxergar algo além de um vazio absoluto, um vácuo com cinco faculdades, livros publicados e uma cara de bom rapaz que aprendera a repetir, com a maior das certezas, que *devemos defender a liberdade*.

Ainda assim, misteriosamente, como que tomado por algum tipo de iluminação, Paulo voou. Ao menos no filme, voou. O corretor de imóveis sem asas deixava a vida para se tornar meme. Foi deitado sobre um porta-arquivos de escritório, coberto pelo pano-verde-emprestado--por-algum-hipster, que nosso herói emitiu seus raios privatizadores, explodiu seus primeiros estudantes revoltosos e transmutou suas primeiras estatais ineficientes. A brilhante ideia de Alexandre — inventor do famoso raio — ganhou vida naquele homem simples e resoluto, o Clark Kent do liberalismo tupiniquim.

Paulo voou alto, explodiu de visualizações no Facebook, ganhou fãs e estrelou entrevistas na *Folha de Vinhedo*, na *Folha de S.Paulo* e no *New York Times*. Foi parodiado, imitado, adorado e ridicularizado. Voou alto ao lado de Ron Paul, ícone do libertarianismo norte-americano, assim como trouxe gente de verdade para uma campanha absolutamente improvável e destinada ao fracasso. Perdeu porque éramos todos completamente cabaços, não tínhamos dinheiro algum e alimentávamos uma empolgação cega por estarmos todos no ar, em evidência, dando entrevistas e angariando inimigos de verdade. Foi do caralho! Ganhamos amigos em todo o país e nos inserimos com altivez no ascendente "movimento liberal". Éramos a "equipe do Paulo Batista", o "time por trás da lenda", e conquistávamos força e respeito enquanto nosso candidato aparecia.

O voo de Paulo e suas platitudes nos renderia contatos desde Paulo Kogos até Danilo Gentili. Conhecemos melhor as campanhas de Marcel Van Hattem e Paulo Martins, e entramos no radar das empresas de comunicação política. Paulo liderou rankings de interação web para candidatos a deputado estadual; travou diálogos de Facebook com o perfil de Paulo Skaf, candidato a governador; comandou eventos nos consulados da Venezuela e de Cuba; panfletou da Faap até a Uninove. O homem que se contorcia sobre o porta-arquivos do escritório dera ali sua grande contribuição para a nascente contracultura liberal em solo brasileiro. Por isso, perdoo todo o tempo perdido lhe explicando detalhes teóricos redundantes ou fazendo-o decorar uma lista de obras que ele jamais lera ou lerá; homem nenhum será capaz de encarnar tão bem a figura de um super-herói coxinha como o Paulo Batista de Valinhos.

Foi alçando voo rumo a um "Brasil Liberal" que Paulo tirou nosso grupo, aquele inadequado escritório sem propósito, do chão pela primeira vez. Ponto de partida desde o qual passamos a lidar regularmente com a imprensa, a criar uma rotina furiosa de lançamentos de conteúdo em redes sociais, a debater com ares de intelectual "a linguagem política do momento" ou o "a ação mais adequada para o cenário vindouro". Fora Paulo Batista quem alçara voo sobre o porta-arquivos com rodinhas naquela noite de domingo. Mas seríamos nós que decolaríamos rumo ao grande jogo da política brasileira.

* * *

Nos reunimos todos em nosso escritório, naquela tarde tensa de domingo, para acompanhar a apuração dos votos de Paulo Batista. Como já disse, ele não se elegeu. Mas, bem, nós então ainda não sabíamos disso... Pouco nos interessava o restante do pleito — era sabido que Aécio Neves ultrapassara Marina Silva e enfrentaria Dilma Rousseff no segundo turno. Aos poucos, o candidato tucano embalava nas pesquisas, ao passo que seu nome ganhava força nas redes sociais. Sua equipe para as redes — um tanto quanto débil, a despeito dos investimentos milionários — estava encantada com os poderes do "zap zap". O que me encantava, porém, eram os engradados de cerveja trazidos pela turma de libertários que viera acompanhar a apuração conosco.

Alexandre havia ficado em Vinhedo com nossos pais. No escritório, Pedro, sua namorada à época, Luciana, e eu aguardávamos ansiosamente o fechamento das urnas e os primeiros números. Rubinho fazia o mesmo em seu escritório. Não tínhamos a menor ideia do que esperar. Alguns falavam em 30 mil votos. Outros, em 7 mil. Adeptos da campanha, empolgados na internet, sonhavam com 70 mil! O fato é que eu não sabia como mensurar o resultado do empenho dos últimos meses.

Sei que déramos nosso sangue. Pagamos para trabalhar. Tiramos dinheiro do nosso bolso e colocamos toda nossa criatividade e nosso suor num projeto absolutamente inovador e que nos empolgava de verdade. Não era a eventual vitória de Paulo a expressão daquele domingo, mas o fato de que já existia, o embrião daquilo que se tornaria o MBL. Paulo era apenas a manifestação primária de um conceito que tomava forma a cada dia, a cada conversa. Era o teste que nosso pequeno escritório encontrara pela frente, o primeiro embate diante da realidade.

A realidade, porém, não é exatamente amiga daqueles que perseveram. Ou, ao menos, de homens privatizadores soltando raios. Achávamos que teríamos uma emocionante apuração pela frente, contando votos e examinando o complicado jogo de coligações e o "quociente eleitoral" necessário para eleger nosso herói. Tivemos, não obstante, um broxante anticlímax; pois, tão logo as urnas se abriram, Paulo apareceria sempre distante dos deputados mais votados. Nós nos declaramos derrotados ainda nos primeiros instantes, de modo que restava pouco a fazer senão beber os engradados de cerveja.

Enquanto Pedro sentava-se no chão junto a Luciana, calado, preferi o refúgio da sala de filmes de Alexandre, que ao menos tinha uma porta. Por telefone cumprimentei Rubinho e os rapazes de seu escritório pelo bom trabalho; por WhatsApp, agradeci Rafael Rizzo e os diversos voluntários que ajudaram na campanha; e, por fim, recebi a ligação de Paulo Batista que, inspirado como de costume, prometia continuar trabalhando conosco. A promessa não duraria dois meses, até que ele nos abandonasse para caminhar rumo ao ocaso com alguns jovens sem talento e a ex-Anac Denise Abreu.

Não houve tempo para ficar triste nem reclamar. A apuração em si não permitia uma derrota dramática e honrosa. Acompanhava pelo

WhatsApp os grupos de campanha se esvaziando; fãs do "mito" Paulo Batista deixavam o campo de batalha e retornavam à vida normal. Na sala principal, libertários bêbados se batiam amistosamente em mais uma daquelas demonstrações de afeto entre amigos que nos lembram o quanto nós, homens, somos bobos. Pedro estava furioso. Ele, que arriscara um novo caminho fora da música, enxergava naquilo tudo uma gigantesca tolice. Não compreendia como *tantas visualizações não se transformaram em votos*. Nem eu. Paulo era reconhecido nas ruas. Sua campanha web teve peso maior que a de José Serra ao Senado. *Era a máquina*, pensava. *Nada bate o sistema.*

Vivemos uma campanha intensa. Panfletei pessoalmente para milhares de estudantes da Uninove, Faap e Mackenzie. Vivi cada abordagem como se fosse a última. Enfrentamos militantes petistas em Valinhos e entregamos pallets lotados de rolos de papel higiênico no consulado da Venezuela. Desfilamos de bote no consulado cubano e, audácia maior, invadimos a fortificação inimiga — conhecida também como FFLCH, na USP — para berrar em megafones pela privatização da universidade. Oferecemos boas histórias, lidamos com maus jornalistas. Fomos boicotados pelo próprio partido. Mas nos divertimos. Ah, como nos divertimos!

Jamais esquecerei as ameaças caipiras dos dirigentes do PRP, que nos tratavam como se estivessem ainda nos anos 1920, época em que o partido expressava alguma relevância. Hoje permanecem como lordes, ainda que rotos e cafonas. Se Sarney é atávico, eles são o próprio ornitorrinco. Mas deixe estar... A fauna política brasileira é rica demais; seres de eras muito distantes convivem naturalmente com animais do século XXI. Sua reprodução, conforme atestado, produz prole fértil e adaptável. Um assombro.

Os republicanos progressistas, ao menos, acertaram na aposta em Ademir da Guia. Ele teve 23 mil votos, conforme esperavam. Mas também perdeu. Quanto a nós, os pouco mais de 16 mil votos significavam pouca coisa. Pedro estava desconsolado. Olhando para o escritório bagunçado, perguntou aos libertários ali reunidos: "Vocês trouxeram seus amigos e familiares para votar?" Breve silêncio na sala. "Como assim, velho? Nem eu votei! Não se legitima o roubo estatal. Essa porra tem que ser destruída!", disse o mais velho dos guerreiros pela liberdade, enquanto simulava nadar sobre os santinhos que restavam da campanha.

Pedro suspirou. Juramos nunca mais trabalhar pelos libertários.

* * *

Acordei absolutamente vazio naquela segunda-feira, dia seguinte à derrota. E sem qualquer sinal de ressaca. Estava em Vinhedo. Minha mãe me deu café. E eu fiquei lá, pasmado, olhando a fumacinha se esvair desde a xícara. Saindo da cozinha, fui até o jardim externo e me sentei sobre o bloco de pedra onde costumava refletir.

Sentia saudades da campanha já desaparecida, dos personagens inventados na internet, do frenesi dos grupos de WhatsApp. Nunca mais veria Paulo Batista voar; nunca mais invadiríamos a FFLCH com Paulo Kogos. Não era uma sensação boa. Além disso, tinha perdido mais uma vez. E havia o receio de que o novo escritório desse errado, de que Alexandre e Pedro desistissem. O que me atava àquele lugar era o projeto político, que temia ter morrido com aquela apuração indigna.

Mas eis que resolvo, a contragosto, checar as mensagens enviadas por amigos e familiares no dia anterior. O WhatsApp andava tomado. Só se falava em Aécio Neves, o outrora derrotado tucano. Sua candidatura de fato empolgava; mais pela oposição ao petismo que pelas qualidades do candidato. Sendo justo, o mineiro havia se comportado de forma decente nos debates. Engolira a impostora Marina Silva, que, reconheça-se, não tinha fibra para encarar uma campanha sangrenta como a de 2014. Era nele que as esperanças do Brasil que eu conhecia e acreditava estavam depositadas. Divagava sobre Aécio enquanto o polegar opositor rolava a tela do celular. No sobe e desce de mensagens, um recado de Xico Graziano, tucano responsável pela campanha web de Aécio Neves: "Oi Renan, podemos sim conversar. Quando é bom pra você?"

Não acreditava no que via. Graziano, da campanha de Aécio, respondendo a minha mensagem. Meses depois das conversas infrutíferas que tivemos — apresentara-lhe algumas ideias sobre redes sociais —, ele me retornava. Ansioso, marquei para os dias seguintes — não sei precisar quando, mas sei que foi logo. Peguei o carro e voei para São Paulo. O vazio passara, ainda que momentaneamente. Fiquei sozinho no escritório, com meu laptop, pesquisando freneticamente, nos grupos de direita, os últimos materiais meméticos. Novos vídeos, mesclando a ascendente figura de Jair Bolsonaro com o presidenciável tucano, viralizavam como nunca. Para aplacar minha nostalgia, nosso personagem privatizador aparecia, triunfante, compondo o time de "mitos" que auxiliava Aécio em sua empreitada.

Os vídeos e memes eram muitos, e o material, produzido de forma tosca e descentralizada — como tem de ser. O engajamento era altíssimo. Havia um fenômeno disruptivo em andamento, ainda que muito incipiente. O Brasil começava a se organizar contra o petismo. As eleições catalisavam a energia dispersa desde 2013 e, pela primeira vez, parte da sociedade direcionava o foco, inequivocamente, contra o verdadeiro inimigo: o Partido dos Trabalhadores.

Durante as duas últimas semanas de outubro, catalogamos os melhores geradores de conteúdo e os influenciadores mais criativos. Pedro tinha especial interesse nessas pessoas. Eram rapazes jovens e dispersos, altamente ideologizados e dotados de humor tóxico e autorreferencial. Não tinham o trauma das gerações anteriores; estavam abertos a debater qualquer coisa; e não havia tema ou tabu que os parasse. A piada vinha com a política, e com a política vinha a piada.

Xico nos visitou em nosso escritório, acompanhado pelo inteligente e perspicaz Gabriel Azevedo. Era uma boa dupla, aparentemente escanteada da campanha de Aécio por sua irmã e os marqueteiros. Conversamos sobre o cenário, sobre Paulo Batista, sobre estratégias para ajudar a derrotar Dilma. Enquanto tomávamos uns shots do Bourbon com mel da Jack Daniel's, começamos a especular eventuais parcerias para o segundo turno. Dentre as ideias, um insight se destacaria: e se fizéssemos um stand-up comedy com Danilo Gentili tirando sarro de nossa orgulhosa presidenta? *Seria do caralho!*, todos pensaram. O Danilo é foda, dotado de uma inteligência ímpar e de uma experiência pessoal que lhe permite compreender e combater o petismo com legitimidade e conhecimento de causa. Seria uma honra trabalhar a seu lado. Obviamente, deixo aqui o disclaimer para o hater de ocasião: a ideia era que ele fizesse isso voluntariamente, sem vínculo algum com a campanha. Não me venham com abobrinha depois.

Conforme esperado, Danilo não poderia fazê-lo, seja por razões de agenda, seja para evitar qualquer vinculação. Ele não tinha mesmo como se vincular formalmente a uma campanha, a um partido. Mas a porta fora aberta. E se, a despeito do papo com Xico, produzíssemos um vídeo, viral, tirando um sarro de Dilma? E se o vídeo contivesse, além de Danilo Gentili, o espírito anárquico dos que fizéramos para Paulo Batista? Podia dar certo. Talvez influíssemos no resultado eleitoral. Não seria nada mau para um escritório sem rumo após sua primeira — e frustrada — experiência política.

Pedro contatou Danilo. Ele topou. Alexandre ainda tinha os trapos verdes de *chroma key*, de modo que poderíamos converter o escritório, novamente, em um estúdio. Precisávamos de um bom roteiro. Precisávamos de gente criativa. A ideia recairia em convocar, desde o início, um time de jovens que já vinha praticando um bom humor político em grupos de Facebook e páginas diversas. Chamamos Rafael Rizzo, que participara da campanha de Paulo cuidando do Twitter. Do grupo "panelinha da direita", convocamos André, responsável por ótimas montagens e sacadas que viralizavam rapidamente. Alexandre se antecipou:

— E aquele japonês do YouTube, alguém tem o contato?
Eu e Pedro nos entreolhamos.
— Eu tenho — disse o funkeiro. — Seria uma boa tê-lo na equipe.

O japonês em questão já fazia algum sucesso com vídeos sobre liberalismo, além de ter promovido *hangouts* com o filósofo Olavo de Carvalho. Chegara até a causar algum problema à campanha de Paulo; era o responsável por cuidar das redes sociais de Evandro Sinotti, que também concorrera a deputado estadual. Parecia ser esperto, rápido de raciocínio e inteligente.

Seu nome?

Kim Kataguiri.

CAPÍTULO IV
SURGE O MOVIMENTO

por Kim Kataguiri

"Se este livro tiver bom êxito, muito deverei à majestade do meu tema; não creio, porém, ter-me faltado de todo o gênio."

Charles-Louis de Secondat, barão de Montesquieu.

Percebi que tinha algo vibrando no bolso direito da calça. Era o meu celular. Achei esquisito. Só quem me ligava era a minha mãe, na sexta-feira, para saber a que horas eu voltaria para casa; mas a semana mal havia começado. Era improvável que fosse Dona Cláudia.

Meus diálogos com ela eram bem rápidos; minhas respostas, típicas de um adolescente: secas e diretas, com requintes daquela *angst* adolescente característica. Afinal, tratava-se de uma conversa entre um ser iluminado, vanguardista e invencível com a criatura entediante e ultrapassada que havia gerado aquele ser.

— Oi, meu filho querido, tudo bem? Como você está? Como está indo a faculdade? Precisa de alguma coisa? Que horas você volta hoje? Posso ajudar em algo?

— Oi, mãe. Tô bem. Volto umas 18h.
— Nossa! Por que tão tarde?
— Tenho uns negócios pra fazer à tarde na faculdade.
— Quer que compre alguma coisa pra você jantar?
— Compra yakisoba. Tchau, mãe.
— Pode deixar. Vou comprar! Tchau, meu filho. Fica com Deus.

Bem babaca, eu sei. Fazer o quê? Juventude. Já aconselhava Nelson Rodrigues a todos os jovens: envelheçam!

Não há como citar minha mãe sem falar da figura divertida que é. Lembro-me de que, quando estava na 2ª ou 3ª série, escrevi uma redação de Dia das Mães que achou engraçadíssima. Eu basicamente dizia que ela havia nascido no Pará — e, portanto, falava "égua!" com certa frequência —, que gostava de limpar a casa ouvindo forró e que cozinhava muito mal, com duas exceções: arroz-doce e pudim de maracujá. Aliás, mamãe é a única pessoa que conheço que sabe fazer pudim de maracujá — e de forma excepcional, diga-se. Ah, também escrevi que, quando eu estava brincando na garagem, geralmente pintando as paredes com giz de cera, ela me chamava cantarolando uma música de sua própria autoria. A letra era mais ou menos assim: "Da sara, da sara, da sara, da saracuta. Nunca vi tão saracuuuta, da sara, da saracuta." Entendeu a letra? Pois é, Dona Cláudia tampouco. Não tem o menor sentido. Aliás, pensando agora, parece uma espécie de melodia de um ritual maligno. Não parece? Sabe aquele desenho do Jackie Chan em que havia um velho, tio do protagonista, que recitava "umo buga fei di tal" para espantar espíritos maus? Então... Só não sei se ela estava afastando ou invocando os espíritos.

Minha mãe já estava plenamente acostumada à minha ausência. Quando Gabriele, ou Gaby, minha irmã dos mesmos pai e mãe — tenho duas outras irmãs, do primeiro casamento de meu pai —, fez 14 anos, mudou de cidade, para cursar o ensino médio no Colégio Técnico da

Unicamp de Limeira (Cotil). Ficou num quarto alugado nos fundos da casa de uma senhora, a dona Margarida, que só aceitava locatárias mulheres e estudantes.

Lembro-me de que, no começo, minha mãe ia todo dia ao quarto de Gaby e ficava acariciando suas bonecas, suas roupas, seus ursinhos de pelúcia. Nunca conseguia segurar o choro. Quando me dava coragem — eu era, e, por incrível que pareça, ainda sou, uma criança muito tímida —, eu a abraçava, sem falar. Depois de um ano, esse melodrama passou, e as duas já brigavam, durante os finais de semana, por causa de afazeres domésticos, como na luta por saber quem lavaria a louça ou varreria a casa.

Antes de seguir, gostaria de fazer um desabafo. Quando eu era criança, jogava campo minado no Windows 98 que ficava no quarto da minha irmã. Toda noite, quando ela queria dormir, era a mesma coisa:

— Kim, olha só o que passei o dia guardando pra você.

— O quê?

Minha pergunta antecedia um estrondoso flato, um alívio, uma bufa. Em português claro: um peido. Quando essa trombeta do apocalipse tocava, o local de meu entretenimento se transformava numa aterrorizante câmara de gás.

Seis anos depois, quando chegou a minha vez de fazer 14 anos, segui os passos de Gaby: passei no Cotil — só que no curso de PD (processamento de dados), diferente do dela, que fez QPD (qualidade e produtividade) — e me mudei para os fundos da casa de dona Margarida. Em 2011, quando fui para lá, a política do local já havia mudado; ela passara a aceitar apenas inquilinos homens, porque "as meninas davam muito trabalho".

Aliás, foi no Cotil que meu interesse por política e economia despertou. Foi numa aula de História, do professor Sandro, que, aliás, vivia fazendo piadas ruins, bem do tipo daquelas que faço hoje. Era um debate sobre o Bolsa Família. Em 2013, o Brasil ainda vivia a ilusão do crescimento e da prosperidade. O professor dizia que a nova classe média só ascendia em razão do tal programa social, citando até um estudo segundo o qual X de investimento no Bolsa Família gerava X + Y de crescimento no PIB.

Fiquei bastante interessado. Então, o programa tirava pessoas da miséria e fazia o país crescer? Maravilha. Parecia ser um ótimo negócio. Quis saber como o Bolsa Família funcionava e qual tinha sido o principal fator para tamanho sucesso. Foi aí que descobri o Instituto Mises e o Instituto Liberal. Li uns três ou quatro artigos e assisti a vários vídeos do Daniel Fraga, um antigo youtuber anarcocapitalista e ateu que gravava sobre economia, e que hoje é uma lenda; ninguém realmente sabe o seu paradeiro. Talvez esteja em uma mansão bilionária gastando o que ganhou com os investimentos em bitcoin numa época em que ninguém acreditava que aquilo daria certo.

Enfim, logo constatei que a coisa não era bem como meu professor falava. A China estava crescendo 10% ao ano; o preço das commodities explodira. O Bolsa Família estava cumprindo seu papel, mas não era a razão da bonança. O motivo era o cenário internacional; a criação de riqueza que estava se materializando em empregos no Brasil. Decidi, então, fazer um vídeo para mostrar essa incrível descoberta. Pensava haver descoberto a resposta para todas as perguntas do mundo. Ah, a prepotência da juventude...

Fiz o tal vídeo. Um horror. Tinha gravado pela webcam do meu notebook, lendo o texto pelo notepad. O problema é que o Kim de 2013, sem perceber que ficara ruim, publicou a coisa no YouTube. Em duas semanas, dezenas de milhares de pessoas haviam assistido e enviado comentários pedindo mais. Parecia uma boa ideia, mas eu absolutamente desconhecia os temas demandados. Comecei a estudar. Primeiro por vídeos, depois por artigos, então por livros — e, finalmente, frequentando conferências sobre liberalismo.

Foi assim que começou. Por acaso. Perdão por decepcioná-lo, leitor. Não há qualquer passagem épica na origem de meu interesse por política. É só isso mesmo. Resolvi estudar.

SURGE O MOVIMENTO

* * *

Toda essa digressão me desviou de explicar por que minha mãe já estava acostumada a ficar sem os filhos em casa. Mas antes ainda houve aquele telefonema, no começo de outubro de 2014, aquele que fizera o celular vibrar, e que tampouco abordei. Vamos lá. Na época em que o Pedro ligou — sim, era Pedro D'Eyrot a telefonar —, eu morava com a Gaby em Santo André. Cursava o primeiro ano do bacharelado em Ciências e Humanidades, uma esquisitice que só existia na Universidade Federal do ABC (UFABC), para depois ingressar em Economia na mesma instituição.

Quando recebi a ligação, estava na casa do João Revolta, criador da TV Revolta, que explodira nas manifestações de 2013, atraindo milhões de seguidores no Facebook. Na época, a página era uma das maiores difusoras de ataques ao PT, ainda que seu conteúdo abarcasse desde campanhas para ajudar animais feridos até críticas a reality shows como o *BBB*.

Toda semana, para ganhar uns trocados, eu gravava comentários sobre política para um canal de YouTube do João. Revendo-os hoje, confesso que são bem constrangedores: luz estourando na minha cara, teleprompter mal lido e raciocínios mal desenvolvidos. Faz parte. Já dizia Aristóteles: todo Pokémon evolui.

Também fazia alguns vídeos para um canal próprio. João, porém, tinha meios muito melhores para espalhar conteúdo. Era uma rotina pesada. Afinal, eu morava em Santo André, estudava em São Bernardo e o estúdio ficava em Interlagos, bairro da Zona Sul de São Paulo. Dia intenso, mas ritmo necessário. Busão para São Bernardo, aulas, almoço, busão para Santo André, trem até o Brás, Linha Vermelha até a Sé, busão para Interlagos, horas de gravação, busão até a Sé, Linha Vermelha para o Brás, trem até Santo André, busão para minha casa.

A pior parte era o calor do estúdio. Uma salinha bem pequena, fechada. Se a temperatura ambiente fosse de 20 graus, não seria menor do que 40 lá dentro. Meu gosto pela política, no entanto, fazia com que aquilo tudo fosse uma experiência agradável.

COMO UM GRUPO DE DESAJUSTADOS DERRUBOU A PRESIDENTE

* * *

— Alô! É o Kim do canal no YouTube? Aqui é o Pedro, da campanha do Raio Privatizador.

Não sabia quem diabos era Pedro, mas, como liberal, não havia como desconhecer a tal campanha. Aliás, tinha até conhecido o Paulo Batista, no meio da eleição, numa conferência sobre a Escola Austríaca de Economia. O cara se tornara uma espécie de popstar dos liberais e, no evento, as pessoas se empurravam para tirar selfies com ele. Eu mesmo, que trabalhava para um concorrente, tirei a minha.

Mas e Pedro, o que queria ao me telefonar? Contar que havia o projeto de produzir um vídeo de humor com Danilo Gentili, para atrapalhar a campanha da Dilma no segundo turno. Lembro-me exatamente da frase que me convenceu a conhecer o escritório do que viria a se tornar o MBL: "Queremos formar um dream team da zoeira."

"Zoeira" é um termo que, a partir de 2013, passou a denominar uma espécie de humor anárquico de internet em que figuras e ideias da esquerda são criativamente — bem criativamente, mesmo — ridicularizadas, enquanto lideranças liberais, conservadoras ou simplesmente antiesquerdistas são exaltadas por seus feitos, ou "mitadas", com os famosos óculos escuros pixelizados *thug life*.

Vivi bem o início avassalador e sem limites da tal "zoeira". Eu havia acabado de descobrir o libertarianismo e, com a convicção e a chatice de um moleque que imaginava deter a resposta para todos os problemas da humanidade, pregava os milagres da mão invisível de Adam Smith e os ensinamentos das seis lições de Mises quando, no final de 2013, criei uma página chamada Liberalismo da Zoeira.

O primeiro meme — o nome dado a artes que reproduzem incansavelmente determinado modelo de piada criado pela zoeira — a gente nunca esquece, e o inaugural do Liberalismo da Zoeira foi uma imagem do economista Frédéric Bastiat com os dizeres "Estado no cu dos outros é refresco". Confesso que, apesar de já não comungar da visão radicalmente antiestado do libertarianismo, ainda acho essa piada engraçada. A ideologia amadurece, mas o senso de humor continua bobo.

Uma boa e oportuna pergunta: como e por que a zoeira surgiu? Um sociólogo ou "analista político" dos nossos tempos provavelmente diria que se trata de uma onda fascista racista capitalista heteronormativa homofóbica judaico-cristã opressora e patriarcal nascida do ódio e da intolerância de uma direita raivosa tupiniquim que se uniu e ganhou voz por meio das redes sociais. Prefiro responder de forma mais realista: o mundo andava muito sem graça.

Voltemos à casa do João Revolta e àquele telefonema inesperado. Empolgado, na medida em que minha personalidade nipônica permite, topei o convite de Pedro e fui a seu encontro na mesma hora. Avenida Brigadeiro Luís Antônio, perto da estação Paraíso. Me despedi de João, peguei um ônibus, depois o metrô e, assim que cheguei no Paraíso, liguei para Pedro. Queria saber como chegava na tal avenida. "Você desceu na estação errada. Eu disse Liberdade, não Paraíso." Fiquei muito puto. Já tinha passado pela catraca, ou seja, teria de pagar de novo. Além disso, era horário de pico, e não há tristeza maior para uma sardinha do que voltar para a lata.

Para falar a verdade, não tenho certeza sobre se ele realmente me passara a estação errada ou se eu me confundira. Mas, como o livro é meu, fica estabelecido que o erro foi de Pedro. Filho da mãe!

Tentei pensar em alguma reflexão profunda para filosofar sobre o embate "Liberdade versus Paraíso". O máximo que consegui, porém, foi elaborar que os liberais buscam a liberdade e os socialistas, um paraíso na Terra; e que, portanto, não seria possível perseguir a liberdade e o paraíso ao mesmo tempo. Algo bem parecido com o que Eric Voegelin fala a respeito da posição gnóstica de imanentizar o *eschaton*, que é, basicamente, antecipar o juízo final e fazer o paraíso na Terra. Da maneira como pensada por mim, contudo, foi bem boboca. Eu sei. Melhor deixar os devaneios para o Renan.

— Estou na Liberdade. E, agora, como faço para chegar? — Não sei por que perguntei as direções. Sou péssimo com caminhos. Péssimo mesmo. Para se ter uma ideia, só conheço uma rua em Indaiatuba, cidade em que fui criado, que é a rua em que morava. Por sorte, vai até a rodoviária e o centro da cidade. Ou seja, era só andar em linha reta.

Como esperado, não entendi bulhufas da explicação do Pedro. Saí perguntando. Demorei uns quarenta minutos para chegar. O fato de que o caminho, seguido corretamente, tomaria quinze minutos é um mero detalhe... Me identifiquei na portaria e subi até o sétimo andar. Olhando para um lado, vi um escritório. Havia uma catraca na entrada e, no fundo, diversos computadores razoavelmente antigos e pessoas formalmente vestidas teclando sem parar. Com certeza não era ali, pensei. Do outro lado, uma porta preta. Bati algumas vezes. Silêncio. Decidi abrir, mas só encontrei uma sala vazia e escura, com duas portas. Escolhi uma, da qual escapava um fiozinho de luz, e fui abrindo bem devagar. "É aqui mesmo!", alguém gritou.

Uma mesa, um sofá, uma poltrona, grama artificial e um monte de moleque fedido usando notebooks. Foi assim que começou. Em boa medida, continua igual.

O primeiro cara que cumprimentei foi Fred, um alemão de cabelos loiros e olhos claros com um estilo meio alternativo, mais ou menos da minha altura. Nas palavras dele: "Com uns quilos a mais, mas forte." Confesso que quase dei risada ao conhecê-lo porque, apesar dessas características, sua voz é surpreendentemente fina. Não combina. Mas consegui conter o formigamento do senso de humor bobo. Quando apertei a mão de Renan, tinha certeza de que já o conhecia de algum lugar. Lembrei rapidamente: havíamos conversado, fazia mais ou menos um ano, numa "choppada libertária", tipo de confraternização na qual alguns daquela espécie se encontram para se sentirem descolados, apesar de muitos comparecerem trajando gravata-borboleta e suspensório, e discutirem sobre se imposto é roubo, se um cidadão comum deve ter o direito de construir uma bomba atômica e quando teríamos a liberdade para andar de tanque nas ruas.

SURGE O MOVIMENTO

A primeira impressão que tive de Renan foi péssima. O cabelo dele, que já era consideravelmente escasso na época, estava seboso e bagunçado. Usava uma camisa jeans com os três primeiros botões abertos, o que, devido à sua similaridade genética com o Tony Ramos, resultou em uma visão bem desagradável. Segurando um copo de cerveja na mão, com um jeito largado — meio vagabundo, até —, ele me falou um pouco sobre uma iniciativa de ativismo político que coordenava em Vinhedo. Um amigo em comum apresentou-o de maneira bem empolgada: "Esse cara é bom! Ele faz política de verdade. Política é ir pra cima, botar a mão na lama!"

A imagem não agradou. Afinal, ele estava falando com um semijaponês razoavelmente disciplinado cujo conhecimento sobre ativismo político se resumia a memes no Facebook e vídeos no YouTube. Na época, eu não tinha ideia de que fosse possível encostar na lama sem se sujar. Para mim, a política era uma espécie de ente metafísico, com engrenagens maquiavélicas, que corrompe todos aqueles que se aproximam. A grande solução seria espalhar os ideais libertários pela internet, um ambiente supostamente mais neutro que o da luta partidária, até que, por meio do uso único e exclusivo da razão pura, derrotássemos todo tipo de mentalidade estatizante. Ingenuidade.

Não tenho grandes lembranças dos momentos em que cumprimentei Alexandre, Pedro e Calamari. Provavelmente porque não tenha havido quebra de expectativa, como com a voz do Fred, ou uma experiência pregressa, como com o Renan. Apesar disso, lembro que, nesse dia, Calamari me deu uma carona para casa. Eu morava em Santo André; ele, em São Bernardo. É sempre engraçado vê-lo dirigir porque é praticamente um anão, e tanto mais, à época, porque seu carro era uma caminhonetona gigante. Era como um Power Ranger pilotando um Megazord.

Conforme conversávamos, descobri que ele era ator e trabalhava no Disney Channel. Devido ao já citado espírito caipira, duvidei.

— Sério? Na televisão? Protagonista?

Só acreditei quando pesquisei no YouTube e vi seu rosto na abertura do seriado. Estava, realmente, ao lado de alguém famoso. E, naquela época, eu ainda ficava impactado quando conhecia alguém razoavelmente famoso ou que podia ser considerado uma subcelebridade.

Surpresa maior foi quando soube do Pedro. Na mesma carona, Calamari colocou "Solta o frango" para tocar.

— Conheço essa música — disse.

— É da banda do Pedro — ele respondeu.

A caipirice atacou de novo:

— Banda? O Pedro é músico? Tem banda famosa? — Só poderia ser brincadeira. Conhecer duas celebridades num dia só era demais. Mas era verdade. Escutamos Bonde do Rolê durante todo o resto do percurso.

Você, cara leitora, caro leitor, já escutou alguma música do Bonde? Se não, sugiro que o faça. É poesia pura.

* * *

Me acostumei rápido ao ritmo do escritório. Não tinha rotina. Todo mundo chegava, jogava a mochila em algum canto e descobria, no dia, o que tinha de ser feito. O ambiente de trabalho era resultado de um momento político intenso e da enxurrada de informações rápidas proporcionadas pelas redes sociais.

O tal *dream team da zoeira* de que Pedro havia me falado no telefonema tinha o objetivo de fazer o roteiro de um vídeo de humor protagonizado pelo Danilo Gentili para dar uma freada na campanha presidencial de Dilma Rousseff, então candidata à reeleição.

Conhecera Danilo por acaso. Ele havia divulgado um vídeo do meu canal em seu Twitter e eu, extasiado, enviei-lhe uma mensagem, duvidando da hipótese de que responderia. Como bom caipira, ter contato com qualquer celebridade era uma realidade tão distante quanto empolgante, como escrevi antes. Ele, simpaticíssimo e nada "estrelinha", como, aliás, eu esperava, respondeu. A partir daí, tornamo-nos amigos. Cheguei até a ir numa festa de aniversário dele, em 2014, quando descobri que todos aqueles cachorros com os quais adora postar fotos no Instagram são, na verdade, da mãe. Ele não limpa nem um cocozinho sequer. Pilantra.

Aliás, lembro-me de um episódio bem curioso ocorrido nesse evento. Danilo se aproximou de um amigo, Robson Nunes, que trabalhava no programa *Zapping Zone*, da Disney, e, apontando para mim, perguntou:

— Conhece esse cara aqui?

É claro que não conhecia. Da turma ali reunida, só Danilo era maluco e idealista o suficiente para assistir e levar a sério vídeos de um moleque libertário de 17 anos. Para minha surpresa, porém, a resposta foi:

— Conheço, sim!

Durante alguns décimos de segundo, fiquei intrigado. Como diabos aquele cara me conhecia? Mas entendi e dei risada logo que completou a resposta:

— É o Yudi, que sorteava PlayStation no SBT, não é?

O resto do pessoal — Renan já contou — conhecera Danilo por meio da campanha do Raio Privatizador. Liberal que é, ele havia se empolgado com os vídeos do Raio e tinha chamado a galera para um jantar. Acabariam criando amizade também.

De imediato, sabíamos que o vídeo não poderia, de maneira alguma, exaltar o candidato tucano. O que nos fazia apoiar Aécio era Dilma, o PT. Ele estava longe de ser o presidente dos sonhos, mas era o que tínhamos. Esse era o sentimento de boa parte dos brasileiros. E era exatamente por isso que foco do roteiro deveria estar em ridicularizar a petista. Não considero que estivéssemos pedindo para as pessoas votarem em Aécio. Não. Na verdade, acho que seria melhor dizer que propagandeávamos um voto anti-Dilma. Melhor votar num cachorro que votar no PT.

Ficávamos tardes e noites inteiras fazendo memes e filmes sobre os assuntos do momento — a maior parte relacionada à disputa presidencial — e trabalhando no texto do vídeo para Danilo. Entramos em contato com os donos das maiores páginas de humor político do Facebook e fizemos incontáveis ligações, via Skype, para pensar no maior número de piadas possível. Parece algo fácil e divertido, e em boa medida o é, mas chega um certo ponto em que a criatividade se esgota e o cérebro trava. Novas sacadas custam a surgir e aquelas já elaboradas quase perdem a graça, de tanto que você as lê. Esse negócio de trabalhar com humor é mais difícil do que se crê...

Depois de cerca de duas semanas, Danilo foi ao escritório para gravar. Eram três da madrugada e ele estava visivelmente exausto, com os olhos vermelhos. Disse que ficara gravando o dia todo e que passara a noite com os advogados, acompanhando os processos abertos contra si. *Esse é um cara que se mata de trabalhar*, pensei. Mal sabia eu que, um ano depois, estaria numa situação ainda mais precária.

O material que produzimos era suficiente para gravar pelo menos três roteiros. Queríamos deixar uma boa margem para Danilo escolher as melhores piadas. Depois de ler tudo, ele disse que a maioria era muito específica, que o público não entenderia. De fato, estávamos muito presos ao nosso universo. Para quem respira política, é natural associar, por exemplo, a imagem da deputada petista Maria do Rosário à defesa de criminosos. Infelizmente, contudo, as pessoas em geral nem se lembram em quem votaram nas últimas eleições. Logo, poucos ririam mesmo de nossas piadas. Danilo estava corretíssimo. A opinião dele, entretanto, foi um baita banho de água fria. Passáramos semanas nos divertindo com o que tínhamos desenvolvido e até havíamos elencado algumas piadas que não poderiam, de maneira alguma, ficar de fora — justamente as que exigiam maior conhecimento político e que tiveram de ser abandonadas.

SURGE O MOVIMENTO

Afinal, cortamos a maior parte das piadas, mastigamos as restantes, para facilitar a compreensão, e adicionamos mais duas ou três. A gravação foi rápida. Danilo estava mais do que acostumado a lidar com textos e câmeras. Fred, Alexandre e Calamari foram excelentes produtores. A ideia era simples: mostrar, com humor, como seria um telejornal em 2018, depois que Dilma tivesse vencido as eleições e governado durante quatro anos. O país estaria quebrado, caótico e o jornal seria, é claro, estatal.

Não descreverei o vídeo porque é muito mais fácil — e divertido — assisti-lo. É só dar um Google em "Jornal do Futuro Danilo Gentili" e apreciar. Segredo: o braço magrelo que aparece no final, entregando um papel ao apresentador, é meu.

Foi um sucesso. Só no Facebook, mais de 35 milhões de acessos. Isso, vale ressaltar, três dias antes da votação do segundo turno. Era muito empolgante estar, de alguma maneira, influenciando as eleições. Assistíamos várias vezes — e ríamos em todas. Depois de tanto trabalho, era uma recompensa à altura.

*　*　*

Depois disso, um episódio na churrascaria Boi na Brasa, no Centro de São Paulo, me fez refletir bastante sobre o futuro que teria com esse pessoal maluco.

O restaurante era uma típica churrascaria antiga: carnes grelhadas na brasa, mas não na forma de espeto corrido; bistecas servidas por garçons velhos e bigodudos. Havia uns quadros simples pendurados à esquerda, e só. Mas era bom e barato. Isso era o que importava.

Comendo ali, à companhia daquele pessoal que conhecia havia relativamente pouco tempo, percebi o quão diversificado o time que formávamos era. Músicos, editores de vídeo, roteiristas, humoristas, nerds e empresários. Cada um era um pouco do que os outros faziam, mas, individualmente, tinha se frustrado em sua área específica.

Empunhei meu copo de Coca-Cola e comentei: — O que vocês acham que a gente vai fazer depois desse vídeo? Vai surgir coisa pra gente continuar atuando?

— Kim, uma coisa chama a outra. O mundo hoje é de quem sabe aparecer na frente das câmeras. E isso a gente faz bem. Já passou o tempo em que quem tinha audiência tinha de estar na Globo — disse Renan, enquanto mastigava um restinho de maminha.

— Talvez ainda demore um pouco, mas o segredo é nós continuarmos produzindo nosso próprio conteúdo. Aí a gente vai construindo um público e identidade aos poucos — ponderou Alexandre.

— É... Mas, se me dissessem, há algum tempo, que um dia eu estaria fazendo vídeo com Danilo Gentili e que estaria sentado à mesa com um monte de gente estranhamente talentosa, eu não acreditaria — continuei.

— Olha, fazendo vídeo com o Danilo eu até acreditaria, mas me rebaixando a esta mesa de malucos, aí, não — concluiu Pedro, ao que caímos na risada.

Minha questão inicial, brincadeiras à parte, era importante. O vídeo estava feito, então tínhamos acabado de comer: e agora? Voltaríamos, cada um de nós, para um interior diferente? Eu queria saber do futuro, de amarrar o futuro, mesmo que para continuar andando naquela Saveiro, com Renan e Alexandre, encolhido entre os dois, já que o carro só tinha dois assentos. Sentado quase sobre o freio de mão, eu era a piadinha de todas as viagens. Já estava até acostumado. Era o menor, o mais jovem e o mais recente da equipe. Era de se esperar que tivesse de passar por algumas coisas assim. Eu sempre soube identificar e respeitar, prontamente, uma hierarquia. Foi algo que aprendi cedo e do que nunca me descuidei. Faz parte do processo de obtenção de respeito dos colegas e, a meu ver, é fundamental para uma ascensão bem alicerçada.

De certa forma, até agradeço à Dilma. Não fosse ela, eu muito provavelmente não teria conhecido esse grupo. Não que tenha sido a melhor

SURGE O MOVIMENTO

opção para o Brasil, mas, pelo menos, como se verá nos próximos capítulos, a ex-presidente daria margem para que algumas mudanças — que ajudamos a promover — pudessem ter ocasião. Aliás, se teve uma pessoa que empurrou o brasileiro ao liberalismo, essa foi Dilma Rousseff. O péssimo exemplo como gestora centralizadora e estatizante não poderia ser mais ilustrativo. Se ela não tivesse vencido em 2014, o Brasil seria outro. Talvez mais difícil de mudar, talvez com um PT fortalecido fazendo oposição ao PSDB e saindo como santo nessa história toda... Bom, isso é exercício de possibilidades e eu não sou fã de futurologia.

Eis que chegamos ao fatídico 26 de outubro de 2014, domingo, dia em que o Brasil dividiu-se em dois nas urnas. Já era noite. Os votos estavam sendo apurados, e eu acompanhando da quitinete em que morava, pelo notebook — não tinha televisão. Tudo indicava que Dilma perderia. O clima era de "já ganhou". Os memes como "Nadando nas lágrimas dos petistas" já começavam a sair. O grupo de WhatsApp daqueles que viriam a ser os fundadores do MBL fervilhava. A vantagem apertada de Aécio reforçava nossa crença de que tínhamos feito a diferença.

Já estávamos publicando posts comemorativos e até garantimos ao Danilo Gentili que Dilma havia perdido. Ele publicou em seu Twitter e, depois do resultado, foi linchado. Não ficou muito feliz com a gente, como se pode imaginar.

Com a abertura das últimas urnas, porém, Dilma, numa virada absolutamente inesperada, atropelaria para vencer com 51,6% dos votos. Foi um choque. Fiquei estarrecido, sem acreditar, sem reação. Esperava que o Serginho Malandro entrasse pela porta gritando "Ié ié, glu glu, é pegadinha! A Dilma perdeu!". Infelizmente, estou esperando até hoje.

Pensando agora, foi uma das cenas mais deprimentes da minha vida: estava suado, largado na parte de baixo da beliche que dividia com minha irmã, entrelaçado em lençóis sujos, sentindo o cheiro de fumaça da espetaria, que funcionava bem embaixo de nossa quitinete, mesclado ao odor do cocô em putrefação que entupia o vaso sanitário no banheiro. Tudo isso enquanto assistia ao mundo cair pelo WhatsApp e pensava: "Com que cara eu vou pra faculdade amanhã?"

Alexandre era o mais decepcionado. E foi sua decepção que fundou o Movimento Brasil Livre. Por impulso, ele criou um evento no Facebook convocando a população para uma manifestação a ser realizada no dia 1º de novembro. O título: "Ou a Dilma cai, ou São Paulo para."

No dia seguinte, notamos que o engajamento para o ato era grotesco. Mais de 200 mil pessoas confirmadas em menos de um dia, e publicações feitas dentro da página evento alcançavam mais de mil likes em minutos. O que tinha sido só um gesto de voluntarismo poderia se tornar algo real.

Só havia um problema: todo mundo sabe que confirmações no Facebook não significam presenças no evento. Ainda mais quando o convite é para uma manifestação e a maioria das adesões consistia em respostas no calor de um momento. Precisávamos, então, pensar em algo que desse segurança às pessoas, que lhes garantisse que o protesto realmente aconteceria.

Antes de qualquer coisa, mudamos a pauta. Não havia sentido nem embasamento jurídico para pedir o impeachment, assim como não havia momento político para exigir uma renúncia. Saímos, então, em defesa da Lava Jato — que ainda estava no início — e da liberdade de expressão, dado que o grupo Abril, que editava a revista *Veja*, fora vandalizado por militantes pró-PT como reação a uma capa que revelara que, segundo o doleiro Alberto Youssef, Dilma e Lula sabiam de todo o esquema do Petrolão.

Pedro, o nosso João Santana (só que sem propina nem populismo), teve a ideia de gravarmos vídeos todos os dias, convocando a população e mostrando a importância da manifestação. Além disso, sugeriu que contratássemos um carro de som e tirássemos uma foto para postar no evento. Era uma espécie de "olha, pessoal, realmente tem algo sendo organizado!".

A ideia do carro de som foi crucial para diferenciar as manifestações do MBL dos protestos de junho de 2013: com o microfone em cena e um palanque, foi possível tratar de pautas claras, afinar discursos, formar oradores e, sobretudo, lideranças. E eu mesmo só aprendi a discursar ali, na prática, sobre o carro de som.

Por falar em discurso, um dia antes da manifestação eu dormi na casa dos pais de Renan e Alexandre, em Vinhedo, e foi lá que discursei pela primeira vez. A plateia? Um japonês e um chuveiro. Passei a semana decorando uma fala, de mais ou menos quatro parágrafos, que havia escrito. A ideia, naquele momento, era treinar a voz e a "performance". Imaginou uma cena bem patética? Pois é... Foi muito pior.

Adolescentes normais, quando estão no banheiro, só cantam, e bem desafinados, as músicas popzinhas que embalam as baladas. Mas eu não era um adolescente normal. Aliás, era, e ainda sou, reconheço, um bicho bem esquisito. No lugar disso, ficava treinando para me expressar em manifestações políticas. Minha primeira plateia foi um xampu, uma embalagem de condicionador — já vazia — e sabonete Dove. Tenho certeza de que, quando saí do banheiro, eles fizeram que nem os bonequinhos do *Toy Story* e ganharam vida só pra rir da minha cara.

Quando finalmente reapareci, Renan me perguntou sobre o que eu falava com o chuveiro. Disse que estava cantando. Mal sabia ele...

* * *

Primeiro de novembro de 2014. Não sabíamos à época, mas ali surgia o Movimento Brasil Livre. Uma hora depois do horário marcado via Facebook, 5 mil pessoas se reuniam no vão do Masp para defender a liberdade de imprensa e a Operação Lava Jato. Fomos em direção ao parque Ibirapuera, discursando durante todo o caminho. Pouco antes de chegarmos, um carro de som entrou na nossa frente. Era do Marcello Reis, dono da página Revoltados Online, criada para combater a pedofilia na internet, mas que acabara ganhando caráter político ao longo do tempo. Junto com alguns caras mal-encarados, que usavam coturno e roupas de camuflagem na selva, ele defendia uma "intervenção militar".

Nessa hora, a partir do novo grupo, era possível ouvir as ideias mais diversas e mesmo bizarras. Havia os que propunham ações para revolucionar o SUS, os que protestavam contra as vacinas, os que denunciavam uma intervenção dos Estados Unidos da América na eleição brasileira, os que temiam a volta da União Soviética e até os que falavam em conspirações como a famosa Ursal. Uma confusão só.

Era um sinal de que as manifestações de 2013 haviam sido péssimas mesmo, consequência da falta de lideranças claras, o que abre brecha para o surgimento de várias tribos, inclusive autoritárias, cada uma falando uma coisa, atirando para todos os lados, todas certas de estarem salvando a pátria, a democracia ou algo assim. Esse terreno é perfeito para que as teorias conspirativas ganhem corpo. Até que grau se tratava de mau-caratismo ou de maluquice patológica mesmo, não sei, mas, que esses grupos se disseminavam e cresciam, isso era fato.

Como não concordávamos com aquilo, pensamos em desviar nosso carro. O problema era que só poderíamos sair por uma rua — estreita demais. Enquanto tentávamos convencer a outra turma a tomar uma rota diferente, seus líderes falavam coisas como "O momento é de união!" e "Estamos todos juntos por uma mesma causa!".

Não, não estávamos lutando pelo mesmo objetivo. Os fins não justificam os meios. A saída teria de ser, necessariamente, republicana. Naquela manifestação, nem impeachment pedíamos — porque ainda não havia base jurídica —, quanto menos uma "intervenção militar". Infelizmente, defender o Estado Democrático de Direito não empolga tanto o pessoal quanto "tirar tudo isso que está aí".

Com a nossa insistência, logo começariam os xingamentos: "Filhos da puta! Traidores! Vocês não são patriotas! Saiam daqui, seus infiltrados!"

Raciocínio interessante: eles invadiram a nossa manifestação, mas nós éramos os "infiltrados". Isso, aliás, se repetiria muito no curso dos anos...

Depois desse fuzuê, acabamos — por falta de escolha — indo na mesma direção. Apesar disso, o outro carro manteve uma distância razoável e, como no nosso estavam o cantor Lobão — que não conhecíamos, mas que se tornaria um amigo — e Paulo Eduardo Martins, ex-comentarista do SBT do Paraná que ficara conhecido por suas ideias liberais e suas críticas ao governo, fundador do MBL paranaense e futuro deputado federal, a maior parte dos presentes se aglomerou em torno de nós.

Foi um sucesso. Quebramos o monopólio das ruas, antes propriedade das esquerdas. Pessoas que nunca tinham protestado sentiram que era possível e tiveram os ânimos — ainda abatidos com a vitória de Dilma Rousseff — revigorados. Além disso, as imagens da manifestação e os discursos viralizaram muito bem no Facebook.

O ato repercutiu no Congresso. Os parlamentares discutiam a Lei de Diretrizes Orçamentárias e o governo lutava para abandonar a meta de superávit primário, de 116,1 bilhões de reais, para poder fechar o ano com um rombo de 15,3 bilhões. A oposição nunca havia sido tão incisiva. A eleição apertada e a mobilização nas ruas fizeram com que os deputados oposicionistas ganhassem força e combatessem o governo de maneira dura, como nunca antes. Eles sabiam que tinham respaldo, que estavam sendo ouvidos. Já sentiam que a era do "PT intocável" se aproximava do fim.

O embate com a imprensa começou bem cedo. Bem cedo mesmo. Um dia depois dessa manifestação, a manchete do jornal *Folha de S.Paulo* era "Cerca de mil pedem intervenção militar". Não havia cerca de mil, muito menos pedindo intervenção militar. Os jornalistas, não tenho dúvidas, sabiam bem disso. Numa rápida pesquisa no Twitter sobre a opinião desses nobres militantes da *Folha*, encontramos fotos com Delúbio Soares e declarações de apoio ao PT. Bingo!

Pela página do evento no Facebook, convidamos os participantes do protesto a enviar e-mails ao jornal exigindo uma correção. Depois de algumas horas, mudaram a chamada para "2.500 pessoas pedem impeachment e intervenção militar". Mais uma vez, lembro: não pedíamos nem impeachment nem intervenção militar. Pelo menos, contudo, melhoraram a estimativa do número de presentes.

A repercussão da manifestação fez com que Danilo Gentili chamasse Paulo Batista — cuja página oficial no Facebook fora veículo para convocação do ato — para uma entrevista. Havia um problema, entretanto: associar a convocação do ato a uma pessoa não passaria credibilidade. Precisávamos de uma marca, um nome para utilizar na entrevista e em futuros protestos. Foi aí que entramos em contato com o Fabio Ostermann, conferencista conhecido no meio liberal e um dos fundadores do movimento no Rio Grande do Sul. Teria ele alguma página abandonada, que pudéssemos usar apenas trocando o nome? Por sorte, sim. Existia a de um projeto por meio do qual ele e o pessoal do EPL (Estudantes Pela Liberdade) — um grupo de universitários liberais que promove palestras pelo país — haviam tentado difundir suas ideias quando do junho de 2013, mas sem muito sucesso. O nome da página era Movimento Brasil Livre.

Pois é. Eu sei, cara leitora, caro leitor, que vocês devem estar decepcionados. Não existe qualquer história emocionante na origem do nome do MBL. Ele já estava lá, numa página abandonada, e nós apenas começamos a utilizá-lo. É a vida. Às vezes, as coisas simplesmente acontecem.

A entrevista foi uma espécie de inauguração formal do movimento. Aliás, uma inauguração meio desconjuntada. Desconjuntada. Bem desconjuntada. Ok, admito, desastrosa. Quando Danilo perguntou o nome, Paulo respondeu Movimento Liberdade Brasil. Gostaria de poder ver as nossas caras de desespero, a minha e a do Renan, gesticulando freneticamente para alertá-lo de que estava errado. Ainda bem que conseguimos. MLB soa meio esquisito. Não acha?

SURGE O MOVIMENTO

Na ocasião, Paulo ainda anunciou a data da nova manifestação: 15 de novembro, o dia da proclamação da República. Poucas horas depois, a página do Revoltados Online começou a convocar um protesto para o mesmo dia. Daquela vez, porém, pedindo o impeachment de Dilma Rousseff.

Sem dúvidas, Marcello Reis havia percebido que falar sobre golpe militar com um bando de gente vestindo roupas camufladas não pegava bem.

Nós mantivemos a linha do primeiro ato: chamamos a população a sair em defesa da Lava Jato e da liberdade de imprensa. Não queríamos ter a mesma dor de cabeça com o Revoltados Online, mas sabíamos que seria impossível mudar o ponto de partida da manifestação, que era o Masp, pois o local já se tornara unanimidade entre liberais e conservadores da internet.

Renan, com sua mente maquiavélica, pensou numa estratégia para resolver a questão. Entrou em contato com o Vem Pra Rua, que atuara nas eleições de 2014 convocando manifestações pró-Aécio, e convidou o movimento para participar de nosso novo protesto. Então, na reunião com a Polícia Militar para definir o esquema de segurança, acertou-se que nós ficaríamos no Masp, o Revoltados se estabeleceria em frente ao Tribunal Regional Federal da 3ª Região e o Vem Pra Rua, ao Teatro Gazeta.

15 de novembro de 2014. Dia de nossa segunda manifestação. O número de presentes era claramente maior do que o do evento anterior. Renan havia combinado com Marcello Reis que os carros de som ficariam parados. O do Revoltados Online era, na verdade, um trio elétrico gigantesco. Brincamos entre nós que o Marcello parecia o imperador Xerxes sendo carregado em seu trono por centenas de escravos no filme *300*. Com a diferença de que não era tão galã como Rodrigo Santoro.

Uma hora depois do horário combinado para a concentração, começamos a executar a estratégia. Avisamos a Marcello, pelo microfone, que iríamos, com nosso caminhão de som, até o Teatro Gazeta para chamar o pessoal do Vem Pra Rua e voltar com eles ao Masp. Sabíamos que, no momento em que nosso carro se movesse, todos os manifestantes nos acompanhariam. Afinal, caminhar é mais legal do que protestar parado.

Saímos, chegamos em frente ao teatro e seguimos com o Vem Pra Rua a caminho da Praça da Sé. Quando Marcello percebeu que tínhamos escapulido, já era tarde demais. Chegamos na praça, fizemos os discursos finais e concluímos o ato.

Enquanto isso, Marcello tentava empurrar seu caminhão gigante, que ficara emperrado na Luz. Desistiu, pegou um metrô e foi até a Sé. Quando chegou, nada encontrou. Gravou um vídeo visivelmente — visivelmente, mesmo — irritado com a situação, dizendo que nós e o Vem Pra Rua recebemos dinheiro do MST para boicotar sua participação. Maluquice pura. Nos divertimos assistindo. O plano havia funcionado.

A terceira e última manifestação de 2014 aconteceu em 6 de dezembro. Daquela vez, Marcello Reis decidira fazer num dia diferente — e não tivemos problemas.

Aliás, tivemos um problema: hordas de seguidores de Olavo de Carvalho nos encheram o saco pedindo "união", reclamando das datas divergentes e exigindo que fizéssemos um vídeo junto com Marcello unificando os protestos. Esse pessoal não entendia que aquilo era contraproducente para nosso movimento. A narrativa da imprensa nos apresentava como um bando de loucos intervencionistas. Associar-se ao Revoltados seria um prato cheio para os jornalistas que nos espreitavam como abutres.

Fizemos a manifestação com o Vem Pra Rua. Foi maior do que a primeira, mas menor do que a segunda. Ainda assim, ficamos satisfeitos. Sabíamos que era difícil mobilizar em dezembro.

No caminho do Masp até o Ibirapuera, Renan se encantou por uma moça que acompanhava de perto o carro de som. Na tentativa de xaveco, descobriu que ela era jornalista do *El País* e pensava em fazer uma matéria sobre os nossos protestos. Ele nunca conseguiu convencê-la a sair, mas a levou até nosso escritório para nos entrevistar.

Foi a primeira matéria sobre o MBL — feita, vale ressaltar, por um veículo estrangeiro, o que diz muito sobre a imprensa brasileira. O título: "Não é uma banda de indie rock, é a vanguarda anti-Dilma." No texto, somos inicialmente definidos como "um grupo de jovens hipsters", o que é engraçado. Afinal, a rapaziada descolada que frequenta a Vila Madalena e as festas da rua Augusta não costuma simpatizar muito com a gente.

De qualquer maneira, jornalisticamente falando, foi uma excelente reportagem, bem diferente das que os grandes veículos de imprensa brasileiros costumam fazer sobre nós. As respostas haviam sido reproduzidas de maneira honesta, e a jornalista, Maria Martin, fez uma análise séria sobre nossos motivos e nosso método de trabalho. Por discordâncias ideológicas, deu algumas alfinetadas, mas não distorceu o que dissemos.

Mesmo entrevistando o grupo bem no início, quando ainda amadurecíamos a ideia do movimento, ela conseguiu captar o principal objetivo do MBL, compreendido por pouquíssimos jornalistas e analistas brasileiros: desenvolver uma linguagem para que o liberalismo seja transmitido de maneira eficiente e abrangente o bastante para que se torne a maior força política do país.

Essa reportagem foi importante porque era necessário que tivéssemos algo público capaz de transmitir com clareza o que representávamos. Nesse sentido, a matéria ajudou a divulgar nosso grupo como uma instituição de verdade. E é curioso, porque, nessa entrevista, acho que pela primeira vez eu mesmo me senti parte de algo mais organizado, sério e consolidado. Senti a responsabilidade de dar respostas corretas e que não expressassem somente minha opinião e meu jeito de ser, mas o caráter do conjunto.

O último parágrafo escrito pela jornalista é quase profético:

Os filhotes anti-Dilma voltarão depois das festas. Haverá mais manifestações e intervenções um pouco mais subjetivas que comecem a identificá-los. "O futuro nos preocupa. Se soubéssemos que nosso Estado e nossa liberdade estão garantidos, não teríamos esse ímpeto de estar nas ruas."

CAPÍTULO V
COLOCANDO O BLOCO NA RUA

por Kim Kataguiri

Nove de janeiro de 2015. O Movimento Passe Livre sai às ruas para fazer a baderna de sempre. Prédios e comércios pichados, lixo pegando fogo, agências bancárias vandalizadas. Eram os velhos fascistas vermelhos da vanguarda do retrocesso argumentando da única maneira de que são capazes: com paus e pedras.

Decidimos construir algo produtivo a partir da destruição do Movimento Passe Livre. Além de quebrar meia dúzia de vidraças, o tal grupo havia promovido, no Largo da Batata, uma aula pública sobre a viabilidade do passe livre — evidentemente, falando um monte de baboseiras.

Em resposta, organizamos um show de rock com uma banda de amigos, os Moondogs, e criamos um evento no Facebook para divulgar. Convidamos alguns intelectuais liberais para explicar a inviabilidade da "tarifa zero" e as soluções do livre mercado para os problemas do transporte coletivo. A ideia era misturar a animação do show de rock com a difusão das nossas ideias. Fazer o oposto das velhas palestras estilo gravata-borboleta.

É claro que, na divulgação, demos muito mais destaque ao show do que à aula pública — que era o verdadeiro foco —, o que fez com que pessoas de diversas ideologias diferentes, inclusive nenhuma, comparecessem. Na prática, uma mescla interessante: enquanto o show atraía, as aulas faziam com que o público permanecesse.

O show aconteceu no vão do Masp. Como a banda tocava bem, em pouco tempo algumas dezenas de pessoas se aglomeraram. A cada duas ou três músicas, um palestrante tomava o microfone para falar durante dez minutos. Ao final, abrimos para as perguntas. Falávamos ali com um público muito diferente daquele ao qual nos acostumáramos. Não eram os liberais que nos seguiam na internet, mas pessoas comuns, sem militância, que haviam se interessado pelo show e que acabavam ficando para ouvir os discursos. Apesar do evento pequeno, foi uma grande conquista: tínhamos conseguido furar a bolha.

Aquela galera, que poderia reagir mal a um tema talvez maçante, saíra com uma semente de visão de mundo liberal e havia até aplaudido nossas exposições. Era como se tivéssemos subido num caixote, em meio a uma praça pública, começado a discursar e, de maneira absolutamente inesperada, conseguido adeptos.

O evento ainda rendeu uma matéria na revista *The Economist*, convenientemente intitulada "Niche no longer", algo como "não é mais nicho", que tratou da aula pública, mostrando que, apesar de o país ainda ser dominado pelo pensamento esquerdista, nos últimos anos, institutos liberais pipocavam no Brasil. Embora demonstrasse otimismo, o jornalista finalizou o texto com os pés no chão: "ainda vai levar um tempo até que 'vamos promover a competição no transporte coletivo' gere tanto entusiasmo quanto 'passe livre'." Mal sabia ele que presenciava o início da maior ascensão liberal da história brasileira.

Termos como privatização, liberalismo e conservadorismo deixariam de ser palavrões. Estudantes de direita passariam a ter voz dentro das universidades e a vencer disputas por centros acadêmicos. Defender o mercado se tornaria algo comum no debate público e não mais coisa de elitistas exterminadores de pobres.

É interessante, a propósito, observar as diferenças entre a cobertura da imprensa nacional e da internacional sobre o MBL. Enquanto a *The Economist* fazia uma reportagem sobre o surgimento de uma onda liberal orgânica no país — algo que os jornais do Brasil só fariam depois das manifestações pelo impeachment, consultando sociólogos que teorizavam acerca da "investida fascista" —, a *Folha de S.Paulo* noticiava: "Jovens 'liberais' dão aula pública sobre transporte público de São Paulo." Sim, "liberais" desse jeito, entre aspas.

A matéria ainda tentou ridicularizar a aula, dizendo que o público só havia se aglomerado sob o vão do Masp depois que começara a "chover forte na avenida Paulista", e descreveu a banda como "rapazes de terno, gravatas-borboleta, cantando em inglês", como se alguma dessas informações fosse relevante. Para piorar, o MBL foi definido como um movimento de "jovens de classe média que se dizem liberais".

Fizemos uma campanha, na página do MBL, para que os nossos seguidores enviassem e-mails à ombudsman da *Folha* questionando as aspas na palavra "liberais" — afinal, o que o autor queria dizer? Que não éramos jovens liberais? Éramos o quê, então? Sem falar do tom de deboche nada profissional adotado pelo jornalista.

Deu certo. Na semana seguinte, a ombudsman Vera Guimarães, num texto intitulado "Preconceito entre aspas", reescreveria sobre as reclamações recebidas e daria voz ao pedido de desculpas da editoria "Cotidiano", que reconhecia o erro. Mais: Guimarães admitia que, apesar do compromisso do jornal com a imparcialidade, "deslizes" em notícias relativas à direita eram "mais frequentes do que deveriam" porque a redação tinha certa afinidade ideológica com a esquerda.

Foi um excelente cala-boca para os esquerdistas que diziam que a imprensa é conservadora e que a perseguição contra a direita nos veículos de comunicação é teoria da conspiração. Não é, e as próprias redações de jornal assumem isso.

Apesar da admissão de culpa, também teve cutucada. A jornalista foi compreensiva com os autores da reportagem porque considerava normal tirar sarro de quem ocupa "o topo da pirâmide". Quem dera este humilde japonês preto e cabeludo representasse o topo da pirâmide. Fosse o caso, não precisaria pegar quatro busões e quatro metrôs, todos os dias, pra gravar comentários num estúdio escuro e abafado a troco de 600 reais — e olhe lá — por mês.

Mesmo assim, não é aceitável que alguém, apenas porque nasceu rico, seja desrespeitado, estigmatizado, ao manifestar uma opinião política. Só quem pode participar do debate público é quem nasceu pobre, quem passou fome? Você precisa ter uma história dramática de superação para ser capaz de desenvolver ações públicas razoáveis? Que diabo de formulação distorcida é essa? Existe pobre brilhante. Existe rico imbecil. E vice-versa. Classe social não é categoria de pensamento.

Apesar daquela vitória, a postura da imprensa para com o MBL, desde então, só pioraria.

* * *

Foi mais ou menos nessa época que larguei a faculdade de Economia na UFABC. Cercado de pessoas que nunca terminaram seus cursos e cada vez mais envolvido na militância política, não hesitei: no mesmo dia em que decidi, informei a universidade e protocolei os documentos necessários. Além da falta de tempo, o caráter, digamos, desinteressante das matérias também contribuiu para que tomasse a decisão.

Duas semanas depois, quando tive tempo para um final de semana em Indaiatuba, contei para o meu pai. Estava receoso. Para se ter uma ideia da rigidez de meu otou-san em relação aos estudos, uma vez, quando eu estava no ensino fundamental, fiquei em segundo lugar num campeonato de conjugação verbal. Cheguei em casa todo feliz:

— Papai, papai! Ganhei o concurso de conjugação verbal — falei, então uma criança fofa e sorridente.

— É mesmo? Que legal! Primeiro lugar? — questionou o Sr. Paulo Kataguiri.

— Não, segundo!

— Aaaah... — e uma tremenda cara de decepção fuzilou o japonesinho que, milésimos de segundo antes, pensara que o pai ficaria feliz.

Dado esse histórico, pensei que fosse brigar. Mas me surpreendi, e me surpreendi muito. O que meu pai levava a sério, levava a sério. Ele ficou alguns segundos calado. Quando falou, não foi para me reprovar. Ao contrário, apertou minha mão e disse:

— Muito bem, meu filho. Fico feliz que você tenha tomado essa decisão. Você sempre foi muito protegido pela sua mãe e acabou se tornando bem menos independente do que sua irmã. Tanto que escolheu cursar o ensino técnico e a universidade nos mesmos lugares que ela já tinha cursado. Tinha medo de que você nunca tomasse uma decisão sozinho. Parabéns, segue o seu caminho. Boa sorte.

Fiquei feliz. Pode ter certeza, porém, de que meu pai não falou no tom imaginado. Na prática, foi bem sem emoção, num tom de voz pacato e imutável, acompanhado de um rosto nipônico de aparente desinteresse que, afinal, herdei.

Para não ficar parecendo que meu pai era um japonês bravo e sisudo, vou narrar brevemente outro episódio de minha infância. Nessa mesma escola do campeonato de conjugação verbal, o Colégio Candelária — em Indaiatuba, no interior de São Paulo, cidade onde fui criado —, eu fiz uma coisa, digamos, inapropriada. No final das aulas, os alunos sempre disputavam para apagar a lousa. Pode agora parecer uma disputa boba, mas, para um moleque de 7 anos, o bagulho era louco. O pessoal quase saía no tapa para mostrar sua prestatividade à professora.

Um dia, em uma dessas contendas, quando tinha grandes expectativas de ser o escolhido, acabei preterido por um colega. Como ele era baixinho demais para apagar toda a lousa, recorreu a um banquinho. Indignado, não pensei duas vezes: fui lá e baixei as calças do infeliz na frente de todo mundo. O sujeito não sabia onde enfiar a cara. A professora ficou furiosa. Me levou para a diretoria e disse que ligaria para meus pais. Fiquei aterrorizado. *Putz, bem no finzinho da aula, era só eu não fazer nada e ir para casa. Agora já era, minha vida acabou... Meu Deus, por que é que fui fazer isso?*, pensava. O negócio ficaria ainda pior quando a diretora confirmou que telefonaria para minha casa. Congelei. Quinze minutos depois, meu pai chegou. A professora, revoltada, narrou o ocorrido como se relatasse a atuação de um terrorista no 11 de Setembro. Meu pai escutava tudo atenciosamente, calmo, silencioso, sempre com uma expressão aparentemente brava e insatisfeita. Quando ela terminou de contar, meu pai se manifestou:

— Ah, foi isso? Êêêêê! Esse meu moleque vive aprontando, né? — comentou, bagunçando meu cabelo de um jeito carinhoso.

A professora ficou boquiaberta. Não falou absolutamente coisa alguma. A diretora também ficou em silêncio. Um silêncio bem eloquente.

Fui feliz da vida para casa com meu pai, e sem entender bulhufas do que tinha acontecido. Anos depois, ao me lembrar dessa história, perguntei para ele por que não tinha me dado uma bronca.

— Ah, não ligo para essas coisas. Quando eu era criança e estudava junto com seu tio Ernesto, ele colocava até sapo na gaveta da professora. Quando cresceu, estudou e passou no ITA (Instituto de Tecnologia e Aeronáutica). O que importa é que você sempre tirava dez.

Assim era meu velho. Levava a sério o que tinha de ser levado, e debochava de todo o resto.

* * *

A escalação de nosso time se completou aos poucos. Em janeiro de 2015, recebemos um dos componentes que ajudaria, e muito, a quebrar a narrativa esquerdista.

Tudo começou na página do Paulo Batista, por meio da qual tivemos acesso a um vídeo em que um jovem comentava sobre o passe livre e questionava como aquela mágica funcionaria. A crítica estava muito bem-feita. Tinha boa linha de raciocínio e oratória já razoavelmente desenvolvida. Lembro de Renan falando:

— Pô, quem é esse negão que tá mandando ver aqui no vídeo? A gente precisa chamar ele pra cá, pra conversar com a nossa equipe. — E isso com aquela empolgação estratosférica típica, coisa de quem acabara de descobrir a solução para todos os problemas do universo — empolgação que Renan ainda tem, toda semana, quando que diante de algo diferente.

Não demorou muito para que conseguisse o contato e convidasse aquela figura diferentona para conhecer a gente. Quando ele chegou, fiquei olhando, de longe, só de canto, pretendendo analisar tudo com profundidade, mas, de fato, somente querendo observar superficialmente e com discrição, como costumo fazer. Vi o cidadão entrar e nada notei demais à primeira vista.

Era um sujeitinho de baixa estatura, pele morena e de cabelo curto. Vestia uma camiseta listrada, daquelas que se compra em lojas de departamento, e uma calça skinny, conjunto que me lembrava um integrante da banda Restart. Alexandre, pouco tempo depois, comentaria que o cara deveria ter um cabelo estilo black power. Ah, o Alexandre... Sempre querendo fazer as pessoas deixarem o cabelo crescer. E pensar que já caí nessa.

Alexandre enfatizaria, depois, que o garoto era mais estiloso que eu. Inclusive, recordo-me de ele me ter feito jogar fora minhas roupas porque simplesmente eram "inaceitáveis". E então me deu roupas que não lhe serviam mais, como se fosse uma espécie de primo mais velho. Gostei. Além de, secretamente, não ter jogado minhas roupas antigas fora — onde já se viu promover um desperdício daquele? —, ainda ganhara novas. Relação ganha-ganha para um muquirana como eu. Alexandre era como se fosse nosso estilista pessoal.

Enfim, o menino mal chegara e já começava a falar:

— Mano, eu admiro muito vocês. Eu acompanho o MBL desde os primeiros vídeos, memes e coisas pequenas. Vocês são muito bons no que fazem. Parabéns, mesmo! É uma honra estar aqui entre vocês — disse, escancarando aquele sorrisão branco que só quem já o viu pessoalmente conhece.

Minha reação mental foi imediata: *Ih, lá vem o puxa-saco*, e revirei os olhos.

Ele continuou:

— Ah, Kim, quero dizer pra você que aprecio especialmente o seu trabalho. Acho você muito inteligente e espero que possa me ajudar a ter essa sua agilidade de pensamento — falou, mais uma vez com aquele sorriso Colgate.

— Que é isso, rapaz!? Sou iniciante também. A gente se ajuda — minha boca disse isso, mas a mente pensava: *Ok. Dá pra dar uma chance pra ele.*

Depois de algum tempo conversando com o sujeito, enquanto eu ainda acompanhava a conversa um pouco desconfiado, Alexandre já começou a inventar:

— Ah, você será famoso! Vamos tornar você um grande homem! Será conhecido e terá o que quiser: mulheres, dinheiro, fama, poder e sucesso! Será o cara! — falou, fazendo vozes estranhas, como as de dubladores de super-heróis infantis. E, claro, acabou prometendo algumas coisas que não eram do interesse da figura, como descobriríamos mais para a frente.

O nome desse guerreiro, prestes a se unir a nós, era Holiday, Fernando Holiday. E ele apenas sorriu, balançando a cabeça positivamente, para não parecer que não estava achando Alexandre um doido completo. Mostrava-se de fato interessado no grupo, apesar de, estranhamente, ter dado várias pescadas no meio do papo. Devia estar com sono, coitado — pensei. Descobriria, posteriormente, que aquele era o estado natural permanente do rapaz.

Daí a gente inventou uma cerimônia pela qual ele teria de passar para ser admitido na turma, coisa do Alexandre mesmo. Por exemplo, o cara tinha dito que não gostava de café. Então, pedimos que virasse um copo grande de expresso superpuro, daqueles bem fortes e extra-amargos. Holiday estava decidido, porém. Pegou aquela canecona e virou de uma vez só. Terminou de engolir a última gota e ainda fez graça:

— Já. Não tem algo mais difícil, não? — sorriu, desafiando.

Talvez fosse melhor não ter provocado. Não lembro o autor da ideia, mas alguém olhou para uma das estantes do escritório e puxou o *Segundo tratado sobre o governo civil*, de John Locke. Empunhado o livro, apontamos na direção de Holiday e determinamos que só voltasse a nos procurar depois de ler o livro.

Foi tanto bullying e ritual para ele entrar que jurava que nunca mais o veria. Eu acompanhava a conversa e os desafios sempre um pouco distante. De longe mesmo. Não tinha muito interesse, inicialmente, em que Holiday ficasse conosco. Não que tivesse algo contra. Estava apenas indiferente, como de praxe. Via tudo pelo canto destes estreitos olhos asiáticos.

Só que a garra da pessoa era tanta que, dois dias depois, para nossa surpresa, ouviríamos algumas batidinhas na porta. Olhando pelo olho mágico, lá estava ele novamente, com o mesmo sorriso, o mesmo jeito, segurando o livro como se fosse uma Testemunha de Jeová pedindo licença para entrar. Será que já havia lido tudo?

Sim, o desgraçado havia lido mesmo. Fez um resumo oral e foi submetido a uma rápida arguição, para confirmarmos se não estava nos enganando. Tinha lido mesmo. De cabo a rabo. Impressionante! O cara realmente queria entrar no time.

Mais adiante, quando o potencial dele se desenvolvesse totalmente, nós veríamos o quanto aquela aquisição fora importante, derrubando todo meu ceticismo inicial. Um dos episódios que já de largada mostrou seu valor foi o de um dos vídeos que produzimos no canal de YouTube dele. Na época, o assunto "cotas", especialmente as raciais, ainda ocupava bastante espaço na mídia e no debate público, principalmente por causa da proporção que a coisa tomara, consolidando-se em provas como a do ENEM.

Um vídeo sobre o tema se tornaria relevantíssimo se fosse bem-feito e trouxesse argumentos sólidos. E foi isso que fizemos. Passamos algum tempo preparando o roteiro, gravando e editando. O impacto de haver um negro falando contra as cotas raciais e se opondo à narrativa vitimista que as popularizava era muito grande. De certa forma, ter um dos "oprimidos" negando a necessidade ou a razoabilidade das cotas era uma facada no coração da esquerda. Como assim um negro que não se sentia prejudicado pela dívida histórica que todos nós temos com os negros? Como diabos um negro se sentia livre para sair da senzala ideológica esquerdista? Quanta ousadia!

Não demoraria muito até que os guardiões da tolerância e dos direitos humanos da Unifesp — a universidade na qual ele ingressara, para cursar de filosofia — descobrissem o vídeo e tornassem a vida dele um inferno. Ameaçaram e o isolaram por bastante tempo. Faziam pressão para que desistisse do curso. Chegaríamos a um ponto em que ele estava praticamente proibido de entrar no prédio onde estudava.

Não bastasse isso, várias personalidades negras brasileiras passaram a detonar o Holiday em comentários, vídeos, textos etc. Acusavam-no de traidor, egoísta, negro a serviço da branquitude e tudo mais que o vocabulário esquerdista tinha a oferecer para rotular alguém que divergisse.

Todos estavam contra Fernando Holiday; menos nós. Nesse momento de ofensiva, nós o acolhemos como uma família. E não só isso. Planejamos o contra-ataque. Felizmente, não é lá tão difícil desmontar o discurso e a (tentativa frustrada de) argumentação da esquerda. Aproveitamos a falta de preparo dos adversários e respondemos às objeções e insultos que mais se destacaram e àqueles ataques feitos por pessoas de maior relevância midiática.

Cada resposta que Holiday dava a esses ressentidos representava milhares de novas curtidas e seguidores. O canal começaria a crescer. Ele, a ficar famoso. E os oponentes, a se acovardar. Talvez tenham visto que não mexia com amadores. Na verdade, estavam; mas com as ressalvas de que os nossos adversários eram mais amadores ainda e absolutamente desacostumados com "concorrência".

E foi assim que, em pouco tempo, Holiday passou a ter bastante força e popularidade na internet. Aliás, não só na internet. Com o crescimento do canal, logo seria possível ver as pessoas o reconhecendo na rua e comentando os vídeos e materiais que produzíamos.

Com o correr do tempo, passei a gostar pra caramba dele. Nunca senti qualquer clima de rivalidade entre nós. Nada que fosse negativo. As eventuais competições internas foram todas saudáveis, e eu até gostava delas. Sempre fui muito competitivo, principalmente com meus amigos e pessoas que admirava.

Holiday tem um bom coração, é bom no que faz e é esforçado. Pronto! Perfeito para nosso time e para ser, verdadeiramente, um amigo.

Depois, quando criamos mais intimidade, ele nos revelou que tinha, a princípio, vergonha de contar algumas coisas. Ao se abrir conosco, várias observações minhas passaram a fazer sentido. Eu notara que ele sempre tirava pequenos cochilos e, com frequência, parecia cansado. É que, como revelaria, morava na periferia de Carapicuíba. Tinha, pois, de madrugar, pegar ônibus e trem para, após longa viagem, finalmente, chegar ao nosso escritório.

Holiday é um batalhador e ninguém pode lhe tirar esse mérito. Sua entrada no grupo foi, para mim, uma tremenda lição de humildade. Fica aqui, publicamente, o registro de minha gratidão e de meu reconhecimento.

Mas que fique claro: embora ele seja o melhor orador do time, eu faço vídeos melhores.

* * *

Primeiro de janeiro de 2015. Queríamos começar o ano com os motores aquecidos. Passamos o chapéu entre empresários amigos e contratamos aviões — que passariam em praias de todo o país — com faixas em que se lia "Petrolão, ELA SABIA". Como era começo de ano, tempo de festas e férias, as praias estavam lotadas.

O principal impacto não viria da ação em si, mas da reação. Quando os aviões passavam, banhistas aplaudiam e sacavam seus celulares para filmar. Várias dessas gravações foram enviadas para a nossa página. Publicando o vídeo e assumindo a autoria da ação, fizemos com que algo que apenas algumas centenas de brasileiros haviam presenciado fosse assistido por milhões de pessoas no Facebook.

Além disso, fizemos uma "cerimônia de posse" na avenida Paulista, com direito a Dilma dentuça, Lula cachaceiro e até um Rolls-Royce alugado. O ato terminou num dos escritórios da Petrobras, na mesma avenida. Afinal, tínhamos de deixar bem claro do que os petistas estavam sendo empossados. O ato rendeu uma matéria na revista *Veja*. Nada mal para algo que, naquele momento, era mais uma página no Facebook do que um movimento de fato.

Dois de fevereiro de 2015. O renomado jurista Ives Gandra Martins publica um artigo na *Folha de S.Paulo* intitulado "A hipótese de culpa para o impeachment de Dilma", no qual demonstra, antes de qualquer um, que havia embasamento jurídico para um pedido de impeachment da presidente. Ele sustentou que a petista, por ter sido presidente do conselho de administração da Petrobras e Presidente da República, era responsável pela probidade da administração da companhia, que havia sido, nas palavras dele, "destruída, reduzida a sua expressão nenhuma".

Como a própria Dilma havia dito, se ela soubesse dos detalhes da negociação da compra da refinaria de Pasadena, no Texas, que causou prejuízo bilionário à Petrobras, não teria assinado o contrato. Ficara, então, comprovada a existência de omissão, imperícia, negligência ou imprudência, o que caracteriza culpa e, portanto, poderia fornecer embasamento jurídico para um possível pedido de impeachment.

O artigo, como dá para imaginar, nos deixou bastante empolgados. Não pedimos o impeachment de Dilma nas primeiras manifestações porque sabíamos que não havia embasamento jurídico para tanto e, diferentemente da esquerda, não colocamos nossos anseios acima da lei.

Tão logo tomamos notícia do artigo e o analisamos, começamos a falar bastante do assunto. Eventualmente, uma simples conversa de WhatsApp acabaria se tornando um debate sobre o impeachment. Chegou um ponto em que precisávamos saber se iríamos levar a sério ou não a ideia de que Dilma havia cometido crime de responsabilidade.

Em nosso grupo de WhatsApp, o clima estava mais ou menos assim:

Kim: Gente. Tenho plena convicção, desde que passei a estudar o artigo e a refletir sobre o assunto, que dá pra meter esse impeachment.

Alexandre: Hum... Pô, mas isso daí dificilmente vai rolar. Até convencer gente suficiente pra isso, já estamos na outra eleição.

Renan: Calma, a gente precisa ver isso devagar. Vamos estudar essa história.

Kim: Eu passei dias e dias estudando e analisando a argumentação jurídica do Ives e, pra mim, não tem pra onde correr. Deveríamos atacar o que diz lá à exaustão. Conversei com alguns amigos juristas meus e eles meio que concordam que a tese dele é boa. Não conseguiram oferecer nenhuma objeção consistente. Precisamos nos definir logo.

Pedro: Cara, é que, tipo... Eu dei uma olhada no texto e de fato faz muito sentido, mas a gente tem que ir plantando essa ideia aos poucos pra não confundirem a gente com pessoal que quer tirar o governo na marra. Vamos primeiro ver se a teoria não tem furo. A gente conversa com mais juristas e tal. Aí, a gente começa a falar do Ives, mostra os argumentos dele, faz vídeo sobre o assunto... Quem sabe até uma entrevista com ele e coisa assim.

Renan: Concordo, Pedro. Mas eu já estou achando que a tese do impeachment parece sólida mesmo. Talvez a gente já pudesse avançar logo pra esse ponto das entrevistas, divulgar os argumentos, suscitar o assunto nas redes sociais, fazer memes, vídeos etc. Talvez a gente nem precise se comprometer logo de cara dizendo que somos a favor da tese enquanto a gente avalia melhor o assunto entre nós.

Kim: Eu já me convenci. Tudo o que eu estudei me leva a essa conclusão. Está tudo muito amarrado. A mídia pode tentar passar pano dizendo que não é algo tão escandaloso, mas é porque eles já perderam o senso de realidade. Não basta estar na lei. Eles querem sentir que é errado ao invés de ler o que é errado. A gente não pode ficar se medindo por eles, não.

Rizzo: Se o Kim acha que tem base legal para isso, acho que temos de ser os mais claros e rápidos quanto for possível. Precisamos começar a martelar isso antes de qualquer outro movimento, mesmo que seja uma opinião impopular. No futuro, a gente vai estar conhecido porque, desde o começo, demos moral pra lei. É o certo e o melhor a se fazer, acho.

Renan: Ok, ok. Vamos rever os argumentos e ver se a gente encontra algum furo. Se ninguém encontrar nenhum problema até daqui a uma semana, e todos tiverem de acordo, já vamos passar a divulgar a ideia, ok? Isso aí que o Pedro disse.

Desde que passamos a falar do assunto, revisamos os argumentos e contra-argumentos pormenorizadamente. Mas tudo apontava para o impeachment. Não dava para fugir. Não havia furos. Tudo se encaixava perfeitamente.

Decisão final: ficaríamos do lado do impeachment. E, com segurança, posso dizer que talvez essa tenha sido a decisão mais importante que o MBL tomou em toda sua curta história. Isso porque eu, que ainda nem era estudante de Direito nem sabia que seria, já me achava — como ainda acho — um ministro do Supremo, e enchi o saco para que os outros comprassem a tese.

A partir do momento em que decidimos ficar do lado do impeachment, ou seja, do lado da lei, como acreditávamos, as coisas só melhoraram.

Reforço que, quando tomamos essa decisão, éramos minoria no país. Nós não surfamos no oportunismo. Nem daria para alegar isso dadas as circunstâncias e o tempo em que concluímos que Dilma tinha de cair. Nossa decisão foi a mais racional possível. E iríamos segui-la às últimas consequências.

Mas, como, infelizmente, a lei no Brasil não é muito levada a sério e o brasileiro já está acostumado com escândalos de corrupção monumentais, o caso Pasadena não chocou a população. As pessoas já estavam demasiadamente anestesiadas.

Líderes oposicionistas fizeram pouco caso do parecer do Dr. Ives Gandra. Afirmavam que não era nada substancial. Realmente, causar um prejuízo bilionário a um país com tantas deficiências como o Brasil não é nada. O que é um bilhãozinho? Já passamos por coisa pior, não é mesmo? Um Presidente da República assinar contrato sem ler? De boas, tudo tranquilão.

Apesar da empolgação, não convocamos uma manifestação imediatamente após lermos o artigo. Queríamos, antes, sentir a movimentação no Facebook para saber se havia clima para organizar um protesto.

Enquanto isso não acontecia, não fiquei parado. Comecei a divulgar a tese de que o impeachment era não só viável, mas necessário. Eu estava mais chato do que o usual nessa época. Falava disso toda vez que tinha a oportunidade, ainda que não fosse conveniente. Comentei sobre o assunto em jornais, textos da internet, rádio, programa de televisão etc. Foram meses e mais meses nessa toada.

Acho que, de todos do grupo, eu fui o primeiro a aderir convictamente à ideia. Talvez por isso estivesse tão insistente e repetitivo à época. E, toda vez que alguém tentava apresentar objeções à tese, eu tinha na ponta da língua respostas para qualquer argumento, de tanto que eu mesmo testei a coerência interna e externa dela. E, quanto mais estudava, mais convicto ficava.

* * *

Dias depois, percebemos que uma corrente começou a circular em um número monstruoso de grupos de WhatsApp. A mensagem criticava o aumento da passagem de ônibus, a crise hídrica e o governo federal, e convocava para uma manifestação, no dia 15 de março, contra os governos de Dilma e Alckmin.

Notamos que havia algo de estranho ali. O aumento da passagem de ônibus e a crise hídrica eram pautas de manifestações tipicamente de esquerda. Criticar o governo Dilma, por outro lado, era pauta de manifestações de direita. Foi então que começamos a analisar a dinâmica da política de outros países.

Na Grécia, o Syriza (sigla de Coligação da Esquerda Radical, em grego), partido de extrema-esquerda, como pode-se perceber pelo nome, ganhava força com um discurso crítico a uma velha esquerda que teria se rendido aos interesses do capital, tornando-se igual à direita. Na Espanha, o Podemos, também de extrema-esquerda, subia numa velocidade sem precedentes nas pesquisas eleitorais, ultrapassando o Partido Popular (PP), de centro-direita, e o Partido Socialista Operário Espanhol (PSOE), de esquerda. Seu discurso era muito similar ao do Syriza: críticas ferrenhas ao governo de esquerda, que teria quebrado o país em razão de políticas "neoliberais".

Paramos para pensar: qual partido no Brasil teria condições de se posicionar à esquerda do PT e dizer que o país quebrara porque o partido do governo havia traído suas raízes esquerdistas e se rendido ao "neoliberalismo" dos banqueiros? Resposta fácil: PSOL.

E parece que tínhamos um Sherlock Holmes entre nós. Pedro teve a brilhante ideia de investigar se essa nossa suspeita tinha lá algum fundamento. E isso sem lançar mão de coisas muito sofisticadas. Bastou ver o que as lideranças do PSOL explicitamente postavam por aí.

Nosso investigador simplesmente decidiu analisar o comportamento de lideranças do partido nas redes para tentar encontrar alguma similaridade com o discurso da nova esquerda europeia. Em poucos minutos, encontrou uma série de tweets em que a ex-candidata à Presidência da República Luciana Genro criticava as "políticas de austeridade" do PT e sustentava um populismo ainda mais esquerdista. Bingo!

Para impedir uma ascensão da extrema-esquerda no Brasil, decidimos atuar para esvaziar o discurso isentão — que não passava, e até hoje não passa, de um esquerdismo velado — que convocava para o ato.

Aproveitamos a legitimidade e a audiência que obtivemos com as manifestações que organizamos no final de 2014 e convocamos a manifestação do dia 15 de março, tendo, pela primeira vez, o impeachment como pauta principal.

Uma história legal merece destaque aqui. No dia em que recebemos aquelas correntes em grupos de WhatsApp, eu, Renan e Paulo Eduardo Martins iríamos visitar o jornal *O Estado de S. Paulo*, o *Estadão*. Mas tive de cancelar minha ida, pois a equipe do site IG pediu uma entrevista comigo e preferi atendê-los. Eles foram sem mim.

Foi nesse momento, ao nos separarmos, que notamos que os grupos virtuais estavam sendo bombardeados com a corrente que chamava para o ato. Foi quando Renan me mandou uma mensagem, desesperado: "KIIMMMM, a gente precisa URGENTEMENTE estampar essa manifestação com a nossa cara. Não pode virar um outro 2013 esse troço! Temos que dizer que essa convocação é NOSSAAA".

O mais legal de tudo foi a sincronia. No mesmo momento em que estávamos discutindo isso, na hora da mensagem do Renan, o pessoal do IG me perguntou:

— E aí, Kim? O que você acha dessa convocação que estão divulgando nas redes?

E eu, que, milésimos de segundo atrás, estava olhando para baixo, lendo as mensagens do grupo, quase dei um pulo do sofá para responder:

— A convocação é nossa! É o MBL que está chamando o pessoal para as ruas. Inclusive, se você recebeu essa corrente hoje, saiba que somos nós que estamos organizando tudo!

A partir dali, foram semanas de trabalho intenso. Entregamos panfletos, colamos lambe-lambes em postes, usamos megafones para fazer convocações em estações de metrô, aproveitamos cada notícia ruim sobre o governo para produzir vídeos e fomos xingados por petistas na rua Augusta. Tudo para fazer com que o protesto fosse o maior possível.

Várias e várias vezes nós penduramos faixas nos viadutos da Marginal Pinheiros pensando: *Caralho! Aqui é perfeito! Milhares de pessoas verão essas faixas hoje.* Mas a felicidade durava pouco. No dia seguinte, a prefeitura mandava tirá-las. O que fazer? Colocar de novo no dia seguinte. E lá ia a prefeitura novamente. E a gente insistia. O segredo é esse: encher o saco.

Quando colávamos lambe-lambes em ruas frequentadas pelo pessoal mais descolado, alternativo e legalzão, eram rasgados em questão de horas. Desenvolvemos, então, uma técnica muito interessante: sempre que tínhamos de fazer colagens nessas ruas lacradoras e desconstruídas, subíamos uns nos ombros dos outros e colocávamos os cartazes na maior altura possível. Deu certo. Nossos queridos amigos empoderados tiveram de passar semanas vendo seus feudos divulgando uma manifestação coxinha.

Demoramos, porém, até encontrar o ponto certo de grude dos lambe-lambes. A gente teve de ir ao YouTube procurar a receita. Tem toda uma técnica de proporção entre água e cola, e sobre como misturar para fazer a coisa ficar boa. Aliás, aprendemos também que a melhor forma de fixar bem um lambe-lambe é colá-lo em cima de outro cartaz, de preferência seco e já um pouco velho. Papel colado em cima de papel tem melhor aderência. Conhecendo todas essas técnicas avançadíssimas para o aumento da durabilidade dos lambe-lambes nos postes, saímos caçando pôsteres e cartazes do PSTU que já estavam bem colados e colocávamos os nossos por cima. Nada mais justo. Os nossos eram bem mais bonitos.

E não tinha isso de alguém deixar de fazer o trabalho duro. Todo mundo tinha de ralar. Mesmo o pessoal na liderança ia panfletar. Pela manhã fazíamos vídeos, articulávamos contatos e trabalhávamos no escritório. Mas à tarde e à noite, ia todo mundo colar lambe-lambe. Eu e Holiday viramos mestres.

Essas eram estratégias em nível mais popular. Mas não podíamos ficar restritos ao boca a boca. Paralelamente, também estávamos esquentando o clima na imprensa. A ideia era gerar polêmica o tanto quanto fosse possível e suportável. Era uma forma boa de chamar a atenção e divulgar tanto o MBL quanto o 15 de março.

Um detalhe: nós não tínhamos dinheiro! Era tudo muito contadinho. Mesmo assim, a imprensa vivia à nossa procura. Acredito que não só porque a gente fazia a polêmica que dava audiência, mas porque muitos queriam me pegar em contradição ou sem resposta. Só que eu já sabia como esse pessoal trabalha. Sempre fui muito preparado para me safar em qualquer ocasião. E, enquanto a gente conseguisse ser o movimento mais documentado pela mídia, mesmo sendo o mais carente em recursos, estaria de bom tamanho.

Éramos todos pobres, mas famosos.

* * *

Percebemos que o *awareness* em torno da manifestação crescia exponencialmente. Pessoalmente, confesso que fiquei até um pouco obcecado em relação ao engajamento do protesto. Na padaria, no restaurante, no táxi, no posto de gasolina, na fila do banco, todos os dias e em todos os lugares eu perguntava: "Você está sabendo da manifestação do dia 15?"

A duas semanas do ato, o resultado de nosso trabalho já era espantoso: segundo dados do DataKim, oito em cada dez pessoas (com quem eu falava) estavam sabendo do protesto. Seis em cada dez diziam que, com certeza, iriam. Ficava cada vez mais claro que o protesto seria, no mínimo, maior do que todos os outros que já havíamos organizado.

O ascendente desastre econômico contribuiu para a mobilização. A maioria das pessoas que me confirmara presença estava desempregada ou muito insatisfeita com a inflação gigantesca e o aumento no preço da gasolina.

Vale ressaltar, mais uma vez, que o MBL foi o primeiro movimento a pedir o impeachment de Dilma Rousseff. Justamente por isso entramos em atrito com o Vem Pra Rua, que estava fazendo chamadas genéricas, convocando o povo às ruas "contra a corrupção". Ora, todos são contra a corrupção! Até Lula, Dilma, Renan Calheiros e Maluf se dizem contra a corrupção. Protestar contra a corrupção é o mesmo que protestar a favor da paz mundial. É inócuo. Não éramos candidatos a Miss Universo; éramos militantes políticos. Não queríamos que as nossas manifestações defendessem pautas dispersas e vazias para não obter o mesmo resultado dos protestos de junho de 2013: muita gente, nenhuma reivindicação clara e nenhuma vitória. É preciso dar um nome, um endereço, um CPF para que o objetivo seja facilmente identificado e haja clareza em relação aos avanços e recuos da pauta.

Infelizmente, contudo, o Vem Pra Rua decidiu manter o discurso genérico de combate à corrupção, ficando em cima do muro em relação ao impeachment. As consequências dessa atitude ingênua logo ficariam evidentes. Falarei a respeito mais adiante.

Quando a divulgação ficou grande demais para ignorar, começaram a sair as primeiras notícias na imprensa. Poucos dias antes da manifestação, a *Folha de S.Paulo* convidou o MBL a escrever um artigo para o jornal. Escrevi um texto, junto com Renan, intitulado "Leviatã Agonizante", no qual desenhamos uma breve descrição sobre o cenário político de então e convocamos a população para o protesto do dia 15.

É até interessante reproduzi-lo aqui, para que o leitor tenha mais noção do que estávamos falando:

> O Brasil é um país curioso. Em sua ânsia de levar-se a sério, de atribuir ares de grandeza e reverência a sua condição, acaba por tratar toda sorte de farsantes, loucos e incapazes com imerecida dignidade, ignorando sua essência em prol de uma autoimagem reconfortante. Elegemos Eike Batista campeão nacional, debatemos Guido Mantega em painéis de economia e cogitamos que Lula pudesse resolver conflitos históricos no Oriente Médio.
>
> Podemos, ademais, nos orgulhar de nossa altíssima carga tributária. Coisa de Primeiro Mundo, diriam alguns. A Suécia é aqui!
>
> A realidade, porém, é implacável, trazendo contornos de ópera-bufa para a epopeia brasiliana. Adotamos o caminho do populismo macroeconômico e legamos a gestão do país a um marqueteiro político.
>
> Perdoamos a dívida de ditadores africanos enquanto achacamos o pequeno e médio empresário nacional. Homicídios em escala industrial convivem com a obsessiva escavação de cadáveres da ditadura. E os escândalos de corrupção na maior estatal do país, obras-primas da gatunagem, nos surpreendem dia a dia com sua elegante simplicidade e seus números vultosos.
>
> A Petrobras é uma verdadeira Apple da picaretagem governamental e a Dilma, nossa gerentona, a Steve Jobs da incompetência.
>
> Nesse contexto, surge um movimento não só de reação mas de proposição. Não é oficialmente oposição, mesmo porque no Brasil tudo que é oficial tende a ser inconsistente. Nem o tipo de oposição com que

o governo se acostumou a lidar, tímida e desorientada. É oposição de fato, calcada em ideias e anseios de quem trabalha e produz.

Atrás de seu escudo está a República, acuada pelos cínicos mandatários que hoje enfrenta. E a ponta de lança está afiada pela liberdade, que anseia desbravar esse território no qual nunca esteve presente.

O Movimento Brasil Livre quer perfurar esse portentoso e aparentemente indestrutível elmo que dissocia corrupção de modelo de Estado. Elmo este que foi forçosamente colocado na cabeça dos brasileiros por incontáveis burocratas ao longo dos séculos. Enquanto ele estiver intacto, a falsa ideia de que o problema da corrupção está apenas nos governantes se perpetuará, e continuaremos a viver o mesmo teatro eternamente.

Quanto maior for o Estado, maior será o poder dos canalhas que o controlam e maior será a oferta para aqueles que querem comprar sua influência. Mesmo que possuíssemos um computador milagroso que detectasse todos os burocratas mal-intencionados e os prendesse de pronto, o problema ainda não estaria resolvido. O Estado continuaria poderoso e, como a História já nos mostrou, um idiota bem-intencionado pode causar tanto ou mais estrago que um gênio corrupto.

O principal objetivo do movimento, no momento, é derrubar o PT, a maior nêmesis da liberdade e da democracia que assombra o nosso país. Mas o leitor que não se engane: uma vez derrubado esse colosso do estatismo, ainda haverá muito trabalho a fazer. Querendo ou não, o Estado continuará gigantesco, e isso não é culpa apenas do PT.

Nossa sociedade dorme em berço esplêndido há séculos, e sua babá sempre foi o Estado. Enquanto existir a mentalidade de que precisamos de um governo que seja nosso pai, nossa mãe e nosso neném, o Movimento Brasil Livre manterá sua lança afiada.

Convocamos todos os brasileiros às ruas, no dia 15 de março, para defender a República desse bando de saqueadores instalados no poder. Às ruas, cidadãos! Resgatemos não apenas nossos mais profundos valores liberais, herdados de Tiradentes e Joaquim Nabuco, mas, acima de tudo, nossa própria sanidade após anos de mentiras, truques e falsas ilusões.

Pouco tempo depois, o então deputado e eterno ex-BBB Jean Wyllys (PSOL) criticou a *Folha* por ter me convidado a escrever um artigo. No programa *Havana Connection*, uma tentativa caricata e malfeita de contrapor o *Manhattan Connection*, o nobre parlamentar ficou indignado com o espaço concedido pelo jornal para "um garoto de 19 anos, de 19 anos! Um analfabeto político que defende um Estado microscópico e toda essa ideologia ultraliberal".

Decidi, então, fazer um vídeo mostrando todos os projetos relevantes aprovados pelo ilustre representante do povo em seus mais de quatro anos na Câmara dos Deputados: nenhum. Depois de apontar algumas de suas infinitas incoerências, convidei o excelentíssimo congressista a debater comigo a situação do país e possíveis soluções. Afinal, iluminado que é, conseguiria facilmente desmascarar a superficialidade do moleque farsante que estava querendo derrubar uma *presidenta inocenta* democraticamente eleita com 54 milhões de votos.

O vídeo teve mais de 45 milhões de acessos, o mais visto em toda a trajetória da página do MBL. A resposta da excelentíssima autoridade da República, entretanto, foi postar em sua página uma foto da Kim Kardashian com a frase "Amamos Kim".

Apesar da demonstração de maturidade do respeitável senhor, o convite continua de pé. E aí, Jean, quando você vai topar?

* * *

15 de março de 2015. O dia da manifestação finalmente havia chegado. A GloboNews mostrava a avenida Paulista — às 10h — e dizia que o protesto estava "esvaziado". Realmente, àquela altura, apenas algumas centenas de pessoas estavam presentes. Talvez porque o ato estivesse marcado para as 15h...

Às 14h, a Paulista já estava lotada. Fomos pegos de surpresa. Sabíamos que seria grande, mas não imaginávamos que seria tão gigantesco.

Dezenas de milhares de manifestantes se juntaram ao redor dos dois caminhões de som que havíamos alugado.

A manifestação não havia começado bem só em São Paulo. Em vários outros estados os resultados foram bem expressivos. A propósito, foi em função dessa data que os núcleos do MBL de todo o país passaram a se estruturar melhor. Como precisávamos de representantes oficiais por todo o país, estava na hora de abrirmos seleções internas, guiadas por nós, para que as manifestações pudessem ocorrer.

Nesse período, nós fizemos muitas entrevistas. Muita gente estava interessada em ser uma extensão do movimento. Só que não dava para contar com qualquer um. Fizemos uma triagem e encontramos um bom número de liberais e conservadores para compor o MBL de diversos estados. Nossa meta era conseguir manifestações em pelo menos 150 municípios.

Essa seleção deu muito trabalho — não só para escolher, mas para ensinar o pessoal. A gente precisava explicar o básico, como o que fazer para dar entrada na Polícia Militar e obter permissão para esse tipo de evento, onde conseguir um bom carro de som, como reunir gente etc. Mas deu certo.

E não foi só a gente que cresceu nesse período. O Vem Pra Rua também ficou muito forte e famoso como movimento político. Aliás, vale dizer que, apesar das divergências, temos um bom relacionamento. O VPR conseguiu mobilizar muita gente também. Lembro que até conseguiram gravar uns vídeos com artistas da Globo para divulgar a manifestação.

Nós e o Vem Pra Rua, diferentemente do Revoltados Online, não nos prendemos a pessoas. As manifestações, os vídeos e os materiais que produzíamos não dependiam de um líder, pensador ou figura pública específica. Fizemos questão de que o próprio público se sentisse protagonista de tudo. O MBL não tem dono. E a manifestação, ainda que organizada por nós, tampouco deveria.

* * *

COLOCANDO O BLOCO NA RUA

Ao chegarmos à manifestação, encostamos nosso caminhão no Masp. Estávamos meio atônitos porque não fazíamos ideia de que a adesão seria tão grande.

Tivemos a precaução de colocar dois caminhões de som, um para nós e o outro para ser repetidor e servir de plataforma para os veículos de imprensa fazerem gravações. Não tínhamos como contratar caminhões enormes como os do Vem pra Rua e do Revoltados Online, já que o recurso era escasso.

Eu sempre tinha a sensação de que éramos vistos com desconfiança; todos nos encaravam com um olhar estranho. Talvez fosse por causa das polêmicas, talvez por causa da orientação de algum dos líderes; sei lá. Só sei que nos seguiam com olhos de cuidado.

Mas, a despeito disso, comecei a caminhar para ver como estava o clima. Não passou muito tempo e percebi que os caminhões do Revoltados Online e do Vem pra Rua, na maior parte do tempo, tocavam apenas música. Tocavam "Que país é esse?", do Legião Urbana, e "Vem pra Rua", do Rappa. As músicas eram intercaladas, por vezes, por alguns discursos. E basicamente essa era a manifestação deles.

Quando voltei, comentei com Renan:

— Nossa! Isso aqui está parecendo uma micareta... Que coisa é essa?

A gente se reuniu e decidiu: *Nós vamos passar cinco horas discursando aqui. Vai ser só no gogó. Não vai ter nada aqui de ficar fazendo musiquinha.*

Nas horas que se seguiriam, eu, Renan, Holiday e Rubinho nos revezaríamos no microfone. Um desafio e tanto, já que não haveria musiquinha para ajudar. A gente iria simplesmente improvisar, criticar e criar falas envolventes.

Holiday foi o primeiro a falar naquele dia. Ele começou a discursar e ninguém acreditou na excelente qualidade da oratória. Parecia que tinha treinado anos. Ficou simplesmente incrível! Depois disso, Renan me cutucou e disse:

— Já sabemos quem é o melhor orador do grupo, né? — deu uma debochadinha.

Se me senti desafiado? Claro! Mas não esquentei a cabeça. Ainda haveria cinco horas de falatório e eu sabia que não poderia deixar por isso mesmo. Não era uma competição de rivais. Um só estava inspirando o outro a ficar melhor. E os maiores beneficiados com isso, obviamente, eram as pessoas da plateia. É como no mercado: quem mais sai ganhando na livre concorrência é aquele que assiste a esse espetáculo.

Palavras bonitas, né? Tudo mentira. Era uma competição entre rivais, sim.

Fomos perdendo a voz e outras pessoas — algumas com discursos muito malucos, mas muito malucos mesmo — foram subindo para falar. Mas, com a prática, a gente conseguiu manter uma multidão nos ouvindo durante as cinco horas, até o fim. A ponto de o nosso caminhão ter ficado na Paulista até às 20h, quando todos os outros já tinham ido embora.

Só parávamos para cantar o hino nacional ou para animar o pessoal com coros do tipo "Quem não pula é comunista!" Deixávamos bem claro que, embora o pedido de impeachment estivesse no centro, não era simplesmente um protesto anti-Dilma ou anti-PT. Defendíamos a privatização da Petrobras, a diminuição da burocracia, uma reforma política com voto distrital e parlamentarismo, o fim do fundo partidário, a diminuição de gastos públicos e de impostos, investigações no BNDES, revisão do pacto federativo etc. Nosso objetivo não era apenas abalar o governo. Era iniciar um processo de mudança na política brasileira.

Outro ponto que vale ser ressaltado é o de que sempre deixamos bastante claro que corruptos de todos os partidos deveriam ser punidos, mas que o PT foi o único partido na história da política brasileira a não utilizar a corrupção apenas para encher o bolso de seus líderes, mas como um método de governo. Na prática, o que o partido fez foi fechar as portas do Congresso na base da propina, aprovando projetos sem o mínimo de debate ou diálogo com os parlamentares.

Entrando em completa contradição com o discurso de combate à corrupção e defesa da democracia, o PT implantou uma verdadeira ditadura da propina. Os estragos causados à República foram muito mais graves do que o assalto aos cofres públicos. Os governos petistas mostraram que uma caneta pode danificar tanto a democracia quanto um tanque em frente ao Congresso.

* * *

O tempo foi passando e o protesto só aumentava. Olhava para a frente, e não era possível enxergar o fim do mar de verde e amarelo. Olhava para trás, idem. No meio do turbilhão de mensagens no celular, recebi uma foto aérea da manifestação. Fiquei extasiado. Não era possível ver nem um centímetro quadrado sequer que não estivesse tomado de manifestantes. Nunca havia visto coisa igual. Aliás, ninguém jamais havia visto coisa igual. Estávamos diante de um dos maiores protestos da história do país.

Lembro-me de que, em um dos meus discursos, repudiei a postura frouxa do PSDB, que queria deixar "o PT sangrar". Deixei bastante claro: não queríamos que o PT sangrasse até 2018, porque isso significaria sangrar o Brasil. Deveríamos, na verdade, "dar um tiro na cabeça do PT".

Como se pode imaginar, a declaração gerou confusão nas redes sociais. "Olha lá! Não disse? Esse japonês é um fascista, um criminoso. Quer atirar em quem discorda dele! É um assassino!" Só se esqueceram, ou preferiram se esquecer, de um detalhe: como diabos eu poderia dar um tiro na cabeça de uma pessoa jurídica?

Olhando em perspectiva, porém, considero que passei do ponto. A forma qualifica o conteúdo. E não sei até que ponto a natureza virulenta de declarações como essa — mesmo precedida por verborragia ainda mais virulenta de nossos opositores — colaborou para a ruptura definitiva de certas pontes.

COMO UM GRUPO DE DESAJUSTADOS DERRUBOU A PRESIDENTE

* * *

O sentimento de todos que estavam no caminhão de som do MBL era o mesmo: conseguimos. A nossa mensagem havia atingido a população. Mudamos o país.

Mais ou menos às 18h, ficamos sabendo que o governo faria um pronunciamento. Peguei o microfone na hora:

— Pessoal, acabou de sair que a Dilma vai falar na TV! Será que vai renunciar?

Todos foram ao delírio:

— Pede pra sair! Pede pra sair!

Apesar de ter tido a cautela de perguntar sobre se ela renunciaria, o que eu conversava com os outros coordenadores era que só podia ser renúncia. Afinal, o governo não faria um pronunciamento oficial à toa. Tampouco era impossível imaginar que Dilma iria à TV para parabenizar os manifestantes.

A manifestação acabou. Todos ficamos 1000% ligados no celular para saber o que seria dito no pronunciamento. Para a nossa surpresa, não era Dilma a falar, mas os ministros José Eduardo Cardozo (Justiça) e Miguel Rossetto (Desenvolvimento Agrário).

Foram mais de dez minutos de blá-blá-blá que podem ser resumidos em: "As manifestações foram absolutamente democráticas e legítimas, mas só coxinha da elite paulistana protestou. O povo não bateu panela porque o PT colocou comida na panela do pobre."

Decepção. Nosso sentimento "revolucionário" foi para o buraco. Nem mais de 1 milhão de pessoas nas ruas foram capazes de abalar o governo de Dilma Rousseff.

Aí estava a consequência desastrosa do discurso adotado por movimentos como o Vem Pra Rua. O governo petista aproveitou a narrativa de que os protestos eram genericamente "contra a corrupção" e anunciou um pacote de medidas... contra a corrupção. Ora, quem poderia imaginar que até os petistas teriam a cara de pau de dizer que combatem a corrupção, não é mesmo?

Detalhe interessante: Dilma adotou exatamente a mesma estratégia de Lula durante o escândalo do Mensalão. O ex-presidente também convocou a imprensa para anunciar um pacote de medidas anticorrupção. Depois desse tal pacote, veio o Petrolão. Deu muito certo, né? Para o PT.

Mas o pior foram os dias seguintes. Diversos setores da imprensa catalisaram o discurso infantil de lideranças petistas de que os defensores do impeachment queriam um "terceiro turno".

A postura da oposição foi ainda mais lamentável. Lideranças de oposição afirmavam, em entrevistas, que não havia "momento para impeachment", para a alegria dos petistas, que não havia "embasamento jurídico" para a denúncia.

O senador Aloysio Nunes (PSDB), que havia sido vice na chapa de Aécio Neves, posicionou-se contra o impeachment, dizendo que preferia deixar Dilma "sangrar" até 2018 e que a então presidente era uma "pessoa honrada" e "não poderia ser comparada a Collor". Hoje, depois das delações da Odebrecht e da JBS, parece piada. Na época, foi trágico. Era a oposição adotando um discurso mais governista do que o próprio governo.

Aliás, sejamos justos: Dilma realmente não podia ser comparada a Collor. Perto dos escândalos envolvendo a petista, o caso do ex-presidente equivale ao furto de uma galinha. Collor, hoje, seria julgado no Juizado de Pequenas Causas.

O posicionamento do senador tucano expunha a situação confortável do PSDB. O salário de todos os deputados e senadores do partido cairia nas contas todo mês, independentemente do que acontecesse com o país. Brasília é um mundo paralelo. Nunca está em crise. O mesmo não se pode dizer sobre o resto do país. Cada dia de Dilma Rousseff no poder era mais um com milhões de desempregados, inflação de dois dígitos, gastos públicos estratosféricos e propina no bolso da base aliada. Sabíamos que o país não aguentaria mais quatro anos de petismo.

Passamos, então, a criticar incisivamente a oposição. Deixamos bastante claro que as principais lideranças do PSDB só estavam se preocupando com as próximas eleições, a situação do país claramente em segundo plano. O pior é que, com essa mentalidade oportunista, estavam adotando uma estratégia que já tinha se provado ineficiente no escândalo do Mensalão. O discurso era o mesmo: *Não vamos entrar com pedido de impeachment. Vamos deixar o PT sangrar. Nas próximas eleições o brasileiro aprende a votar.* O resultado: Lula se reelegeu e elegeu uma sucessora que mal consegue formular uma frase com sujeito e predicado. Os caciques tucanos se tornaram verdadeiros especialistas na arte de perder eleição. Geraldo Alckmin chegara até a realizar a proeza de conseguir menos votos no segundo turno do que no primeiro.

Foi nesse contexto que decidimos convocar a manifestação de 12 de abril. O Vem Pra Rua foi contra desde o início. Seus líderes, por alguma razão, estavam preocupados com a "instabilidade política". Decidimos pressioná-los de maneira mais incisiva nas entrevistas que concedíamos e nas nossas postagens. Dizíamos que estavam adotando a linha do PSDB, seguindo a liderança de uma oposição fracassada, que havia abandonado o país em nome de um projeto eleitoral.

Cederam rapidamente. Suas bases, como a maioria da população brasileira, estavam ávidas por mudança e não aceitariam ficar paradas. A pecha de tucanos também incomodou bastante, como deveria.

Esta manifestação foi tão eletrizante quanto a anterior. Novamente, centenas de milhares de pessoas tomaram as ruas de verde e amarelo, mas, dessa vez, todos os movimentos exigiam o impeachment.

Além disso, organizamos protestos em um número muito maior de cidades. A visibilidade das manifestações do dia 15 foi essencial para que conseguíssemos ter coordenadores em cerca de 170 municípios.

Apesar do avanço no discurso e na ramificação, os protestos foram menores. Não tenho dúvidas de que isso se deu em razão da postura cínica do governo e do posicionamento frouxo, praticamente adesista, da oposição. O sentimento popular estava claro: "Se nem colocando mais de um milhão de pessoas nas ruas a oposição cumpre o seu papel, de que adianta eu sair de casa em uma segunda manifestação?"

Ao contrário dos militantes de esquerda, a população comum, formada pelo seu João e pela dona Maria, não protesta por utopias. Não é idealista; é pragmática. Se protesta e não obtém resultado imediato, desanima. O cidadão comum não vive de política. Na verdade, a política, para ele, é uma pedra no caminho. Ele prioriza, como deve priorizar, a própria vida, o sustento da própria família, as dificuldades do dia a dia. Nesse ponto, estávamos em grande desvantagem: não tínhamos um sonho coletivo, um motor metafísico para mobilizar manifestações frequentemente.

Essa diferença fica bastante clara quando pensamos, por exemplo, nos protestos do Movimento Passe Livre. Na vida, temos duas certezas: a primeira é a de que vamos morrer; a segunda é a de que em todo início de ano haverá manifestação pedindo "passe livre" com black bloc promovendo quebra-quebra.

A militância bovina pode até não saber que o tal "passe livre", o busão público, gratuito e de qualidade para todos, é impossível e nunca será realidade, mas as lideranças, sem a menor sombra de dúvida, sabem. E, com esse conhecimento, criam uma estética, um *lifestyle* em torno dessa utopia; para que seja atraente, legal, e para que o meio em si — uma manifestação com quebra-quebra — seja motivo suficiente para mobilizar a militância.

Quem milita por um sonho pouco se importa com os resultados. E é justamente por isso que as esquerdas são melhores em organizar grupos de pressão resilientes e em pautar o debate político. Sua militância está sempre de prontidão. Lotar as galerias do Congresso Nacional é tarefa fácil. Afinal, para a militância vermelha, lutar pela causa é um sacrifício prazeroso.

COMO UM GRUPO DE DESAJUSTADOS DERRUBOU A PRESIDENTE

* * *

Para aumentar a pressão em cima da oposição, o foco de nossos discursos foi criticar os partidos e lideranças que haviam se colocado a favor da manifestação do dia 15 de março, mas contra o impeachment. Foram mais atacados do que o governo, por uma excelente razão.

Imediatamente após o fim do protesto, fomos fuzilados pela imprensa. "Protestos pelo impeachment perdem força", "Governo comemora queda de adesão nas manifestações" etc. Os repórteres já nos ligavam, felizes e saltitantes, dando o impeachment como morto e enterrado.

O melhor era assistir aos analistas políticos da GloboNews dizendo que a queda no engajamento das manifestações significava um aumento de simpatia pelo governo. Eita governo popular que bate recorde negativo de popularidade! Morro de curiosidade de saber onde é que esses "especialistas" da imprensa se formam. Deve ser em alguma faculdade do Projaquistão.

No final da manifestação, quando todos os outros caminhões já haviam ido embora, o público remanescente se aglomerou ao nosso redor. Muitos ficaram, como nos disseram depois, porque jamais tinham ouvido críticas como as nossas. Algo era diferente. Não foram só as cinco horas falando sem parar que impressionaram, mas o conteúdo das críticas ao PSDB.

Talvez por causa do nosso fôlego e da inovação, um jornalista do *Estadão* se aproximou para entrevistar Renan e a mim, dando ênfase nos ataques que fizemos ao partido.

Era um rapaz bem-educado. Pediu permissão para falar conosco e fez várias perguntas. Entre elas, me lembro de uma:

— Gente, como é que vocês aguentaram ficar tanto tempo discursando?

Simplesmente não sabíamos. Recebemos forças do além.

Projetando o futuro e medindo os próximos passos, sabíamos que, se convocássemos outra manifestação, seria ainda menor. Tínhamos de pensar em algo diferente, que demandasse menos mobilização popular, mas, ao mesmo tempo, causasse um impacto político maior do que as gigantescas manifestações de 15 de março e 12 de abril.

Foi então que iniciamos a empreitada mais maluca da história do movimento — e provavelmente das nossas vidas.

CAPÍTULO VI
A MARCHA PELA LIBERDADE

por Renan Santos

Eu podia compreender inteiramente o que meu pai dizia naquela noite de abril, véspera da manifestação do dia 12, quando afirmara que a sequência de protestos contra o petismo, liderada por nós e os demais grupos, poderia cair por terra diante do colosso político representado por Brasília.

    O jogo era por demais complexo. O petismo e a imprensa adesista fariam de tudo para minimizar os atos. O PSDB de Aécio Neves e José Serra tinha chegado a um consenso como o partido jamais alcançara à véspera de uma eleição — para eles, o impeachment seria "golpe", e toda nossa luta era tomada por vicissitudes que eles eram incapazes de controlar. Por último, na fauna dos movimentos políticos ascendentes, as teses e soluções variavam do impeachment por crime de responsabilidade, por nós defendido, até uma espécie de junta militar liderada por Moro, que chegaria ao poder através de uma "intervenção constitucional" com apoio popular. As megamanifestações, por nós iniciadas, tornaram-se uma gigantesca Torre de Babel, onde cada um falava uma coisa e ninguém se entendia.

O Vem Pra Rua, movimento que rivalizava conosco pelo controle da narrativa principal, permanecia defensor da tese do "combate à corrupção", como se pudéssemos, com nossa boa vontade, derrotar inimigos de carne e osso bradando contra substantivos abstratos. À época, já dizia: *Não há substância quando se combate abstrações...* Sabíamos, desde o início, que o processo não seria fácil. Havíamos nos decidido por uma abordagem mais agressiva, e dela não iríamos recuar. A luta contra o projeto de poder orquestrado pelo petismo não poderia ter trégua, volta ou quartel.

Não fazíamos isso por termos lido *A arte da guerra* ou algo que o valha; fazíamos porque era degradante demais adotar um comportamento tucano no combate ao partido político que pretendia nos destruir enquanto nação. Éramos pessoas de outra natureza. Diferentemente do Vem Pra Rua, somos em geral jovens e de classe média. O padrão se repetia ao longo das dezenas de filiais do MBL espalhadas pelo Brasil. Não tínhamos como fugir para outro país. Estávamos todos fodidos.

Ao mesmo tempo, tínhamos que lidar com a responsabilidade gigantesca de conduzir um processo político singular, sem precedentes na história brasileira, com uma infraestrutura absolutamente precária: os computadores eram horríveis e a equipe trabalhava praticamente de graça. Recém-incorporados ao escritório, Rafael Rizzo e Caíque Mafra trabalhavam de forma espartana, ao passo que Alexandre fazia mágica com as raquíticas doações que recebíamos por meio de crowdfunding. Eram tempos de muita empolgação, esperança e vacas magérrimas. Verdadeiras bovinas anoréxicas.

É complicado ilustrar como nos sentíamos à época. Havíamos saltado de uma derrota eleitoral no pleito de 2014 para ser um grupo político em ascensão, responsável pelas "maiores manifestações da história do país". Kim e Holiday, agregados ao time, eram os rostos e as vozes mais emblemáticas de todo o processo. Nossas entrevistas rendiam cliques para as publicações que nos cobriam; jornalistas internacionais marcavam conversas semanalmente para entender o "estranho grupo de liberais" que fustigava um governo que, a despeito das denúncias de corrupção, consideravam legítimo. Fechados em nosso escritório, achávamos que dominaríamos o mundo. Kim, um rapazote de apenas 18 anos, desmontava jornalista após jornalista com uma argumentação absolutamente cristalina. Isso chocava a imprensa — era o óbvio batendo à porta de quem se acostumara a um fantástico mundo de fantasias e chavões baratos. Tínhamos uma página de Facebook, então, infinitamente menor que a do Revoltados On Line e do Vem Pra Rua. Mas sabíamos como permanecer ativos através da curiosidade — e do ódio — de quem nos cobria e narrava.

Era uma margem de operação muito estreita que nos mantinha vivos e no jogo. Caminhávamos dentro dela com uma desleixada precisão, ora embevecidos por nossas recentes conquistas, ora avançando de modo irresponsável e sem planejamento. Achávamos que sabíamos mais que os jornalistas, os outros movimentos, os políticos em Brasília e até mais que nós mesmos: nossa autoimagem projetara-se, naquele começo de 2015, como algo maior do que realmente éramos.

Essa percepção deturpada da própria realidade talvez explique a maneira como recebi uma grande ideia de meu pai. Para ele, haveríamos de fazer algo épico. Algo que evocasse símbolos históricos perfeitamente compreensíveis na luta política. Algo que nem eu nem qualquer dos rapazes imaginara nas últimas semanas, tomados que estávamos na captação de recursos para o evento do dia 12.

Ele disse:

— Preste atenção, Renan. Vocês precisam levar a luta de vocês até Brasília. Eles não vão simplesmente aceitar suas manifestações gigantes como fato consumado...

Eu olhava o celular enquanto ele falava. Não era o cara mais animado do mundo para esse tipo de conversa.

— Vocês precisam fazer como César, quando marchou para Roma. Como Aníbal, como Alexandre indo até a Pérsia...

Hum... Aquilo começava a soar interessante. Permaneci calado.

— Vocês deveriam fazer uma marcha até Brasília. Levar milhares de brasileiros até lá, a pé...

Comecei a sorrir. Soava pueril. Ele realmente disse isso. *Milhares de brasileiros marchando até Brasília...*

— E, no final, vocês cercam o Congresso, o Palácio. Só não pode ficar nessa putaria de chamar manifestação e no fim não dar em nada.

Sorri novamente. A ideia parecia absolutamente adequada.

Retruquei:

— Você tem ideia do que está falando?

Ele tinha ideia do que falava. E sabia como me ganhar com exemplos históricos. A narrativa de uma marcha a pé, de São Paulo a Brasília, soava como música a meus ouvidos. Para um grupo de rapazes que se considerava predestinado ao sucesso, numa empreitada de Davi contra Golias, o que poderia ser mais belo e resiliente que uma Coluna Prestes do século XXI, marchando gloriosamente rumo à capital federal — construída e idealizada como fortaleza burocrática distante dos grandes centros e isolada da pressão popular?

Com o celular em mãos — sempre ele —, caminhei até a cozinha. Andava pelos lados, abria a porta da geladeira para pensar. Fitar a lasanha da terceira prateleira era uma ótima maneira de divagar sobre a ideia sugerida por meu pai. O fato é: em condições normais, não teria levado a sério uma ideia tão insana. Brasília fica a cerca de mil quilômetros de São Paulo. Andar até lá é tarefa hercúlea, maior que grandes peregrinações como a de Santiago de Compostela.

No desenho político do jogo que se avizinhava, tal ideia soava desesperada. O observador mais atento — e racional — previa que um evento mais fraco no dia 12 reduziria a narrativa do impeachment a nada. Nosso movimento seria caudatário, com sorte, dos desdobramentos decorrentes da Lava Jato. O desgaste que a operação causava ao governo poderia armar os gatilhos necessários para novas convocações, principalmente em defesa da Lava Jato, o que tornaria o processo político que desejávamos — o impeachment — infinitamente menor do que deveria ser. Em suma, uma grande merda. Algo diferente precisava mesmo ser feito.

Permaneci na cozinha maturando. Alexandre sentara ao meu lado e foi o primeiro a ouvir, da minha boca, que "não achava ruim" a ideia de marchar a pé até Brasília. Ele olhou, pensou, respirou...

— A pé? A pé, a pé? Tipo, andando mesmo? É da hora, dá pra tirar uns takes bem interessantes da estrada... — *Pronto. Ele já nem questionava a viabilidade da empreitada.* — Mas quem iria? O escritório inteiro? — *Previsível. Já estava preparando o caminho para cuidar das coisas na retaguarda...* — Você sabe, velho... O Pedro está viajando... Você terminaria tendo que fazer essa loucura com os moleques. Acho que eles precisam fazer mais exercícios. O Kim tem aquele corpo de velho...

Nem retruquei. Alexandre costuma ser um excelente repressor. Se gostara da ideia, é porque havia algo de verdadeiro na análise de nosso pai. A audácia de marchar sobre a capital, o resgate de uma simbologia antiga. Tudo isso falava muito alto em meu coração de nerd de humanas. Tentar, pois, não seria nada demais. Poderíamos checar a viabilidade, olhar os detalhes e, quem sabe, convocar a marcha. Sempre havia a possibilidade de nada dar certo e desistirmos, pensei. Nada demais...

Sentado à mesa, peguei o telefone e liguei para o Kim. Não sou capaz de narrar a conversa. Os diálogos telefônicos com ele são absolutamente simples, diretos e tediosos. Kim não gosta de falar ao telefone, e deixa isso muito claro com suas respostas monossilábicas e despidas de qualquer conteúdo emocional. Sei, apenas, que vendi a ideia da marcha como se minha fosse. Fantasiei a empreitada com floreios maiores que meu pai havia feito; percebi estar verdadeiramente empolgado com algo que não tinha ideia de como ocorreria. Mas o símbolo, as imagens, tudo aquilo pipocava em minha cabeça. *Como seria Goiás? Como desviaríamos dos caminhões? Acamparíamos na beira da estrada?*

COMO UM GRUPO DE DESAJUSTADOS DERRUBOU A PRESIDENTE

* * *

As duas semanas que sucederam o ato de 12 de abril foram tomadas pelos preparativos da marcha. Contatávamos ferozmente nossas filiais ao longo do trajeto, grupos de militantes espalhados pela rodovia Anhanguera, o Triângulo Mineiro e Goiás. Empolgados, todos iniciavam seus preparativos para receber as "centenas" de brasileiros que marchariam conosco, sob o sol escaldante do outono paulista, até o gramado do Congresso Nacional. A tarefa não era das mais fáceis: teriam que promover eventos, coletar suprimentos, oferecer local para dormirmos. Era missão pesada para um grupo de pessoas que se conheceram havia pouco mais de dois meses. Mas, e daí? Num momento de refluxo no movimento político, tínhamos de apontar novos caminhos e alternativas. Esse era nosso papel.

Sobre um flipchart vagabundo (que possuímos até hoje), Caíque desenhava a rota que haveríamos de seguir. Planejávamos cuidadosamente o percurso, posto que, a cada caminhada diária, de 25 a 30 quilômetros, teríamos que alcançar uma cidade ou, ao menos, um posto de gasolina para acampar, tomar banho e dormir. No estado de São Paulo, a empreitada era possível: a Anhanguera, estrada aberta pelos bandeirantes paulistas, nos brindava com boas cidades durante todo o trajeto, permitindo que pousássemos em locais cobertos e organizássemos eventos e palestras em cada município.

Em Minas e Goiás, porém, a história era outra: as distâncias entre as cidades eram muito grandes, e acampar no acostamento, cercados por matagais e sem iluminação, não parecia a melhor das ideias. Por isso, decidimos levar conosco um ônibus de apoio, que carregaria nossos pertences e faria o traslado da galera do ponto final da caminhada diária até a cidade mais próxima. Combinamos de, não importando o local em que estivéssemos, caminhar no mínimo 25 quilômetros por dia. Desta forma, mantendo uma média de trinta quilômetros diários, alcançaríamos os mil quilômetros pretendidos ao final de 33 dias. Uma empreitada e tanto.

O "núcleo nacional do MBL", forma como passamos a identificar nosso antigo escritório sem propósito, começava ali a ganhar seu corpo definitivo. Alexandre, meu irmão, cuidava da captação de recursos e, junto a Frederico, preparava o vídeo de divulgação da aventura. Eu articulava, com Rubinho, a recepção que teríamos em Brasília, além de engajar as filiais na aventura que se aproximava. Rafael Rizzo convertera-se no homem das redes sociais, tornando-se "memeiro oficial" do grupo — cargo que ostenta até hoje. Pedro desenhava a cobertura da imprensa e os detalhes de narrativa que haveríamos de imprimir durante a empreitada. E Caíque, o "coordenador de unidades", cuidava de detalhes do evento e da estruturação dos times ao redor do país. Essa espinha dorsal — ainda que ampliada e com algumas pequenas alterações — ainda permanece. E foi ali, durante os preparativos da marcha, que tal estrutura se solidificou e tornou o MBL o fenômeno político *sui generis* que conheceríamos dali em diante.

* * *

Faltando poucos dias para o início da jornada, tínhamos quase uma centena de inscrições em nosso site. Nomes dos quatro cantos do país apareciam na planilha de viajantes, mas algumas dúvidas pairavam dentro de nosso QG: por que diabos Fernando Holiday se recusava a ir? O jovem porta-voz, que ganhava peso e respeito perante o grande público, permanecia distante de nós. Era como se tivéssemos uma relação estritamente profissional. Ele vinha, gravava seus vídeos, participava de alguns atos e ia embora. Tal postura não combinava com o perfil combativo que demonstrava nas grandes manifestações. Todos comentavam seu impressionante desempenho como orador no ato de 12 de abril, na Paulista. Mas, tão logo as cortinas se fechavam, convertia-se num rapaz tímido e calado, pouco aberto a uma relação mais amistosa. Contrastava com Kim, que se transformara rapidamente em um irmão mais novo de todos nós.

Muito por conta disso, forcei a barra para que Fernando participasse da marcha. Ligamos para sua mãe e exigimos que ele fosse. Fiz todo o tipo de pressão para que colocasse suas inseguranças de lado. E contei com a providencial ajuda de Kim, que, de alguma maneira, servia-lhe de referencial. Ambos eram muito jovens, e a convivência com o grupo inicial, formado pelos egressos da campanha de Paulo Batista, devia ser por demais exótica para a dupla. Ainda assim, os reais motivos que fundamentavam esse lado distante e reflexivo de Holiday só viriam a ser descobertos depois de muito tempo e esforço. Trata-se, definitivamente, de um ser humano complexo.

De nosso time central, para além dele, iriam também Kim, eu e Caíque. Do MBL de São Paulo sairia o Jean Franco, amigo para todas as horas e que se converteria numa importante liderança local. Dos outros núcleos, não recebemos indicações. Afirmavam que se juntariam à marcha ao longo do caminho, ou que nos encontrariam em Brasília, no fatídico 27 de maio. Ficamos apreensivos. A lista que Caíque coletara era repleta de nomes desconhecidos. Muitos paranaenses, catarinenses e gaúchos, além de uma série de infiltrados de esquerda que barramos após uma faxina na relação.

Rubinho havia preparado a articulação em Brasília. Seríamos recebidos, conforme combinado com lideranças de toda a oposição, por deputados e senadores na rampa que leva até o Congresso Nacional; junto a eles protocolaríamos, na mesa do presidente da Câmara, o impeachment de Dilma, e daríamos início à pressão sobre os parlamentares para que aderissem à causa. Dos deputados envolvidos, destacavam-se Carlos Sampaio (PSDB), Mendonça Filho, Onyx Lorenzoni (DEM) e Roberto Freire (PPS). Foi com eles que o embrião de nosso trabalho parlamentar em Brasília se iniciou.

A MARCHA PELA LIBERDADE

À época, também obtivemos apoio dos primeiros empresários que enxergavam no impeachment o único caminho para tirar o Brasil da terrível situação que se encontrava. Eram pequenos industriais e comerciantes, que contribuíam de forma anônima, temerosos de retaliação. Obtínhamos com eles, além de dinheiro, a garantia dos suprimentos mais básicos: água para toda a viagem, barrinhas de cereal e suplementos energéticos para aguentar o tranco. Seria uma longa caminhada.

* * *

Batizada de Marcha pela Liberdade, a longa caminhada pelo impeachment de Dilma Rousseff teve início no dia 24 de abril, na praça Panamericana, em São Paulo. O horário marcado para a partida era meio-dia. Celebraríamos o hino nacional, carregaríamos os dois ônibus de apoio com as malas dos participantes e partiríamos pelo interior do bairro de Alto de Pinheiros até chegarmos à Marginal Pinheiros. De lá, subiríamos até a ponte que leva à rodovia dos Bandeirantes, onde, parafraseando Jack Kerouac, botaríamos o "pé na estrada".

Cheguei mais cedo à praça, em busca dos primeiros peregrinos. Com duas malas e um recém-comprado tênis New Balance, me considerava apto para enfrentar os desafios de uma vida na estrada. O que me amedrontava era a perspectiva de uma viagem "micada". E se ninguém aparecesse? E se nos tornássemos motivo de piada? Fiquei destilando minhas inseguranças num McCafé logo à frente da praça, com o olhar vago e distante que tanto irrita meu irmão e amigos próximos. Enquanto bebericava um cappuccino sem açúcar, presenciei a chegada do primeiro dos viajantes. Era mais velho que eu. Vestia-se com uma versão estranha da camiseta do MBL; nela, continha os dizeres "Movimento Brasil Livre — Criciúma", ainda que não soubéssemos que havia um núcleo do movimento por lá. Não importava. Fiquei feliz.

COMO UM GRUPO DE DESAJUSTADOS DERRUBOU A PRESIDENTE

Após instantes, começo a reparar nos outros que chegavam. De Cascavel, no Paraná, a jovem Raquel e Fabrício. Ambos participaram das manifestações em sua cidade; ainda do estado das araucárias veio Igor Iuan, um rapaz de Curitiba cabeludo e com pinta de riponga. Era músico, o que ajudaria demais na empreitada. De Santa Catarina, além do neocolega de Criciúma (Daniel Jaime), veio também um rapazote loiro, magro como um palito e vestindo trajes dignos de um dândi inglês da virada do século XIX. Seu nome era Ian Garcez. Além da roupa, contava também com um par de óculos dourados um tanto quanto exóticos, com uma espécie de cobertura lateral que lhe conferia um ar retrô futurista ornando com o conjunto. Do Rio Grande veio Roberta. Ela parecia querer curar algo dentro de si que nada tinha a ver com a aventura. Do Rio de Janeiro as adoráveis Maria Fernanda e Lorraine Maluf, amigas que à época faziam parte do MBL carioca; de Goiás um casal jovial e alegre, cheios de equipamentos de viagem e dotados de preparo físico impressionante. Muitos outros membros de diversos núcleos do MBL se juntaram ao início da empreitada, mesmo que apenas por alguns dias. A ideia era prestigiar a partida, e lá estavam eles para isso.

Cumprimentamos a todos. Holiday apareceu, acompanhado de sua mãe. Ainda que reticente, ela permitiu ao filho a pequena aventura. Meus pais estiverem presentes, assim como representantes da *Folha de S.Paulo* e do *Estadão*. Algumas poucas entrevistas foram dadas, o hino foi cantado e, como que partindo para um passeio no parque, zarpamos. É engraçado imaginar como esse tipo de coisa começa, alguns pequenos passos, uma olhadinha no mapa do celular e você diz "*bom, estou indo pra Brasília*". A polícia nos escoltava enquanto caminhávamos solenemente pelas arborizadas ruas do Alto de Pinheiros, um dos bairros mais aconchegantes da cidade. O clima era de alegria e confiança, e algumas pessoas desconhecidas se juntavam a nós para prestigiar o início da marcha. Dentre eles, uma moça — médica, pelo que me lembro — que caminhou o primeiro quilômetro alegremente com um sapato com salto baixo. Era o suficiente para render a imagem oficial da marcha para a *Folha de S.Paulo*, ávida por desqualificar a ação de alguma maneira.

Foram alguns quilômetros serpenteando por Pinheiros até alcançarmos a tão temida Marginal Pinheiros, principal via de deslocamento na cidade de São Paulo. O pequeno grupo de trinta pessoas caminhava sob os berros deste que vos fala e de Caíque, que organizara as rotas e servia de escudeiro nesses momentos de tensão inicial. E foi assim, com berros e broncas da polícia, que alcançamos a tão aguardada ponte que nos ligava à rodovia dos Bandeirantes, tão aguardada e temida. Seria essa faixa de asfalto rasgando os estados de São Paulo, Minas Gerais e Goiás nossa constante companheira por mais de trinta dias. E foi pisando em seu calçamento, sob o sol ainda punitivo do outono paulistano, que iniciamos a Marcha pela Liberdade.

* * *

Seria por demais cansativo descrever, pormenorizadamente, todos os dias da aventura que iniciamos. Não que a empreitada não mereça, por si só, uma obra onde fosse protagonista. Foi uma tarefa hercúlea, recheada de pequenas aventuras e muitas descobertas. Saímos todos pessoas diferentes de lá — incluindo o MBL, que adquiriu a mística que tanto desejávamos, permitindo-lhe que fosse o *primus inter pares* dentre a miríade de grupos que surgiam ao longo do penoso processo de luta política. Mas não estamos aqui para isso — esta é uma obra que aborda o impeachment como um todo e, ainda que a marcha seja especialmente marcante para mim, sei que não devo me perder no relato desses 33 dias de caminhada.

Creio ser mais proveitoso entrecortar o relato dos momentos mais importantes com algumas breves reflexões sobre a loucura que nos levou a cometer tal ato de insanidade e irresponsabilidade política em meio a um processo que não dominávamos completamente. É preciso compreender que tínhamos a noção, à época, de que não éramos os condutores do fenômeno político que eclodira nas manifestações de março e abril, e que tampouco poderíamos planejar seus próximos passos. Havia atores outros, como os demais movimentos, a Lava Jato, os partidos de oposição, Aécio Neves, Eduardo Cunha, a nascente direita virtual, os agentes do mercado, e, por fim, a imprensa e os formadores de opinião que ajudavam a definir o processo, como Reinaldo Azevedo e o Antagonista. Éramos, dentre todos estes, possivelmente o grupo mais frágil.

Mas tínhamos uma vantagem: éramos o único grupo que se propusera a dialogar com todos os agentes, amalgamando narrativas complementares e aproximando interesses que soavam dissonantes perante a análise mais precipitada. Enxergávamos o impeachment como inexorável, e imaginávamos para nós mesmos o pretensioso papel de maestros de uma orquestra confusa e desarticulada.

Nesse sentido, nos sentíamos responsáveis por oferecer uma resposta e uma narrativa para o momento de inflexão que viria após a tímida resposta política obtida com as manifestações realizadas. O salto no escuro escolhido — a nossa "marcha pela liberdade" — forneceria ao movimento pelo impeachment uma epopeia de luta e sacrifício que, em nossa cabeça, poderia entregar ao pedido de afastamento da presidente a aura quase mítica. Mas esse anseio se chocava, passo a passo, cidade em cidade, com a pífia cobertura oferecida pela imprensa brasileira. Éramos solenemente ignorados pela grande mídia. Ao longo do trajeto, fomos abordados com mais interesse por veículos internacionais, como os jornais *The Guardian* e *Le Monde*, e a emissora Al Jazeera, do que por nossa imprensa. Ademais, não possuíamos a potência de comunicação em redes sociais que viríamos obter nos meses seguintes, o que limitava a Marcha a uma narrativa política alternativa desencadeada no pós-12 de abril.

O temor pelo fracasso da empreitada, que poderia levar tudo a perder como episódio final (e patético) de uma luta tratada como "golpe" pela própria oposição, me torturava ao longo do caminho. Não tinha um só dia em que não imaginasse que mais cinco ou dez pessoas se juntavam à caminhada, aumentando o contingente e melhorando as imagens captadas pela nossa equipe. Por vezes, o que acontecia era a debandada de alguns peregrinos, que deveriam retornar às suas cidades após contribuir com a aventura. Éramos, enfim, uns poucos gatos pingados — por vezes menos de duas dezenas — a caminhar quase solitariamente pelas rodovias sem fim entre São Paulo e a capital do país.

Algumas vezes, eu olhava para trás, já distantes 200, 300 quilômetros de São Paulo, e lembrava-me dos milhares de brasileiros acotovelando-se na Paulista nas manifestações passadas. Quando voltava os olhos para a estrada, tinha comigo alguns poucos caminhantes, vestindo roupas engraçadas e erguendo a bandeira nacional com um orgulho quase tolo. Quando não ria da situação, perguntava a mim mesmo: *Mas que merda estamos fazendo? Será que não levamos tudo a perder?*

Era impossível mensurar, naqueles momentos de caminhada sob o sol implacável, se o que fazíamos era histórico ou vergonhoso. Talvez ambos. Mas a dualidade que observara, entre discursar para milhões e caminhar com dezenas, me corroía a todo momento. É interessante... Jamais demonstrei tal frustração para Kim, Fernando ou Caíque. Imagino, inclusive, que sentissem o mesmo. Mas mantivemos, talvez pela insolação, um insolente comportamento altivo e triunfalista em todos os discursos proferidos ao longo do caminho até Brasília.

* * *

No entanto, não era apenas o medo do fracasso que tomava minha cabeça durante as longas caminhadas diárias. As dores dos dias iniciais — por vezes torturantes para quem não estava acostumado com longas marchas — eram substituídas por uma gostosa sensação de bem-estar após a primeira e penosa semana de jornada. Caminhar com estrada aberta, com o vento contra o rosto, tornava-se uma experiência especial. Éramos, enfim, um agrupamento nômade que pulava de cidade em cidade, dormindo a cada dia em um lugar diferente e conhecendo novas pessoas ao longo do caminho. O que era um bando de desconhecidos tornou-se, em pouco tempo, um grupo de amigos, com regras internas de convivência, músicas, piadas e costumes muito particulares.

O trajeto por São Paulo, cruzando a gloriosa rodovia Anhanguera, era o mais fácil de ser percorrido. Antes de tudo, pela qualidade das estradas paulistas, que rasgam o estado sem depender de dinheiro federal; e, depois, pelas belas cidades que pontuam o caminho, reservando algumas pequenas pérolas por onde passávamos. Foi assim que, caminhando entre Araras e Leme, descobrimos um pequeno restaurante, ao pé da rodovia, que ostentava uma arquitetura pouco usual, mesclando o estilo típico de beira de estrada com janelas pintadas em cores escuras, como em chalés O local, muito bonito, era circundado por árvores, que lhe conferiam uma agradável sombra; chamado de Rancho Empyreo, aguçou minha curiosidade e fez com que eu me desviasse do grupo para ver o que havia lá dentro.

Ao entrar, soube que a fama do local residia em seu croquete de carne. Parecia bonito, de fato. Era acompanhado de uma boa mostarda. Na parede, li que o local fora fundado por suíços, que vieram a Araras abrir a fábrica da Nestlé — operacional até os dias de hoje. Era, de fato, um restaurante bem fofo.

Quando me preparava para pedir um café, vi Fernando Holiday, logo atrás de mim, cavucando a geladeira de sorvetes à procura de um Chicabon. Achei aquilo estranho; ele pouco falava comigo naqueles primeiros dias de marcha, gastando seu tempo em conversas com as mulheres ou em longos debates teológicos com o rapaz das roupas estranhas, Ian. Curioso, resolvi interromper sua busca.

— Ei, Holiday! Quer um croquete? — perguntei, em tom paternal. — Parece que esses suíços fazem croquetes especiais, com umas mostardas interessantes. Acho que você tem que provar.

Ele me olhou com uma cara estranha. Parecia preocupado, ao mesmo tempo que soava irritadiço com minha tentativa de contato. E, verdade seja dita, aquele papo de croquete era bem chato.

— Bom, vou pedir e você vai comer. Certas coisas boas não se discutem. O croquete realmente parece ser bem bonito — prossegui falando, agora como tio insuportável.

— Renan, come aí esse croquete... Não enche o saco. Você fica sempre com essas bobeiras de playboy, do tipo "croquetes da Suíça". — Ele mudou o tom de voz ao se referir à iguaria, zombando de mim. — Deixa eu pegar meu sorvetinho aqui...

Percebi na hora que Fernando me provocava porque queria conversar. Já havia notado esse padrão outras vezes. Por não ter tido contato com seu pai, e pouquíssimo convívio com figuras masculinas, ele, por vezes, fazia uso desse tipo de recurso para construir pontes, ainda que precárias, com essas figuras estranhas que ainda não considerava seus amigos.

— Veja, Holiday... Você tem que conhecer as coisas, provar o que é bom. O croquete é bom de verdade — eu falava isso enquanto abocanhava o bolinho. Era realmente muito bom. — Certas coisas são baratas e boas. Outras baratas e ruins. Às vezes, ignorância é ficar preso no mundo que achamos que foi feito pra nós e do qual não temos escapatória. Tipo essa bosta industrializada que você está comendo!

— Cara, reparou que você sempre inventa uma maneira nerd para justificar seu jeito de playboy? — retrucou o garoto, chupando seu picolé. — Você não se importa com quem é diferente. Só quer impor seu jeito diferentão como se manjasse das coisas. Aliás, não só você, como todo mundo naquele escritório. São uns playboys alienados! Só o Kim é normal...

— Porra, cara... De novo com isso? Aliás, você veio até aqui, atrás de mim, só para ficar de cara amarrada me chamando de playboy? Que chato isso, velho — respondi, ainda em tom amigável. Mas já preparei o caminho para lhe perguntar sobre o que realmente o afligia.

— Que isso, velho... Só vim aqui pegar meu sorvetinho — respondeu Holiday, desviando o olhar. Parecia, de fato, esconder algo. — Eu às vezes quero ficar na minha... Você não sabe o inferno que foi ter entrado nesse movimento, vindo nessa marcha. Então, não enche...

— Ih... O que está rolando, Holiday? O que você deixou para trás? Que inferno é esse? Aliás, por que diabos você não fala pra gente? Vai ficar sempre escondido falando com gente que você não conhece, em vez de falar com o pessoal do próprio movimento?

O questionamento funcionou. Seu olhar se desarmou e abriu caminho para uma conversa franca.

— É que, velho... Tem coisas que vocês não sabem, e que me preocupam. Pois podem atrapalhar tudo...

— Que coisas? — retruquei.

— Cara, eu... Eu também saio com uns caras. Tipo, não dá para dizer que sou gay, mas eu tive uma espécie de namoradinho, e ele é de esquerda.

— Caralho, você é viado? — interrompi, grosseiramente, assustado. — Porra! Como nunca percebi? É... Você claramente é meio gay, mesmo. Mas, que doideira... — Comecei a rir enquanto Holiday me fuzila com os olhos. Não foi uma boa ideia.

— Viu como não dá para falar com vocês? Eu estou com um problema e você começa a ver graça!

— Calma, cara... Mas qual o problema? É que eu não sabia, não é? Como ia perceber?

— O problema é que o cara, meu ex, está me mandando mensagens ameaçando me tirar do armário após descobrir que entrei para o MBL. É uma mensagem atrás da outra...

— Caralho, cara... Você é negão e gay... Ao mesmo tempo! Você tem ideia de como isso é um bug pra esquerda? Os caras vão querer te matar!

— Porra, Renan! Foda-se a esquerda! Eu estou com um cara me ameaçando aqui. Fazendo chantagem! Você só pensa na merda dos seus planos!

— Ah, cara... Você realmente está preocupado com isso? Se esse merda encher o saco, sei lá, eu vou lá e encho ele de porrada. Ou damos queixa na polícia. Você não está sozinho. A gente é um time. Te falei desde o início. Isso aí não é problema. É solução. Você vai ficar gigante. Tem ideia disso?

Holiday sorriu, mas se fez de contrariado. Parecia ter tirado um peso gigante das costas. Aceitou, inclusive, o croquete que eu havia pedido e que repousava sobre um prato de porcelana. Molhou-o, inclusive, na mostarda que eu havia indicado.

— Renan, olha como você quer resolver tudo como um playboy... "Vou dar porrada nele"... Toma vergonha, velho.

— Cara, eu não sou playboy, não... Playboy que dá porrada é todo musculoso. Eu sou apenas um bosta cheio de dívidas.

— Então, se você gosta de dívidas, paga a minha conta — respondeu Fernando, me entregando uma comanda de papel. — Deixa eu correr, que a galera já deve estar bem distante.

Fernando se mandou com seu sorvete e seu croquete. Saiu pela porta, deixando a conta e um sinal de amizade. Foi a primeira vez que conversamos de verdade. A atendente do restaurante, que acompanhara a conversa, parecia rir do acontecido. Não é todo dia que alguém se assumia gay enquanto discutia croquetes e sorvetes. Peguei um croquete para viagem, paguei a conta e parti. Tinha que dar uma corrida até alcançar a turma.

Quem liderava o pelotão da frente, quase sempre, eram os caminhantes mais tenazes, como Ian, Sergipe e Igor. Levavam consigo a bandeira nacional e a do movimento, e recebiam a maioria das saudações enviadas pelos motoristas. No pelotão do meio ficava a turma do bate-papo, que incluía as garotas, o Kim, o Holiday, o Caíque, o Jean e este que vos fala, além de outros tantos que se juntaram à empreitada. E para trás, em geral, o pessoal com maiores dificuldades, que, na maioria das vezes, alcançava o pelotão da frente graças à providencial ajuda do carro de apoio guiado pela sempre prestativa Rosalina, amiga para todas as horas.

A chegada às cidades era sempre acompanhada de algum evento, festa ou discurso, de modo que a recompensa pela longa caminhada diária era, ao menos, tangível para todos nós. Você passa a enxergar beleza no pôr do sol ao pé da estrada, pois era acompanhado, quase sempre, pelo prazeroso momento de chegar ao destino combinado, retirar o tênis do pé e se esparramar pelo chão, tomado pelo suor e feliz ante a meta alcançada. Terminávamos sempre jantando em algum lugar diferente — e isso incluía desde lojas maçônicas, igrejas evangélicas, salões de festa, galpões abandonados, oficinas mecânicas, casas de terceiros ou lanchonetes aleatórias com seus X-tudo melecados dentro de saquinhos plásticos brancos, finíssimos e pouco práticos. Discursávamos depois em algum evento e partíamos para o local de descanso, onde dormíamos gloriosamente sobre colchões de ar adquiridos com as doações advindas da internet.

A real é que a marcha se tornou uma terapia para todos nós, permitindo que, em movimento, em constante deslocamento, pudéssemos respirar novos ares e refletir sobre nossas vidas. Não foi por acaso que até os espíritos mais atormentados no início da empreitada se converteram em alegres caminhantes no prazo de duas semanas. Há algo de mágico no ato de caminhar em bando, vivenciando novas paisagens e vivendo novas amizades. Além disso, os símbolos, os sabores e a música dos locais por onde se passa ganham um significado especial — ou melhor, *seu verdadeiro significado* — e são encarados com uma sensibilidade antes solenemente ignorada. Tornei-me especialista no pequi goiano e na galinhada, e jamais serei capaz de dissociar o cerrado e o chão duro desse estado dos sabores de sua culinária. A música sertaneja, que sempre tratei com desdém e empáfia, ganhou novos contornos a cada posto de gasolina que cruzávamos. Jamais me esquecerei do último dia no estado de São Paulo, na cidade de Igarapava, onde o hit "Não aprendi dizer adeus", de Leandro e Leonardo, tocava no último posto de gasolina antes de cruzarmos a fronteira para Minas Gerais. A música ganhava contornos melancólicos e emocionantes diante da tristeza em abandonar o estado que nos acolhera e que era — como sempre foi — a força motriz por trás do combate ao petismo:

Não aprendi dizer adeus
Mas deixo você ir
Sem lágrimas no olhar
Se o adeus me machucar
O inverno vai passar
E apaga a cicatriz

Não sei exatamente se me tornei um babaca por encontrar poesia nas letras de Leandro e Leonardo. Mas não era o único a fazê-lo. Em maior ou menor grau, todos desenvolvemos algum tipo de sensibilidade besta que nos permitia ver o mundo ao nosso redor um pouco mais... colorido. Certos hotéis parados no tempo, em cidades que cresceram e estagnaram em algum ciclo econômico, passam a se revestir de um charme diferente. O carpete bege não é apenas um carpete bege. A picape D-20 vermelha e desbotada não é apenas uma picape velha. Aqueles que soubessem interpretar melhor essa confusão de novas sensações — e explicá-las para os outros — tornavam-se como guias perante o restante do grupo; não era, obviamente, o meu caso, tampouco o de Kim.

Ao longo da jornada, ganhava força dentro do bando a figura de Ian Garcez, o curioso rapaz vestido de dândi que caminhava com sapatos de sola dura e rosário em mãos durante todo o trajeto. Ian funcionava como terapeuta, analista e mitólogo particular do grupo durante toda a travessia, um concorrido companheiro de conversas para as longas marchas diárias. Católico fervoroso e aluno de Olavo de Carvalho, Ian tinha tudo para ser mais um zé ruela sectário que frequenta o séquito da *verdadeira e oficial direita sancta brasileira*, mas se provou o contrário de tudo isso: um rapaz afável e simpático, criativo e especialmente lido em autores como Voegelin, Mário Ferreira dos Santos e Gilberto Freyre.

Com ele, me abri sobre o temor que tinha a respeito de dossiês que circulavam pela esquerda acerca de processos nas empresas dos meus pais. Sabia que, em algum momento, seria atacado pelos adversários. Temia loucamente afetar a vida de meus familiares com a escolha temerária de fundar um movimento tão cheio de inimigos. Por conta disso, fui diagnosticado como paranoico por Ian.

— Se acontecer alguma merda, aconteceu. Você se culpa demais. Qual a razão de tanta chateação? — dizia, fitando-me por trás de seus estranhos óculos futuristas.

Era com Ian que divagava diariamente sobre o simbolismo político da marcha, e com ele desenhei boa parte das ações que fizemos pelo caminho. Dos discursos gloriosos de Fernando Holiday — que se convertia no principal orador do grupo —, até os cerimoniais executados enquanto cruzávamos as fronteiras estaduais, havia sempre um dedo do jovem catarinense. Foi conversando com Ian sobre as invasões indo-europeias na Idade do Bronze (sim, realmente falávamos dessas coisas) que chegamos à conclusão de que nosso surpreendente estado de felicidade decorria de um estranho retorno à condição pré-histórica de migrantes caçadores-coletores, rumando ao desconhecido, amparados unicamente por nossos deuses e nossos propósitos.

Ríamos despretensiosamente disso, mas tomávamos nota de tudo. Até hoje acredito nessa tese, e não troco a felicidade daqueles 33 dias de caminhada por mais nada que tenha feito nesta vida.

* * *

É justo dizer que a marcha ganhou peso — e apelo — após chegar à metade do trajeto, em Uberlândia. Os primeiros dias de caminhada em São Paulo não encontraram resistência política advinda da esquerda brasileira e foram solenemente ignorados pela imprensa. Como saldo positivo, tivemos a abertura de quase duas dezenas de núcleos do MBL nas cidades visitadas, além de fortalecer o vínculo político com nossos seguidores nestes locais. Mas era muito pouco: Fábio Ostermann e Rubinho Nunes viajaram a Brasília e trataram da recepção da marcha por parte dos parlamentares oposicionistas, que enxergavam aquilo tudo sem muita empolgação. A despeito das promessas de gloriosa recepção na chegada ao Congresso, parecia que tinham outros planos em mente para o impeachment de Dilma Rousseff.

A chegada à principal cidade do Triângulo Mineiro foi atribulada. Ainda que felizes com a acolhida de nosso coordenador estadual mineiro, o adorável Pedro Cherulli, tivemos que lidar com o desaparecimento de um dos ônibus de apoio, que estava em mãos de um temerário motorista com especial queda para destilados de cana. Em terras onde o canavial viceja, o tal motorista cumpriu sua profecia e dormiu embriagado em um posto de gasolina. Descobrimos o ônibus — e nossos pertences — apenas no dia seguinte, quando afastamos o motorista, que ainda tentaria, a duras penas, argumentar que não havia feito nada de errado. Tirando o pequeno incidente, porém, o clima permanecia calmo dentre os viajantes.

Outro que se juntou ao grupo quando em Minas Gerais foi Pedro D'Eyrot, regressando de turnê europeia com o Bonde do Rolê. Era a última série de shows internacionais da banda, que se apresentara em Portugal, Espanha, Áustria, Suíça, Holanda e Suécia. De volta ao Brasil, Pedro parecia dividido. Estava nitidamente empolgado com o novo mundo que se abria, completamente diferente de um showbiz alternativo tomado por bandas lacradoras cada vez mais politizadas. Mais: sentia que suas habilidades de *spin doctor*, trazidas de sua experiência anterior, eram ainda mais úteis e poderosas nesse novo universo.

Ainda assim, naqueles dias em que caminhou conosco, estava angustiado. Talvez temesse que suas posições políticas antigovernistas pudessem atrapalhar os companheiros de banda — em especial Rodrigo Gorky, seu grande amigo havia mais de dez anos. Num país cada vez mais polarizado, a situação de Pedro, equilibrando-se entre dois extremos, era das mais delicadas. Até por isso, não era possível vê-lo em vídeos, e tampouco dava entrevistas. Quando interpelado por jornalistas, costumava se apresentar como "Pedro Ferreira", não D'Eyrot, seu nome artístico; dizia-se, também, "relações-públicas" do movimento, como se fosse um contratado formal, e não um amigo e fundador.

A figura de Pedro, exótica para parte dos marchadores, permitiu que muitos dos presentes começassem a falar de artes, música e outros temas não relacionados à política. Igor Iuan, de Curitiba, mostrou-se um grande guitarrista; Sergipe, um exímio contador de histórias. Passo a passo, quando as individualidades começavam a florescer, nosso grupo tornava-se cada vez mais estranho.

Lembro-me de que, altamente influenciado pelas ideias de Ian, tive a ideia de comprar, em uma loja de artigos indianos, toda sorte de túnicas, camisas e vestidos riponga para reforçar o visual messiânico dos andarilhos. Negociei um bom desconto, gastei todo o maço de notas amontoadas em meu bolso e parti alegre para o restaurante onde se encontrava o restante da turma. Fui recebido efusivamente pelo pessoal, que, sem cerimônias, começou a trocar de roupa no meio do próprio restaurante, perante o olhar curioso dos comensais. Foi assim, repartindo o uso de fétidas túnicas indianas, que o grupo cumpriu a outra metade da marcha, deixando de lado os trajes esportivos — mais apropriados para o implacável sol de Goiás.

Tal clima pacífico, porém, foi interrompido quando cumpríamos nossa agenda política na cidade. Kim e Holiday foram convidados para discursar na Câmara Municipal de Uberlândia, que se encontrava, à época, dividida entre os partidários do prefeito petista e uma já ruidosa oposição. Com a oratória afiada, os rapazes souberam tirar os vereadores vermelhos do sério, além de levantar os presentes que acompanhavam a sessão. Kim, em especial, foi afrontado por um vereador petista, que interrompia seu discurso com provocações diversas. Mas não se intimidou. Com dedo em riste, desafiou o parlamentar:

— Olha na minha cara! Olha na minha cara se você tem coragem!

O parlamentar tentou provocar, mas Kim foi ainda mais incisivo. Apontava para o vereador e denunciava seu partido, dizendo que era "golpista" e que atentava contra a tripartição do poder e o estado democrático de direito. O público ali presente delirou.

O vídeo da sessão tornou-se viral; rapidamente, foi compartilhado por milhares de pessoas ao redor do país. Como consequência da atitude insolente de Kim, o vereador petista prometeu retaliação com o Movimento dos Sem Terra (MST), que por sinal encontrava-se acampado na cidade. A ameaça rendeu notícias na imprensa local e cobertura maior nas redes sociais, criando um cenário de tensão e conflito que atrairia, finalmente, o olhar do grande público. Esse embate foi providencial: conseguimos angariar mais alguns andarilhos e o apoio de maçons, policiais, agricultores e empresários que, preocupados com nossa segurança, passaram a oferecer uma assistência mais robusta à empreitada.

E assim caminhamos até Goiás, onde fomos recebidos de forma gloriosa pelo nosso núcleo local. Avançamos sob a ritualística idealizada por Ian. Levando as bandeiras dos estados por onde passáramos, atravessamos o rio Paranaíba, que delimita a divisa com Minas Gerais. Nos alentava cruzar a fronteira; temíamos, naquele momento, a falta de compromisso da polícia mineira — liderada por um governador petista — diante das ameaças do MST. Portanto, chegar às plagas conservadoras de Ronaldo Caiado, terra de gente tradicional, do campo, pouco afeita a invencionices vermelhas, era promessa de algum tipo de segurança.

Além da recepção fora de série ofertada pelo MBL goiano -— cortesia das musas Ana Carla e Ana Gabriela, mãe e filha, respectivamente —, tivemos um incremento substancial no número de marchantes. A recepção em Goiânia foi acompanhada por fogos de artifício, carreata e buzinaços, representando um grande salto em termos de conhecimento público. Era fato: a marcha havia rompido parte do bloqueio da imprensa e começava a ganhar notoriedade junto ao público que saíra às ruas nos meses anteriores. Para ajudar, passamos a desfrutar da presença do polêmico e adorável Marcelo Reis, líder do grupo Revoltados On Line, que contava, à época, com a maior página de Facebook dentre todos os movimentos.

Marcelo era um homem inteligente e havia deixado para trás as desavenças que tivéramos por ocasião das já mencionadas e épicas *truck wars*. Mais do que isso, diferentemente do Vem Pra Rua, era um fervoroso defensor da tese do impeachment, além de vendedor contumaz de kits de produtos alusivos ao impedimento da presidente, como camisas, bonés e vuvuzelas — estas, sobras do estoque verde e amarelo da Copa do Mundo. Muito afável no convívio, Marcelo tornou a viagem mais divertida, além de muito mais midiática. Combinando nossas forças de divulgação, passamos a obter maior engajamento em redes sociais, além de maximizarmos a tensão diante de um iminente conflito com o MST.

Pois é fato: éramos abordados constantemente, ao longo da estrada, por motociclistas que moravam em assentamentos; policiais nos alertavam sobre movimentações estranhas que ocorriam não apenas em áreas invadidas ao nosso redor, mas também de comentários acerca de um bloqueio que fariam na cidade de Alexânia, já nas proximidades do Distrito Federal. O clima ficava gradualmente mais tenso, e a marcha, em sua reta final, encorpava conforme havíamos imaginado.

* * *

Eu tinha medo de Aécio Neves. Temia que ele, em algum momento, tomasse as rédeas da mobilização política que iniciáramos. Temia que a revolta popular fosse capturada e o nascimento de um fenômeno político identitário — que culminasse não apenas com a queda de Dilma, mas também com o surgimento de uma nova direita — fosse jogado na lata de lixo da história pelas mãos de um sujeito que tivera 51 milhões de votos. A verdade é que ele poderia ter feito tudo isso naqueles primeiros meses de 2015. Não tínhamos ideia de seu envolvimento nos escândalos da Lava Jato e achávamos, simplesmente, que padecia da covardia natural de seus correligionários e do oportunismo habitual de um velho político brasileiro. Até por isso, enxergávamos com certa desconfiança as notícias de que Aécio nos recepcionaria na chegada a Brasília, no dia 27 de maio. Falava-se que o tucano daria o impulso final ao protocolo e lideraria, dali em diante, o processo de impeachment da presidente. Eu via tudo aquilo de maneira agridoce; considerava tal hipótese a coroação de nossa luta, mas tinha medo de que fôssemos lançados à irrelevância após o despertar político do "líder popular" Aécio Neves.

Ainda assim, qualquer conjectura sobre nosso pedido ser ignorado pela oposição soava como fracasso total. Imagine alguém marchar por 33 dias, por mais de mil quilômetros, com um pedido de impeachment em mãos, e, chegando ao destino, ver-se ignorado por deputados e senadores. A mera hipótese de que isso pudesse acontecer nos causava calafrios. Rubinho, convertido em articulador, alertava para um arrefecimento da tese do impeachment perante os deputados com que conversava — em especial aqueles do PSDB. Notícias em jornais davam conta de que Miguel Reale Jr., jurista ligado ao tucanato, tinha outros planos: uma ação penal contra Dilma Rousseff, já que avaliava não haver "base jurídica" para o impedimento.

Para a BBC, teria dito:

> Diante da complexidade e a chance de arquivamento de um pedido de impeachment, nos atentamos para a possibilidade da ação por crime comum, presente no Código Penal. Por isso todos os partidos de oposição estão entrando nesta terça-feira com um pedido para apuração da responsabilidade da presidente da República por crime comum,

que não tem o obstáculo de só poder ter ocorrido no mandato atual da presidente. Estamos falando das "pedaladas fiscais" como base da acusação nesta petição.

A população talvez não se dê conta da importância desses fatos, mas as "pedaladas" impactaram as finanças públicas e é o controle das finanças públicas que impede a inflação e a estagnação econômica. E houve a mais absoluta irresponsabilidade, porque, ao não ter dinheiro para cumprir com seus compromissos mais importantes, como Bolsa Família, Seguro Desemprego e Minha Casa, Minha Vida, o governo se valeu de empréstimos que contraiu com as entidades financeiras que o próprio governo dirige, o que já é crime por si só, pois a lei proíbe isso.

(...)

Esta ação de crimes comuns tem na verdade o mesmo efeito do impeachment, que é o afastamento da presidente de suas funções enquanto o processo é julgado, caso seja aceito. A acusação será entregue nesta terça-feira ao procurador, e ele tem a possibilidade de arquivá-la ou encaminhá-la ao STF. Ao encaminhá-la ao STF, os ministros da Suprema Corte têm que requerer autorização da Câmara para processar a presidente. Dada a autorização por votação com dois terços dos parlamentares, a presidente fica 180 dias afastada do cargo.

Então o efeito é o mesmo, e, portanto, estão enganados aqueles que dizem que o PSDB voltou atrás. Nós fizemos aquilo que é o mais aconselhável neste momento, até porque o impeachment não fica proibido de ser interposto, mesmo porque novos fatos estão ocorrendo a todo instante, com os novos desdobramentos dos depoimentos da Operação Lava Jato.

(...)

O principal movimento social contra o governo, que é o Vem Pra Rua, se descolou destes que estão andando e passou a apoiar o pedido de ação por crimes comuns. Não adianta querer o impeachment, tem que avaliar. Falta informação. Por que insistir num caminho mais difícil? Por que não deixar o impeachment para um momento em que haja mais elementos? O impeachment virou palavra da moda.

A MARCHA PELA LIBERDADE

> Eu acho que os movimentos de rua são importantes, mas também não são donos da verdade. Até porque eles têm várias reivindicações diferentes. Eu creio que o mais sereno, e que aliás reúne o maior número de pessoas, é o Vem Pra Rua. Eles entendem que o impeachment deve ser pedido, mas num momento mais apropriado.

Olhando de forma fria, já com distanciamento, as intenções de Reale à época não eram exatamente nobres. O jurista servia aos interesses políticos da cúpula tucana, que preferia, à época, um derretimento lento e gradativo de Rousseff. A história nos mostraria o despertar das ruas como fatal para as pretensões desse grupo. Reale, naquela altura, servia a uma causa inglória.

* * *

Nosso pedido de impeachment contemplava as pedaladas fiscais, e o penalista sabia bem disso. Parte da tese fora enviada, inclusive, por deputados do próprio PSDB. O partido já buscava, naquele começo de 2015, desenhar a peça que derrubaria o governo petista, ainda que sob a batuta de outros advogados que não Reale. O tucanato estava desorientado. Ademais, complementamos a demanda com um belíssimo trabalho executado pelo time do Foro de Brasília, grupo que, além de juristas, reunia diversos economistas e especialistas em cálculo atuarial. Nosso pedido era robusto, o que seria confirmado, meses mais tarde, pelo próprio presidente da Câmara.

O transcorrer da história mostraria que a tal ação penal advogada por Reale nunca prosperou, e que jamais teria servido de instrumento eficaz. O que o nobre jurista fazia, infelizmente, era fornecer subsídios para um recuo estratégico da oposição, que, à época, embarcava na tese de Aécio e evitava o agravamento da situação política de Dilma Rousseff.

Tampouco nos surpreendia sua predileção pelo Vem Pra Rua: a filha do advogado fazia parte do núcleo diretivo deste grupo, o que explica bem a súbita vocação tucana dos tais "moderados". Não deixa de ser ilustrativo que as posições deste movimento destoassem completamente das nossas e do Revoltados On Line — e inclusive de boa parte dos parlamentares do PSDB. Não seria surpresa, portanto, o Vem Pra Rua aderir à tese do impeachment somente meses mais tarde, quando subscrita por Reale, de repente convencido da viabilidade do impedimento da presidente.

Tais entrevistas com Reale nos preocupavam, mas jamais imaginaríamos — faltando uma semana para a chegada da marcha a Brasília — que suas declarações fizessem parte de uma manobra para desmontar o ato por meio do qual protocolaríamos o impeachment. E foi com assombro que descobrimos, em 20 de maio, que, sob ordens de Aécio Neves, e após uma reunião com todas as lideranças da oposição, isso de fato aconteceria. E pior: eles protocolariam, no dia da nossa chegada, a tal "ação penal", esvaziando midiaticamente o nosso ato e dando fim, ao menos até ali, à batalha narrativa que travávamos em nome do impedimento de Dilma Rousseff.

Soubemos disso por meio da imprensa. Os deputados que articulavam nosso protocolo e apoiavam a marcha não se dignaram a nos ligar, e tivemos de insistir ao telefone para que nos contassem o que estava em curso. Carlos Sampaio, deputado tucano de São Paulo, foi quem comunicou Rubinho do desastre anunciado. Dentre todos, foi quem se comportou de maneira mais digna.

Era um final de tarde, e havíamos chegado ao alojamento em Goiânia, onde descansaríamos antes de partir para a reta final da caminhada. Eu estava perplexo. Me sentia um estelionatário diante de todos aqueles que marchavam ao meu lado. Como lhes diria que todo o sacrifício fora em vão? Que todas as doações recebidas, todos os discursos e eventos realizados não passavam de um joguete na mão de uma classe política que insistia em ignorar o anseio das ruas? Mais do que puto, estava sem chão. Envergonhado.

Àquela altura, o contingente de pessoas na marcha estava bem mais encorpado. Além de novos aderentes, como Pedro, Alexandre também se juntara a nós. E foi para eles e Marcelo Reis que contei, naquela noite, sobre a trairagem ocorrida em Brasília.

— Pessoal, fodeu tudo! — exclamei. — O Aécio articulou aquela maldita ação penal e os partidos de oposição não estarão conosco no dia 27. Viemos aqui à toa...

Os três estavam bem mais calmos do que eu. Não haviam se envolvido emocionalmente com todo o processo; não sabiam o que era viver em nossa pequena tribo de nômades vagando pelos sertões. Tampouco vestiam nossas batas e nossas túnicas! Sóbrio, Alexandre trouxe um pouco de luz ao ocorrido:

— Renan, sugiro que a gente avise a galera e que a marcha continue. As coisas vão crescer, e ainda tem essa ameaça do MST. Político não é bobo, não vai ignorar pressão popular. Basta termos um bom contingente de pessoas. E quanto ao Aécio...

— E, quanto ao Aécio, vamos acabar com esse vagabundo! — retrucou Marcelo Reis. — Vamos lá na cozinha chamar todo mundo, eu gravo um vídeo atacando aquele vagabundo e nós protocolamos esse impeachment. Não tem que ficar de mimimi. Esse merda tem que levar uma pra aprender a virar homem!

— Gosto da ideia... Não vejo outro caminho senão causar danos políticos ao Aécio — respondeu Pedro, complementando — Se essa manobra trouxer danos também a outros parlamentares, a estratégia se enfraquece e pode ruir. O Marcelo está correto.

Marcelo já tinha saído do quarto. Corremos todos para a cozinha e lá estava ele, gritando para todos os lados:

— Venham todos aqui! Temos um informe muito importante!

De início, fiquei preocupado. Eu não poderia deixar Marcelo fazer esse comunicado como se fosse a coisa mais normal do mundo. Ele não entendia o significado da empreitada para muitas daquelas pessoas. Para elas, a marcha era um momento de redenção pessoal, de redescoberta de seu propósito de vida. Apresentado cruamente, o fracasso seria terrível para muitos ali presentes. Mas o homem não parava...

— É o seguinte, pessoal, deixa eu falar! Brasileiros e brasileiras, são 20h e nós falamos aqui de Goiânia pelo Revoltados Online. — Marcelo transformara o anúncio em mais um de seus vídeos — É com muita tristeza que anuncio aqui, pra todos os guerreiros dessa marcha, que o vagabundo do Aécio Neves boicotou o impeachment. É isso mesmo: b-o-i-c-o-t-o-u a chegada da marcha em Brasília, pois é um tucano de merda e...

Marcelo prosseguiu por minutos a fio com seu discurso. Desconsolados, nossos colegas desabaram em choro. Foram poucos os que resistiram à notícia. O revoltado on-line, habilmente, aproveitava as cenas reais de tristeza e divulgava, para todo o Brasil, tudo aquilo que a perfídia de Aécio e seus colegas havia criado. O choro de Rachel Lindner, de Daniel Jaime, de Jean Batista e dos demais andarilhos era a representação perfeita de como se sentiam os brasileiros diante de uma liderança oposicionista fraca e vacilante. E esse momento foi fundamental para todos nós. Em anos de petismo, nunca havia sido articulada uma crítica mais robusta por parte da sociedade civil organizada acerca da inutilidade de nossa oposição. A mesma oposição, que vacilara no Mensalão e que pouco ou nada fizera no primeiro mandato de Dilma, agora humilhava a primeira liderança civil verdadeiramente espontânea no momento em que ela brotava e florescia.

O momento, captado pela arguta lente de Marcelo, representou uma mudança em todos nós. Ainda que abalados, decidimos todos por continuar a marcha e *enfiar o pedido de impeachment na fuça do Aécio*. O ódio que sentíamos por ele e seus colegas nos servia de motivação; derrotar Aécio Neves passou a ser meta fixa para todos nós.

Um pouco distante, isolado em um jardim, estava Kim Kataguiri. Cabisbaixo, não se derreteu em prantos como boa parte de seus colegas.

Era duro, como manda a boa tradição japonesa. Mas estava abalado. Pouco ou nada falava quando me aproximei. Enquanto Marcelo recolhia suas imagens e terminava seu show, Kim, olhando para baixo, apenas perguntava: "Será que estamos fazendo isso à toa?" Retruquei:

— Não vai ser à toa. Ao menos ganhamos mais um inimigo pra bater...

— Esses caras são muito filhos da puta! — disse Kim. — Não podemos deixar o processo na mão desses bostas.

Era possível sentir raiva na voz do japonês. Mas ele articulava o raciocínio certo. Estávamos ignorando o inimigo inicial. Precisávamos derrotar a oposição antes de fazermos frente ao PT.

— Bom, é para isso que estamos aqui — respondi. — Um dia vamos tomar o lugar desses caras. E você sabe... Esse Aécio nunca devia ter ganhado a eleição mesmo.

— É. Vá dormir, Renan.... Deixa que eu apago as luzes.

E lá fui eu, de volta a meu colchão de ar, para mais uma noite de sono em Goiás.

* * *

O dia seguinte amanheceu barulhento. Os vídeos postados por Marcelo Reis viralizaram. Na página do MBL, diversos memes atacando Aécio Neves e a oposição ganharam tração. Em verdade, as pessoas se compadeceram pela trairagem orquestrada pelo senador mineiro e a receberam como algo pessoal. A página de Aécio no Facebook tinha sido inundada por ataques e xingamentos, e a imprensa não tardou a farejar o cheiro de sangue. Foi com espanto que descobri, momentos mais tarde, que a *Folha de S.Paulo* havia publicado um meme produzido pelo MBL de Belo Horizonte e veiculado pelo MBL nacional. A peça atacava o presidencial derrotado e fora impressa — com todas suas cores — na edição daquele dia do periódico da Barão de Limeira. Nosso primeiro meme publicado em jornal!

COMO UM GRUPO DE DESAJUSTADOS DERRUBOU A PRESIDENTE

Estávamos espantados. A imprensa começava a nos contatar ferozmente, com pedidos de entrevista e declarações sobre a postura de Aécio. Seguindo a retórica furiosa iniciada por Marcelo, fomos duros em todas as respostas; tanto eu quanto Kim e Fernando não poupamos impropérios ao nos referirmos à postura dos líderes da oposição. Ao mesmo tempo, farto material para as redes sociais era produzido pelo nosso time em São Paulo, ao passo que Marcelo prosseguia com seus vídeos agressivos e diretos. Como que de repente, a fúria da opinião pública, ora direcionada ao PT, voltou seu foco para a oposição. Os deputados e senadores que desfrutavam de agradáveis caminhadas em nossas manifestações passaram a ser alvo de ataques virulentos.

A súbita solidariedade da opinião pública nos encheu de motivação para a continuidade da marcha. Tomados de confiança após o atrevimento contra Aécio, decidimos em assembleia por não mais caminhar nos acostamentos da rodovia que liga Goiânia a Brasília. A partir daquele dia, iríamos fechar a estrada — tal qual o MST fazia —, e, com o bandeirão do impeachment aberto, marcharíamos até a capital contra tudo e contra todos. E assim o fizemos. Havia, a bem da verdade, aqueles que condenavam tal ideia. Bloquear rodovias representava uma ruptura com a postura de bons moços que havíamos adotado desde o início das manifestações. Mas o que fazer num momento como aquele? Havíamos sido abandonados por Brasília. O que seria uma bronca de um caminhoneiro num cenário de fracasso total?

O mais surpreendente, porém, foi que o bloqueio de pista executado pela marcha contou com a simpatia dos motoristas, que acenavam e agradeciam pelo esforço de nossa turma. Pela primeira vez na vida pude ver pessoas felizes após um congestionamento. E, registre-se, este que vos fala é um paulistano. Ganhávamos ainda mais destaque na imprensa, e a mítica desejada para a marcha começava a vir. Ao longo do dia, senadores me ligavam pedindo que "entendêssemos a situação de Aécio". Alguns deles, como Ronaldo Caiado, articulavam uma conversa com

Cassio Cunha Lima para reduzir os danos causados ao tucano-mor. Não recuei. Avisei que os ataques continuariam, e que era um absurdo nos abandonarem após 25 dias de caminhada. Alertei ainda que os petardos chegariam aos aliados do senador mineiro, cabendo a eles se afastar de Aécio. Em São Paulo, Rubinho fazia o mesmo com os deputados que buscavam um entendimento. Foi através da porrada e do discurso duro que deixamos de ser tratados como idiotas por parte dessa gente.

No dia seguinte, cada vez mais deputados confirmavam sua presença no ato que protocolaria o pedido de impeachment. A sequência de ataques a Aécio tornou tóxica a estratégia orquestrada por ele e Reale; e os deputados, em especial, debandavam da sua tese e teciam juras de amor pelo impedimento de Dilma. O melhor sinal era que mesmo os parlamentares tucanos demonstravam independência do Senado, num tipo de movimentação que passamos a observar com cuidado: de alguma maneira, a articulação na Câmara dos Deputados, liderada por Eduardo Cunha, possuía nuances mais favoráveis à nossa tese do que as definições *top-down* características da política partidária do PSDB. Deputados do Centrão, grupo de parlamentares de baixo clero, ligados ao presidente da Câmara, aderiam ao pleito do impeachment, o que obrigava seus colegas de DEM e PSDB a fazer o mesmo. Em apenas dois dias, viramos a mesa contra Aécio Neves. Estávamos de volta ao jogo.

* * *

Os reflexos da traição de Aécio duraram alguns dias, trazendo à marcha a mídia de que necessitava. Ao mesmo tempo que ganhava corpo na rede e nas redações, passava a contar com cada vez mais adeptos pelos acostamentos de Goiás. E, com o aumento do contingente, as preocupações com nossa segurança se avolumaram. No dia 23 de maio, a polícia goiana nos avisou que o MST preparava barricadas para impedir nossa passagem. As autoridades sugeriram que cruzássemos o trecho de

Alexânia de ônibus. Sabiamente, demonstraram que um assentamento na região havia duplicado de tamanho e informaram que este era um procedimento usual antes das ações terroristas protagonizadas pelo bando. Ficamos de responder no dia seguinte.

Enviamos Alexandre e dois outros rapazes para checar o tal acampamento e tirar algumas imagens. De fato, a movimentação parecia estranha, com diversos carros velhos estacionados perto de um barranco. Era uma coleção de Passats, Del Reys e Veronas; até um churrasquinho estava rolando. Aquelas pessoas, cansadas pela vida e usadas como bucha de canhão por gente do caráter de um Stedile, não pareciam estar ali para nos atacar ou coisa do tipo. Suas preocupações, de fato, pareciam ser outras. Até por conta disso, Alexandre regressou e deu seu veredito: seguiríamos com a marcha no dia 24.

O dia amanheceu como de costume. Mas estavam todos, de alguma maneira, apreensivos com o possível conflito. A tensão era percebida por todos e muito explorada em redes sociais, motivando teorias conspiratórias mil, a ponto de atrair — finalmente! — a presença de jornalistas, que passaram a cobrir a caminhada. Acompanhados pela polícia, retomamos a marcha, como se nada estivesse acontecendo. Afinal, todas as observações de Alexandre indicavam que não haveria ação do MST, posto que não notara movimentação alguma no acampamento de Alexânia. Fomos em frente.

Conforme nos aproximávamos do acampamento, a apreensão aumentava. Como reagir diante de um ataque violento? Confiávamos no trabalho da polícia, mas estávamos em número menor. Havia, também, muitas mulheres e até menores de idade em nosso grupo — razão para que redobrássemos a atenção. Ademais, a imprensa não perdoaria um conflito protagonizado por MBL e MST. O lado a ser defendido já fora escolhido; cabia-lhes torcer por boas imagens e uma narrativa saborosa. Já havíamos experimentado situação similar anteriormente. E, mesmo nos anos vindouros, o modelo de cobertura nunca mudaria. Estávamos certos em nossa desconfiança.

Alexandre também estava certo. A rodovia estava completamente aberta na altura do acampamento do MST. Cruzamos a faixa de estrada ladeada pelas tendas de lona e suas bandeiras vermelhas e não vimos uma alma viva. Não ouvimos nem ao menos uma provocação. Nossos peregrinos seguiram adiante sem sobressalto e, animados com a boa passagem, decidiram por acelerar o passo até a cidade seguinte. Precisávamos, a bem da verdade, compensar o tempo perdido com os preparativos para o possível conflito. Não queríamos chegar tarde ao próximo destino, e eu gostaria de evitar o constrangimento de embarcar no ônibus quando chegasse à noite permitindo uma manchete canalha do jornalista da *Folha*.

Tal decisão se mostraria, horas depois, errada. O sol já se punha. Era um bonito final de tarde. Lembro-me de que conversava com Ian, na dianteira da marcha, sobre cobras que avistáramos no caminho. Enquanto nos detínhamos sobre as espécies encontradas, escutamos um estrondo. Gritos e fumaça acompanharam a confusão. Eu não compreendia exatamente o que ocorrera nas minhas costas, mas podia ver carros jogados no canteiro central e um veículo atravessado em meio à estrada. Kim e uma moça estavam estirados no chão, no acostamento.

Descrever com precisão um momento de desespero coletivo como esse não é tarefa simples. Algumas mulheres começaram a chorar, enquanto outras clamavam por auxílio médico. Tiago, um médico local e membro do MBL, socorria a moça, que tinha um sangramento na cabeça. Não era possível saber se havia outras vítimas, e uma das poucas coisas que pude atestar, felizmente, era que Kim não estava gravemente ferido. Marcelo Reis, como de costume, já lançara mão de seu celular e registrava o ocorrido, um comportamento que não considero dos mais elegantes. Entretanto, nem de longe era o menor dos problemas.

Assim que identificado o carro que se chocara contra a marcha, uma multidão disparou ao seu encontro. Com Holiday à frente. Em questão de segundos, ele percebeu que o motorista estava embriagado, incapaz de permanecer de pé. Revoltado, o jovem militante partiu — literalmente — para a porrada contra o bêbado, que tentava fugir do local. Holiday gritava "você matou meus amigos!", no que era acompanhado por algumas das garotas mais revoltadas. Foi preciso que Fabrício e Marcelo interviessem para que o sujeito não fosse linchado.

Um gigantesco congestionamento se formava. Enquanto imobilizavam o motorista, corri até a moça com o trauma na cabeça. Para ignorantes em medicina, como eu, o cenário era angustiante. Uma poça de sangue cercava a cabeça da jovem deitada no asfalto. Seu marido estava desconsolado. Honestamente, temia que ela viesse a falecer, e me sentia culpado, de antemão, pela ideia cretina de marchar até Brasília. A traição de Aécio, o impeachment de Dilma, nada mais fazia sentido. A mistura de fumaça com cheiro de borracha queimada e o choro dos meus colegas me colocaram em uma espécie de transe, sob o qual executava os pedidos das pessoas mais lúcidas ao meu redor sem compreender exatamente o que estava fazendo. Os carros direcionavam seus faróis para a cena do acidente, trazendo luz mas também um cenário de fim do mundo. Era tudo muito rápido.

Chamamos o resgate e confirmamos que não havia outros feridos; era aguardar para saber qual seria o destino de Amanda. Perguntei a Kim, diversas vezes, se estava bem. Ele dizia que sim. E eis que, após alguns minutos, como num milagre, Amanda recobrou a consciência. Alegava dor, mas era capaz de movimentar braços e pernas. Um alívio gigantesco tomou conta de todos — era como se tivéssemos ganhado na loteria. Enquanto alguns se abraçavam, Alexandre providenciava o ônibus de apoio; ele era, naquele momento, um poço de frieza em meio à comoção geral. Quando o resgate chegou, a moça já se encontrava consciente. Entramos todos no ônibus e zarpamos até Alexânia, onde passaríamos aquela noite.

Faltavam ainda três dias, mas aquela aventura já tinha ido longe demais.

A MARCHA PELA LIBERDADE

* * *

No dia 27 de maio, conforme prometido, a Marcha pela Liberdade alcançou a capital federal. Deixamos para trás as ameaças do MST, a traição tucana, a desconfiança da imprensa e quase 1.100 quilômetros de sola de sapato. Os presságios, naquele dia derradeiro, não eram ruins. Ônibus e voos haviam chegado dos mais diversos estados. Na reta final, éramos acompanhados por quase quinhentos marchadores — e dentre eles se destacavam, para nossa alegria, muitos líderes do MBL que ainda não conhecíamos.

De norte a sul do país recebemos a solidariedade de nossos coordenadores, a maioria ainda desconhecida para nós: dos gaúchos da Banda Loka Liberal até Ricardo Almeida e seus baianos, passando pelos paranaenses de Éder Borges, os catarinenses de Alexandre Paiva, os capixabas de Raquel Gerde, os pernambucanos de Rodrigo Ambrósio, os amazonenses de Kléber Romão, os cariocas de Bernardo Sampaio, os mineiros de Ivan Gunther; enfim, todos estavam lá para a reta final até o protocolo do pedido de impeachment.

Além deles, os amigos que construímos no decorrer da marcha também vieram, o que nos deu ânimo e alegria. Amanda estava recuperada do acidente e, sem sequelas, havia prometido participar da cerimônia. Para coroar, até o tal "Batman das manifestações" trouxe sua vestimenta de neoprene diretamente do Rio de Janeiro!

Com a mente um tanto bagunçada, vesti o poncho boliviano que me fora emprestado por Pedro, e foi aparentando estar louco que parti para o término da nossa missão.

Estendendo o bandeirão do impeachment, o grupo de quase mil pessoas marchou por três quilômetros, do Cecap até o Congresso Nacional. Éramos embalados por um caminhão de som desde o qual a Banda Loka, liderada por Tiago Menna, tocava as canções que se converteram em símbolo do impeachment. A turma de moças e rapazes que marchou por todo o trajeto — cerca de vinte — ia à frente, já carregando consigo a angústia pelo fim da empreitada. E juntos, emocionados, caíram em prantos quando avistaram, pela primeira vez, as imponentes torres do Congresso Nacional. Era o fim, provavelmente, da maior aventura de suas vidas; e eu sabia o quão especial havia sido tudo aquilo para nós. Contra a vontade da oposição, as bolhas no pé e a desconfiança geral, chegamos!

A marcha adentrou o gramado do Congresso e precipitou-se, correndo, até a linha de policiais que cercava a rampa. O número não era assustador, mas o valor simbólico do momento, ainda mais em um dia de semana, valia todo o sacrifício. Pouco a pouco os parlamentares foram chegando; os tucanos, aliás, traziam consigo um faixa nos parabenizando pela "luta contra a corrupção". Caiado e outros dois senadores estavam presentes, o que demonstrava, pelo contraste com o grande número de deputados, que a articulação desenhada por Aécio só havia prosperado, ainda assim parcialmente, no Senado.

Foi permitido que apenas trinta de nós subíssemos a rampa, além da equipe de filmagem; isso incluía também Rubinho, que trazia consigo, orgulhoso, os milhares de páginas por meio das quais fundamentávamos a demanda pelo impeachment de Dilma. E foi lá, esmagado entre deputados, que assinei, junto com meus colegas, o pedido de impeachment prometido pela marcha.

Com bandeiras em riste e gritos de guerra, nos dirigimos à sala do presidente da Câmara, Eduardo Cunha. O local, conforme esperado, era muito bonito. Fomos conduzidos, Kim e eu, por Carlos Sampaio para nos sentarmos logo ao lado de Cunha; os demais deputados e nossos militantes se acomodaram nas cadeiras restantes ou permaneceram de pé, aguardando a chegada do presidente e seus assessores. Marcelo Reis — sempre ele! — já iniciava o registro em vídeo do momento derradeiro. Os Revoltados On Line não poderiam perder nem um segundo sequer das aventuras de seu líder...

A MARCHA PELA LIBERDADE

Tão logo o presidente da Câmara chegou, os flashes das câmeras dos jornalistas começaram a pipocar. Em meio aos barulhos e às luzes, confuso e enrolado em meu poncho, tentava imaginar o que falar naquele importante momento. Nada havia em minha cabeça, e não sabia como eternizar aquele instante com algum discurso bonito. De fato, o estresse dos últimos dias havia me colocado em tal estado de torpor que minha única preocupação era realizar a promessa do impeachment. E isso significava, mais do que qualquer coisa, abrir diálogo — *qualquer diálogo*, sendo bem claro — com aquele homem que repousava na cabeceira da mesa, e cujo poder de influência sobre os outros deputados tornava Aécio Neves, nossa grande preocupação, uma figura diminuta.

Eduardo Cunha era o vilão sedutor que bagunçava o tabuleiro político desenhado pelo PT. Seus movimentos não eram previsíveis, tal qual seu olhar semivesgo, que não apontava para lugar algum. Era homem de voz serena e gestos calculados, um enxadrista com agenda própria que subvertia o lero-lero tucano do qual já estávamos fartos. Não era homem a ser conduzido pelos líderes da oposição; efetivamente, era um polo de poder muito mais eficaz do que todas as aves plumadas que nos entorpeciam com seus discursos vazios. Era, gostemos ou não, o homem certo no momento certo.

O estágio de revolta em que o Brasil se encontrava, perdido em uma crise econômica e ética sem precedentes, demandava a tomada de ações mais incisivas por parte de seus representantes. A oposição, herdeira natural do processo, negara-se a exercer esse papel e deixara um vácuo — uma estrada aberta, se cabe a analogia — para que novos atores tomassem a frente desse fenômeno e passassem a ocupar, dali em diante, o lugar central que o PSDB havia negligenciado. Não saberei dizer aqui se isso foi algo deliberado; creio, honestamente, que o oportunismo de seus líderes, somado à ojeriza pela classe média que os elegia, os fez adotar, naturalmente, uma distância segura de um processo que tinham medo de conduzir. O PSDB parasitara por décadas um eleitorado que nunca mereceu.

COMO UM GRUPO DE DESAJUSTADOS DERRUBOU A PRESIDENTE

Estar naquela sala para negociar diretamente com Eduardo Cunha representava, pela primeira vez desde 2003, uma ruptura com o ente mediador que impedia a classe média de ser ela mesma, de agir por conta própria; era um *bypass* nos Fernandos Henriques, Josés Serras e Geraldos Alckmins, e em sua conversa mole de social-democrata em pose para foto com cafezinho nas campanhas eleitorais. Estávamos fartos daquela covardia travestida de "prudência"! Estávamos fartos, de saco cheio e confiantes em algo novo que pintava no país. E críamos, ainda que instintivamente, no diálogo com aquele estranho homem, cujo cérebro parecia operar em uma sintonia diferente da de todos nós naquela sala. Pois era desta forma que quebraríamos, dali em diante, a hegemonia do tucanato sobre o "Brasil azul" eternamente derrotado nas eleições presidenciais.

A foto que tiramos ao lado de Eduardo Cunha, com dedo em riste, simbolizando o "i" de impeachment, foi eternizada pelos nossos adversários como um exemplo de contradição, de "leniência" com corruptos em prol do "golpe" contra a presidenta guerreira. Para nós, mais que tudo isso, tal foto representa a perda da virgindade política do movimento. O MBL passou a ser alvo de ataques ainda maiores. Virou vidraça, teve sua idoneidade questionada. Mas virou adulto. Nós fazíamos política. Nossa ação, a rigor, era um elogio à atividade política e também um reconhecimento da importância da democracia representativa — algo de que nunca nos afastamos e que, hoje, parece ainda mais relevante.

As ruas finalmente chegavam a Brasília, e o impeachment, agora nas mãos de Eduardo Cunha, passava a fazer parte do rol de maldades que o algoz do governo tinha à disposição contra Dilma Rousseff. Ao final da audiência, tive a oportunidade de trocar algumas palavras com ele. Afirmou ser "de direita", e acreditar em "tudo aí que vocês defendem". Afirmou, também, que analisaria nosso pedido com "muito carinho". E não mentiu nesse aspecto.

A MARCHA PELA LIBERDADE

A peça protocolada pela Marcha pela Liberdade tinha qualidade única e fora reconhecida, pelo próprio Eduardo Cunha, como um pedido forte e embasado. Com ela em mãos, o presidente da Câmara dava declarações recorrentes acerca de sua viabilidade; tal postura mantinha o tema do impeachment em alta e desgastava a presidente da República. Para nós, tal efeito era ainda melhor: obrigou a oposição a buscar seu próprio pedido de impeachment, que viria a obter junto a Hélio Bicudo e Janaina Paschoal no momento em que perdia relevância — e protagonismo — para os novos atores que despontavam no país.

Graças à marcha, o MBL estabeleceu interlocução direta com parlamentares dos mais diversos partidos; conheceu Darcísio Perondi, peemedebista gaúcho que viria a ter papel fundamental na queda da presidente; aprendeu a importância do Centrão e de suas legendas, cujo propósito é não ter propósito algum; e passou a respeitar o diálogo e a política, a tão criminalizada articulação política, como caminho necessário para alcançar a tão aguardada vitória contra o PT.

A Marcha pela Liberdade foi um momento de virada para todos nós, pessoas e movimento. Regressamos a nossos estados de origem transformados, com uma estranha sensação de termos vivido algo que jamais seremos capazes de reproduzir em qualquer outra fase de nossas vidas. Crescemos. E isso era algo bom.

Estávamos prontos, enfim, para jogar pôquer na mesa de quem interessa.

CAPÍTULO VII
O IMPEACHMENT AVANÇA

por Kim Kataguiri

Voltamos para São Paulo de roupas gastas, cabelo crescido, queimaduras na pele e ferimentos no corpo. Nossas almas, porém, regressaram imbatíveis. Na aparência, dá-se um jeito. Sem o propósito, contudo, não se vive.

Uma série de coisas boas aconteceram após a marcha. Entre os destaques, Renan e Pedro fizeram uma importante viagem à Suíça para expor o *case* do MBL num evento do Partido Liberal de lá, o *FDP-DieLiberalen*, ocasião em que conseguiram algum apoio e contatos muito interessantes, inclusive pontes com estudiosos que, posteriormente, viriam ao Brasil construir teses sobre nosso cenário político tendo o movimento como principal referência.

Entre esses estava Ollin, cientista política jovem, muito curiosa e determinada, que, aliás, posteriormente se tornaria presidente da ala feminina do partido liberal suíço. Ela até gravou um vídeo para o MBL com algumas considerações políticas sobre as manifestações. Ficou ótimo, principalmente devido à eloquência e ao conhecimento da "atriz".

Depois de a vida retornar um pouco à normalidade, eu e Renan, fomos comprar um tripé novo para nossa principal câmera, pois o que havia fora fatidicamente quebrado durante a viagem. Na verdade, a gente só estava perto do shopping e, com a lembrança do ocorrido, decidimos dar uma passadinha lá para ver se encontrávamos o tripé certo em alguma loja.

No meio do caminho, porém, ele recebe um telefonema:

— Olá, bom dia! Por este número eu falo com o Renan?

— Sim, pois não? — respondeu o desconfiado.

— Estou ligando da presidência da Câmara para tratar de um assunto concernente ao pedido de impeachment. Precisamos que vocês vejam uma pendência apontada pelo departamento jurídico.

— Ah! Sim, sim. Tudo bem. E o que seria essa pendência? — perguntou um calmo Renan, enquanto, afobadamente, ajeitava-se no banco do carro, incapaz de encontrar uma posição confortável.

— É coisa simples. Uma formalidade apenas.

— Algo fácil de ser resolvido, então?

— Na verdade, trata-se apenas de uma assinatura que está faltando — tranquilizou.

— Perfeito! Resolvemos isso pra já!

— Aproveito para informá-lo, senhor, de que, durante a análise que o departamento fez, junto do presidente Eduardo Cunha, muitos elogios foram feitos ao documento. Há fundamentação sólida e a redação apresenta consistência interna e externa. É evidência de um trabalho muito bem pensado.

Nossa surpresa se perdia na felicidade. A preparação do texto tinha dado um trabalho de cão, mas, finalmente, recebíamos algum reconhecimento. Não que ser elogiado fosse lá tão importante. Não é isso. Importava mesmo era que o pedido avançasse. Mas ouvir de técnicos da Câmara que o pedido havia sido muito bem construído era um alento para quem fora tachado de maluco.

O IMPEACHMENT AVANÇA

A alegria maior, no entanto, não viria do fato de o documento, segundo disseram, ser bem elaborado. Mas de o presidente da Câmara, no dia seguinte ao telefonema, declarar publicamente, para nossa feliz surpresa, que rompera com o governo, posicionando-se oficialmente do lado da oposição.

Não fora algo súbito. Pelo clima das declarações dele e daquilo que conversamos à época do final da marcha, o padrão que enxergávamos apenas avançava. Cunha estava se convertendo, paulatina e firmemente, em uma figura da oposição. Aquele fora um passo firme, para não deixar mais dúvidas: sua decisão havia sido noticiada aos quatro ventos, e todos já teorizavam sobre o que o rompimento significaria para o futuro político do país.

E que se ressalte que a conversão de Cunha pesara muito na balança. Se você então colocasse toda a oposição num saco, não daria nem 100 gramas de Cunha. A influência dele era muito maior que a de todos os outros parlamentares oposicionistas juntos. Sua chegada à oposição, por certo, representava uma configuração de jogo completamente nova. E agora precisávamos, novamente, sopesar nossas atuações para nos adaptarmos à notícia.

Apesar disso, tínhamos um problema imediato pela frente. Logo se iniciaria o recesso parlamentar. Ou seja, não seria mais possível pegar os políticos trabalhando em Brasília para gravar vídeos e gerar engajamento em torno do impeachment. Como, portanto, ficaríamos limitados naquele momento, resolvemos fazer coisas que estavam ao nosso alcance. Como refletir.

Não tínhamos qualquer alternativa político-partidária que correspondesse mais ou menos àquilo que pensávamos. Não tínhamos um partido, nem sequer um político que se alinhasse fielmente ao que defendíamos. E isso dificultava, e muito, o nosso trabalho. As coisas não andavam com a agilidade que queríamos.

Foi quando começamos a sondar a possibilidade de lançar o Holiday para vereador em 2016. Era arriscado? Um pouco, mas já estávamos cansados de não ter uma representação clara de nossas ideias na política "tradicional". Holiday, por sua vez, achava a ideia uma loucura. Lembro de uma conversa que tivemos a respeito:

Holiday: Kim, eu não sei. Tudo isso que está acontecendo é muito bom. Mas ando sentindo muita pressão. São muitas expectativas sendo criadas...

Kim: Cara, eu também sinto isso... Mas a gente tem que seguir acreditando na nossa causa e fazendo o possível pra avançar. Mas o que é? Não se sente preparado?

Holiday: É essa parada de eu ser lançado como vereador. Não tenho condições para isso no momento. Não estou preparado mentalmente. Muita coisa passa pela minha cabeça. Eu sou um favelado que veio de Carapicuíba... Difícil.

Kim: Sua origem não determina fatalmente seu sucesso ou fracasso político. Aliás, essas condições estão bem longe de ser entraves para uma possível carreira política. Independentemente de onde você veio, toda sua trajetória pode ser usada como instrumento, discurso, inspiração para as pessoas que te seguem.

Holiday: Eu sei. Mas é um vício mental meu mesmo, sabe? Eu quero muito ser algo maior assim um dia, entende? A questão não é que eu não queira... Quero muito! A questão é sentir estar preparado. Ainda não me sinto assim.

Holiday pode não ter gostado da ideia, mas Fábio Ostermann, que pouquíssimo tempo antes havia saído do Partido Novo, gostava da possibilidade de nos lançarmos mais explicitamente à política partidária. Foi assim que nos apresentou a Felipe Melo França, que, por sua vez, nos levou até Luciano Bivar, presidente do PSL. Não esse PSL de Jair Bolsonaro, mas um PSL que ninguém conhecia, partido nanico, com fama de legenda de aluguel, que parecia mais uma empresa familiar.

Foi por meio dessa rede de contatos que começamos a pensar em algo como a criação de um partido político.

Entramos em contato com Bivar. Rezamos para que fosse alguém acessível e, para nossa sorte, até que era. Assim que conseguimos estabelecer diálogo, ele já relatou o desejo que tinha de refazer o PSL. Casou perfeitamente com o que buscávamos. A nossa ideia era criar um partido bem diferente daqueles já existentes. Alexandre já tinha até um nome: Livres. Soava bem. O resto do pessoal também gostou. Quando um movimento procura escolher um nome, é porque a coisa começa a ficar séria. E, já de cara, o nome do partido mostrava a que viera.

Viajamos a Pernambuco para nos reunirmos com Luciano Bivar e seu filho, Sérgio Bivar, a fim de que pudéssemos idealizar o Livres. Estávamos empolgados. Se desse certo, seria uma realização e tanto para nós.

Mas ninguém do MBL nasceu ontem. Não somos bestas. Falo isso porque queríamos ter o controle estatutário ou, no mínimo, uma garantia legal de que montaríamos o partido e não seríamos chutados de lá na primeira oportunidade. Era o óbvio a se exigir, pois quem conhece um pouco a política partidária sabe como o puxa-tapete acontece até entre "melhores amigos" e, principalmente, quando as coisas passam a dar certo demais. Precisávamos de algo seguro. E ali não havia segurança.

Depois de muitas negociações, conversas e propostas, ficou claro que, com o tempo, seríamos chutados. Ou melhor, não ficou claro que teríamos a garantia de não sermos expulsos no decorrer da trajetória do partido: se não estavam querendo se comprometer com o pouco exigido, era porque não queriam uma parceria a longo prazo.

Acabou que Fábio Ostermann, insatisfeito com nossa postura nas negociações, saiu do movimento e entrou para o PSL, pensando, obviamente, na iniciativa do Livres, o que é compreensível, já que à época pensava-se que isso daria muito certo. Mas se tem algo em que o mundo é bom é em dar voltas, a ponto de que, em janeiro de 2018, muitos, inclusive o próprio Fábio, foram jogados para fora do partido, sem dó nem piedade. Se tivéssemos entrado, provavelmente esse teria sido o nosso fim também.

Nos livramos de um tombo feio.

* * *

Com o apoio dos principais partidos de oposição na Câmara dos Deputados, o impeachment ganhou novo fôlego. Após a Marcha, o MBL teve o reconhecimento da imprensa e de Brasília como o principal mobilizador pró-impeachment. Isso nos deu legitimidade para articular desde dentro do Congresso e ter uma visão muito mais clara de quais parlamentares pressionar.

O posicionamento aberto de praticamente todos os deputados do DEM e do PSDB a favor do impeachment animou a população, que, antes da Marcha, estava desesperançosa. E eu até entendo o motivo da desesperança. Que atire a primeira pedra quem nunca teve este pensamento: "Ah, política não tem jeito mesmo. Vai ficar esse bando de pilantras no poder para sempre. Olha só há quanto tempo o PT está aí no poder, mesmo com todas as evidências do mundo de que são um bando de ladrões..." As coisas, porém, estavam diferentes, as peças do tabuleiro da esquerda sendo comidas pelas do outro lado. Uma virada parecia cada vez mais próxima.

Mesmo assim, ainda havia uma grande barreira a ser combatida: os senadores de oposição. A maioria deles, liderada por Aécio Neves, insistia na tese da cassação via TSE. É claro que sabiam que aquilo era inviável, mas a possibilidade de deixar o PT — e o Brasil — sangrando até as eleições de 2018, para garantir uma vitória fácil ao senador tucano, era apetitosa demais para ser descartada. Isso somado ao fato de que a turminha formada por José Serra, Aloysio Nunes etc. nunca gostou de fazer oposição. Não fosse um bando de moleques pentelhos, continuariam bem confortáveis.

Decidimos fortalecer os deputados pró-impeachment convocando uma manifestação para 16 de agosto. A ideia era, mais do que criticar o governo, atacar a oposição do Senado e dar destaque aos parlamentares que já se posicionavam abertamente a favor da denúncia.

Foi a primeira vez que sentamos com o Vem Pra Rua e o Revoltados On Line para acertar uma data. Naquela altura, finalmente, todos os grupos defendiam o impeachment. Estávamos num momento politicamente crítico, delicado, decisivo. Era imprescindível juntar as forças para que a manifestação causasse o maior impacto possível.

A reação nas redes foi incrível. Os logos dos três movimentos juntos, numa arte de divulgação com pitadas de edição épica, empolgaram o público. Foi como naquele episódio em que todos os Power Rangers vermelhos se juntaram numa batalha. Ou, para quem é mais nerd ainda, quando houve o crossover entre *One Piece*, *Toriko* e *Dragon Ball*, ocasião em que pudemos ver Luffy, Toriko e Goku reunidos num único torneio.

Conseguimos aglutinar forças políticas suficientes para que a pressão dos membros do PSDB na Câmara, com cuja liderança estávamos em contato constantemente, fizesse com que o partido utilizasse seu tempo na televisão para convocar a população ao protesto. Apesar da chamada sem sal, bem tucana, a inserção ajudou.

A "chavinha" virou. Pela primeira vez, todos os movimentos pró-impeachment estavam juntos e, para melhorar, muito bem articulados com a oposição na Câmara. Acabara o receio dos oposicionistas em relação a nós. Entenderam que não éramos uns loucos jacobinos que queriam cortar cabeças, mas um movimento maduro buscando uma saída política republicana.

Isso deu poder aos parlamentares de oposição. Até então, só vinham apanhando de entidades como CUT, UNE e MST, fortes apoiadores dos políticos governistas. Em outras palavras, quem defendia Dilma tinha respaldo de militância, cargos e palanque político. Quem atacava não tinha nem militância nem cargos, e ainda apanhava. Agora, havia quem falasse com os oposicionistas, o que lhes dava legitimidade. Quando discursavam na tribuna, sabiam que não estavam sozinhos e que aquelas palavras não ficariam perdidas nos arquivos da TV Câmara, mas repercutiriam nas redes sociais.

Os números atenderam às expectativas: as ruas tiveram mais manifestantes que em 12 de abril, embora menos que em 15 de março. Mesmo com a queda de presentes em relação ao primeiro evento, era difícil para o governo e para setores da imprensa manter a narrativa de que o impeachment perdia força. Afinal, a popularidade da presidente despencava e os protestos voltavam a crescer.

E que se registre aqui um alívio cômico. Para que Dilma perdesse popularidade, não precisávamos fazer coisa alguma. As declarações dela em noticiários e entrevistas já faziam com que sua competência fosse duvidada à vontade. Dizer que precisávamos de uma tecnologia nova para estocar vento, que estávamos comungando a mandioca com o milho (e que a mandioca era uma das maiores conquistas do Brasil), que, quando construímos uma bola, lá atrás, nos transformamos em *homo sapiens* (ou melhor, *mulheres sapiens*), que, atrás de toda criança, existia uma figura oculta (isto é, um cachorro), que respeitava o ET de Varginha etc., tudo isso dava razão suficiente para que qualquer bêbado questionasse a presidente com propriedade.

Na manifestação, inovamos em matéria de plataforma. No lugar de algo brega como um trio elétrico ou os caminhões convencionais, usamos uma estrutura fixa, cuja base era mais baixa, como que entrando no meio da multidão. Isso passava uma ideia de muito mais proximidade. Era o nosso estilo. Ah, sim: acoplada ao veículo, colocamos a bateria,

Alexandre Santos e Renan Santos na cozinha de casa, em Vinhedo, no aniversário de 30 anos de Renan, em 2014.

Kim Kataguiri, Fred Rauh, Alexandre Santos, Elena Spyra e Amanda, em viagem de férias para um sítio em Itatiba, no verão de 2014.

Fred Rauh, Renan Santos, Pedro D'Eyrot e Alexandre Santos no escritório onde funcionou a primeira sede do MBL, no centro de São Paulo, em 2014.

Pedro D'Eyrot e Renan Santos seguram a bandeira do estado de São Paulo durante produção da foto de campanha de Paulo Batista, candidato a deputado estadual, em 2014.

Paulo Batista e Pedro D'Eyrot em gravação para clipe musical de Paulo e os Batistas, em 2014.

Pedro D'Eyrot e Kim Kataguiri esperam a chegada de Danilo Gentili no QG do MBL para gravação de vídeo contra Dilma Rousseff, às vésperas do segundo turno das eleições de 2014.

Renan Santos no protesto de 1º de novembro de 2014, em São Paulo.

Alexandre Santos, Fred Rauh e Kim Kataguiri em manifestação na avenida Paulista em 6 de dezembro de 2014.

Manifestação na avenida Paulista em 6 de dezembro de 2014. Em destaque, caminhão de som do Vem pra Rua.

Organizadores posam para foto ao final de protesto ocorrido em 6 de dezembro de 2014 em São Paulo.

Alexandre Santos na manifestação de 6 de dezembro de 2014.

Alexandre Santos, Kim Kataguiri, Renan Santos e Fred Rauh na primeira sede do MBL, no centro de São Paulo, em 2014.

Alexandre Santos

Marcha pela Liberdade passa em frente a assentamento do MST, em maio de 2015.

Renan Santos caminhando por estrada em Goiás, em maio de 2015, durante a Marcha pela Liberdade.

Renan Santos e Fernando Holiday na Marcha pela Liberdade, em maio de 2015. Photobomb de Kim Kataguiri.

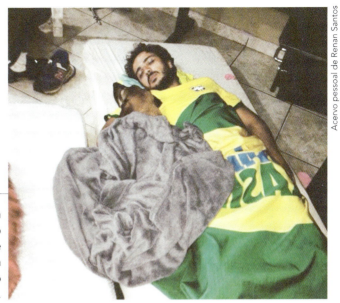

Renan Santos descansa ao lado do cão apelidado de Base Jurídica. Marcha pela Liberdade, maio de 2015.

Renan Santos em coletiva de imprensa sobre a Marcha pela Liberdade. Brasília, 25 de maio de 2015.

Renan Santos e Eduardo Cunha em reunião no Congresso Nacional em 2015.

Renan Santos, Eduardo Cunha e Rubinho Nunes em 27 de maio de 2015, após protocolarem pedido de impeachment de Dilma Rousseff ao final da Marcha pela Liberdade.

Kim Kataguiri e Hélio Bicudo no apartamento de Hélio, em 16 de setembro de 2015.

Alvorecer no acampamento em frente ao Congresso Nacional, em novembro de 2015.

Rafael Rizzo, Kim Kataguiri e Alexandre Santos no QG do MBL em São Paulo, no início de 2016.

Kim Kataguiri e Fernando Holiday no Beco do Batman, em 2016, durante gravação de vídeo para o canal do YouTube "Inimigos Públicos".

Na mesma gravação, Kim Kataguiri, Fernando Holiday, Alexandre Santos e Fred Rauh no centro de São Paulo.

Alexandre Santos e Kim Kataguiri
no centro de São Paulo.

Alexandre Santos e Fred Rauh
no Beco do Batman.

Vista do caminhão do MBL durante a manifestação de 13 de março de 2016 na avenida Paulista.

Renan Santos na manifestação de 13 de março de 2016.

Alexandre Santos, Fernando Holiday e Renan Santos na manifestação de 13 de março de 2016.

Alexandre Santos em frente ao telão da votação do impeachment de Dilma Rousseff em 17 de abril de 2016.

Manifestantes lotando a Esplanada dos Ministérios, em Brasília, em 17 de abril de 2016.

O IMPEACHMENT AVANÇA

cujo nome era Unidos de von Mises, liderada, aliás, por um dos nossos mais aguerridos coordenadores, Alexandre Den, um cara bem alto e de uma simpatia sobre-humana. Acho que o público gostou.

Vale citar, também, a participação que a Ollin, a jovem suíça formada em ciência política, teve. Ela acabou discursando conosco. Suas falas deram força ao que propúnhamos. Afinal, observou que, por muito menos, na Suíça, o Parlamento já teria dado um jeito na Presidência; e que a população teria feito maior protesto da história. Demorou, mas os brasileiros começaram a aprender essa lição. O fato de ser alguém de fora argumentando dava propriedade ao discurso que motivara os manifestantes.

O caminho encontrado pela militância petista e suas linhas auxiliares (*Fórum, Carta Capital*, Brasil 247 etc.) foi utilizar um "estudo" segundo o qual a maior parte dos presentes em 16 de agosto era de "brancos e ricos". A canalhice e o absurdo da "constatação" eram evidentes: em primeiro lugar, se o Brasil tivesse tanto rico assim, não haveria motivo para protestar. Para que reclamar num país em que o povo é rico? Só se nós tivéssemos importado centenas de milhares de ricos de outros países para protestar aqui, o que parece pouco plausível.

Em segundo lugar, se só tivessem brancos e milionários, qual seria o problema? Branco não pode protestar? Rico não tem direito a opinião? A divulgação da tal "pesquisa" só demonstrou o pensamento racista e discriminatório dos ditos defensores da tolerância e da democracia.

O impacto da manifestação em Brasília foi extremamente positivo para o impeachment. Deputados e senadores de oposição repercutiram o sucesso dos protestos em discursos, que foram reproduzidos em incontáveis páginas de redes sociais.

Apesar disso, nossas idas ao Congresso evidenciavam um problema: alguns deputados à esquerda, principalmente do PSB, tinham dificuldade em apoiar o pedido protocolado por nós ao final da Marcha. Afinal, o MBL era pintado pela imprensa como um movimento de "extrema direita".

Precisávamos, portanto, de um nome de peso que fosse palatável para os parlamentares de centro-esquerda insatisfeitos com o governo Dilma. Soubemos, então, que o jurista Hélio Bicudo, fundador do PT, em parceria com a professora Janaina Paschoal, protocolaria uma denúncia contra a presidente.

Era a narrativa perfeita: um fundador do PT, decepcionado com os rumos do partido, entra com um pedido de impeachment contra uma presidente petista. A notícia era boa. Um dos próprios criadores do partido partilhava a ideia de que Dilma, legitimamente, deveria cair.

A oposição, temendo perder protagonismo para as forças de direita que ascendiam, achava conveniente ter algo de sua cara no pedido de impeachment. Daí por que, para agregar um estilo PSDB ao texto, e também para que o Vem pra Rua tivesse participação no processo, Miguel Reale Júnior queria ser o redator. Então, foi obrigado a se aliar, talvez a contragosto, com Janaina Paschoal e Hélio Bicudo, o que renderia grandes brigas de bastidores.

Tudo isso, porém, seria resolvido. Conversamos com Janaina, que ligou para mim e Renan não muito depois, e não tivemos problema em ceder e abrir mão de nosso pedido. Na verdade, já tínhamos pensado naquela hipótese antes. A história a ser contada era basicamente a mesma. No final das contas, dando tudo certo, chegaríamos ao mesmo efeito. E o que nos interessava não era a cor do gato, mas que caçasse o rato — no caso, derrubando a presidente da República.

Decidimos apoiar o pedido de Bicudo e Janaina. Para não dizer que não senti algo dentro de meu coraçãozinho asiático frio, confesso certa dor, ao decidir por aquela aliança, depois dos mais de mil quilômetros andados, durante 33 dias, para protocolar o primeiro pedido de impeachment com embasamento jurídico razoável. Paciência. O importante era a coisa avançar.

Lembro-me de que, logo após o protocolo da denúncia, fui à casa do Dr. Hélio para um café. As paredes tomadas por diversos quadros e honrarias que lhe haviam sido concedidas quando atuava no Ministério Público — foram mais de trinta anos. Tivemos uma ótima conversa. Ele realmente acreditava num projeto de país baseado na ética e conduzido por trabalhadores, e largou o PT muito cedo justamente por perceber que o partido nada tinha a ver com ética ou com trabalho, e sim com um projeto criminoso e totalitário de poder. Fiquei feliz em saber que pelo menos um dos fundadores do PT tinha boas intenções. E, aliás, não só boas intenções, mas inteligência, o que está bastante em falta na política de forma geral.

Fazendo um pequeno parêntese, a professora Janaina Paschoal foi uma das principais razões pelas quais decidi ingressar na faculdade de Direito. Eu já estava pegando gosto pela coisa quando, para entrevistas e debates, tive de aprender a Lei n. 1.079 (referente ao impeachment) e os detalhes das famosas pedaladas fiscais, e a atuação apaixonada e dedicada da penalista foi fundamental para minha escolha.

Além de profunda conhecedora do direito penal e professora extremamente didática — aliás, seu livro *Direito penal: parte geral* me garantiu várias notas dez —, Janaina também é uma pessoa absolutamente sincera e espontânea. Suas opiniões sempre refletem o que acredita ser o melhor, e ela não tem medo de expressá-las para quem quer que seja. Ser minoria não a assusta, o que é incrível, pois isso quer dizer que de fato valoriza aquilo em que crê, a despeito das condições sociais e circunstancialmente desfavoráveis para defender seus valores. Que mulher, senhoras e senhores! Que mulher! (Aprendam, feministas!)

Creio que isso tenha ficado bastante claro nos momentos em que teve de lidar com a "bancada da chupeta" do Senado, formada por Lindbergh Farias, Gleisi Hoffmann e Vanessa Grazziotin. Paciente, mas incisiva, Janaina refutou a tese do golpe com maestria e teve firmeza para aguentar os ataques pessoais, um mais baixo do que o outro. E admito que foi muito bom ver Gleisi levando aquela chuva de fatos e lógica. Simplesmente impagável.

COMO UM GRUPO DE DESAJUSTADOS DERRUBOU A PRESIDENTE

* * *

Voltando ao impeachment: o governo e setores da imprensa ficaram ensandecidos com a denúncia apresentada por Hélio Bicudo e Janaina Paschoal. Como assim? Um fundador do PT chamando Lula de ladrão? Indo contra o governo da *presidenta* democraticamente eleita com 54 milhões de votos? Pane. Tela azul.

Apesar dos avanços na Câmara, sabíamos que a maior parte do Senado ainda era muito reticente. Por isso, decidimos marcar uma reunião com o ex-presidente Fernando Henrique Cardoso, um dos nomes mais influentes entre os caciques da então oposição no Senado.

Apanhamos — e muito! — por causa desse encontro. Setores mais histéricos da direita gritavam aos quatro ventos que havíamos nos vendido ao tucanato. Estávamos, nas palavras deles, "passando o protagonismo para os políticos". Fomos fortemente "denunciados" pelo "fato" de sermos agentes do "socialismo fabiano". O que diabo é isso? Nenhum dos acusadores sabe dizer. Mas nós sabíamos que nada aconteceria sem que fizéssemos política.

O tucano não demonstrou o menor interesse em assumir qualquer tipo de protagonismo no processo. Pelo contrário: disse que via no MBL um fenômeno similar aos recém-criados partidos espanhóis Podemos e Ciudadanos, que, apesar de representarem ideologias opostas, estimulavam de maneira semelhante a participação popular e representavam uma ruptura da sociedade espanhola com os partidos tradicionais.

FHC se mostrara bastante aberto a cooperar na articulação pelo impeachment da presidente. Enxergava, como a gente, que a situação de Dilma só pioraria, principalmente devido à inevitável degradação econômica que sua gestão desastrosa causaria.

Por mais que eu possa discordar de diversos posicionamentos do ex-presidente — afinal, ele é de esquerda —, não dá para negar que se trata de uma pessoa civilizada e que sabe dialogar. Muito diferente de certas figuras que, buscando holofotes a todo custo, acabam jogando contra o próprio time.

Para ser claro: refiro-me a Olavo de Carvalho, um sujeito que acredita ter dado início a todas as manifestações direto de seu sofá na Virgínia, nos Estados Unidos. Para ele e seus acólitos, nossa reunião com FHC significava o fim dos protestos, o apocalipse da direita. Olavo, registre-se, posicionou-se firmemente contra o impeachment. Para o sujeito, as manifestações eram uma "ejaculação precoce". Afinal, ele ainda não havia restaurado a "alta cultura" e, portanto, não havia uma "verdadeira liderança política formada por uma elite cultural".

Realmente, o mais sensato seria mesmo sobreviver a décadas de desemprego, inflação, corrupção e autoritarismo petista para, só depois do surgimento de uma elite cultural olavista, combatermos a ditadura socialista totalitária que o PT provavelmente já teria implantado. Baita raciocínio.

Seu pensamento conseguia ficar ainda mais confuso: embora avaliasse que as manifestações ocorriam cedo demais, também defendia que todos seguissem a "massa", pois ela estaria "absolutamente consciente de tudo que estava acontecendo".

Curioso. Não tínhamos uma liderança política consciente, porque ainda não havíamos restaurado a alta cultura, mas, ao mesmo tempo, "qualquer zé mané da rua entendia a relação entre a roubalheira e o Foro de São Paulo, a roubalheira e o bolivarianismo, a roubalheira e o processo revolucionário".

Infelizmente, certas "mentes iluminadas organizaram uma marcha para Brasília e passaram o protagonismo da massa para a classe política", estragando a luta da "massa contra o estamento burocrático". Triste. Poderíamos, neste exato momento, estar vivendo numa "democracia plebiscitária onde o povo, diretamente, tomaria todas as decisões".

Deixar as massas conduzirem uma revolução por um regime de democracia direta. Acreditem: esse era o plano de um pensador conservador, que deveria, portanto, ser antirrevolucionário por natureza. É como diz o barão de Montesquieu: "Percebemos os abusos antigos, vemos a sua correção; mas vemos também os abusos da própria correção." Pois é: naquele momento, Olavo estava tirando seus princípios dos próprios preconceitos, não da natureza das coisas.

Apesar de tudo isso, não lhe tiro os méritos. Não existe alguém de todo ruim ou bom. Li os artigos compilados no livro *O mínimo que você precisa saber para não ser um idiota*. O velho, apesar de maluco, é, sim, um filósofo inteligente, não um "astrólogo embusteiro" — como aqueles que nunca leram uma linha de sua obra o acusam de ser.

Seu erro é acreditar ser o alfa e o ômega da direita brasileira. Para Olavo, só existe alguma direita no Brasil por causa dele. Como nós, a "direita criada por Ele", não seguimos seus conselhos — como usar as manifestações para fazer uma revolução popular e tirar o PT do poder na base da porrada —, estávamos, então, servindo aos interesses de ordem subterrânea dos socialistas fabianos, seja lá quem forem.

* * *

A tese das "pedaladas fiscais" ganhou força rapidamente. Não sem razão: a quebradeira que estávamos vivendo deixava mais do que evidente que Dilma havia feito de tudo — inclusive cometido crimes — para jogar a sujeira para debaixo do tapete durante a campanha de 2014.

Antes de se reeleger, a presidente dizia na televisão que o Brasil estava uma maravilha. Obras a mil, Olimpíadas chegando, inflação sob controle, desemprego baixo, zero possibilidade de aumento de impostos, dinheiro sobrando para saúde e educação etc.

De 2014 para 2015, a carroça virou abóbora. Inflação de dois dígitos, mais de dez milhões de desempregados, cortes bilionários na saúde e na educação, caos na segurança pública e roubalheira em tudo quanto fosse obra. Infelizmente, estelionato eleitoral não é crime; mas, felizmente, pedalada fiscal é.

Só faltava uma coisa para a tese se consolidar: o julgamento no Tribunal de Contas da União (TCU), que recomendaria a aprovação ou a rejeição das contas de 2014 do governo Dilma.

Juridicamente falando, trata-se apenas de uma recomendação. O Congresso poderia aceitá-la ou ignorá-la. Porém, a legitimidade de um julgamento técnico que condenasse as pedaladas fiscais daria muita robustez ao discurso pró-impeachment.

As semanas anteriores à decisão do TCU foram recheadas de notícias sobre o que haveria no relatório e qual seria o voto de cada ministro. Não havia certeza sobre o resultado. O único consenso: a votação seria apertada.

No dia do julgamento, organizamos um protesto em frente ao TCU. O local estava muito agitado, com imprensa, figuras conhecidas do governo e da oposição, advogados etc. Nós ajudamos um pouquinho: além de convocar uma manifestação, levamos um caminhão de som estampado com a bandeira do Brasil para fazer um barulho durante o julgamento.

Como eu tive a oportunidade de entrar no tribunal e acompanhar de perto a leitura do relatório do ministro Augusto Nardes, Meire, nossa querida coordenadora de Brasília, teve de segurar a onda no gogó durante horas. Verdadeiro ato heroico.

Logo que entrei no plenário, os jornalistas olharam com aquela maravilhosa cara de "puta que o pariu, o que esse golpista veio fazer aqui?" Como os pinguins de *Madagascar*, sorri e acenei.

O ministro estava sendo fortemente atacado pelas linhas auxiliares do PT. Veículos como o Brasil247 e a revista *Carta Capital* afirmavam que Nardes sempre fora vinculado "aos interesses da oposição e da direita brasileira em geral", estando a serviço do "grande empresariado".

Nada mais do que a velha estratégia da extrema esquerda brasileira: se você se opõe ao projeto deles, não passa de um filhote de Satanás financiado pela "zelite".

A tese defendida pelo governo e pela militância petista era a de que "todos os governos pedalaram, mas só querem punir a Dilma porque ela é mulher" e "defendia os mais pobres". Ou seja, se todos os outros presidentes cometeram crimes, é melhor nunca punirmos um deles. Afinal, é injusto começar penalizando logo uma "presidenta eleita com mais de 54 milhões de votos". Não é mesmo?

Outro absurdo que podemos tirar desse raciocínio: não há problema nenhum em cometer crimes desde que sejam cometidos em nome dos mais pobres. Matou alguém? Foi em prol do partido? Ah, então tudo bem. Qualquer semelhança com *A nossa moral e a deles*, de Trotski, não será mais que mera coincidência.

Apesar da metralhadora de desinformação, os ataques petistas acabaram prejudicando, e muito, o governo.

O parecer do relator foi pela reprovação das contas do governo. Isso já era esperado. A surpresa veio com os votos dos seus colegas: o relatório foi aprovado por unanimidade. Os ataques do PT fizeram com que todos os ministros se solidarizassem com Nardes e aprovassem seu parecer. Derrota acachapante para o governo.

O ministro deixou bem claro que apenas a gestão de Dilma Rousseff pedalara, jogando no lixo a tese de que tudo não passava de uma perseguição por ela "ser mulher" e "lutar pelos pobres".

CAPÍTULO VIII
O ACAMPAMENTO

por Renan Santos

Acordei, naquela quarta-feira, 7 de outubro de 2015, com um nem tão habitual bom humor, que se refletia na escolha de velhas camisetas coloridas da marcha para ir a São Paulo. Ainda morava em Vinhedo, e comentei com meu irmão e meus pais, no café da manhã, sobre as informações que ouvia de jornalistas naqueles primeiros dias do mês. Não sei se eram os ares da primavera, mas era fato que os ventos começavam a soprar para o nosso lado desde a assinatura conjunta do pedido de impeachment da presidente.

— Então... — Minha fala era entrecortada por goles de café. — Parece que o Augusto Nardes vai meter ferro na Dilma... — afirmei. — E é grande a chance de vencermos de goleada no TCU.

Minha mãe não parecia surpresa. Dizia ter lido no *Antagonista*, ainda em setembro, que isso aconteceria. Parecia mais preocupada com suas cachorras do que com a tão aguardada vitória no Tribunal.

— Bom, de qualquer forma acho que temos que organizar algo — afirmei. — É bom que a gente esteja pronto para dar os próximos passos, pois pela primeira vez os partidos da base aliada começarão a sentir cheiro de sangue...

O impeachment começava a ganhar contornos reais. Se, por um lado, o presidente da Câmara Eduardo Cunha começava a sentir os primeiros impactos das denúncias que acabariam com sua carreira política, por outro, seu partido, o PMDB, movia-se nos bastidores em busca de algum tipo de *independência*. Além do já conhecido Darcísio Perondi, deputado gaúcho que nutria uma boa amizade conosco, ganhava força a figura de Moreira Franco, articulador político, sociólogo, ex-governador do Rio de Janeiro e ex-ministro de Dilma Rousseff. Grande amigo de Michel Temer, Moreira fora demitido do ministério ao final de 2014, gerando enorme desconforto para o vice-presidente peemedebista. Era sabido por todos em Brasília que de Moreira partiam boa parte das articulações que enfraqueciam a teia de alianças de Dilma dentro do partido.

O PMDB era o elemento mais complexo na luta pelo impeachment. Até hoje sou incapaz de compreender todas as nuances, correntes e movimentos que caracterizavam essa federação de caciques regionais que então compunham o partido mais importante do Brasil. Sua natureza municipalista, uma espécie de federalismo de cooptação, mescla o que há de melhor no princípio da subsidiariedade com o que há de pior no patrimonialismo brasileiro. Temos assim uma espécie *sui generis* de Frankenstein político, incompreensível para analistas em busca de uma definição mais precisa.

Naquele outubro de 2015, esse organismo caótico circulava no espaço político como um dançarino bêbado: Michel Temer mantinha-se calado enquanto Moreira e Padilha agiam nos bastidores; falava-se que o partido preparava, junto a intelectuais e economistas, uma agenda de reformas que tirariam o país do atoleiro econômico cavado por Dilma; Eduardo Cunha ora comportava-se como o pior pesadelo da presidente, ora flertava com interlocutores do PT em busca de salvação; Renan Calheiros permanecia leal ao governo, e sua influência sobre três ministros no TCU valia ouro naquele momento de crise; Leonardo Picciani, jovem expoente da corte carioca de Sergio Cabral, mantinha-se líder do PMDB na Câmara e exercia forte oposição a Cunha. Esses eram os principais jogadores dentro da máquina de guerra peemedebista naquela segunda metade do ano.

Estados e municípios, além de outras lideranças nacionais, ajudavam a complicar ainda mais o caleidoscópio político do partido. Paulo Skaf, de São Paulo, ensaiava seu desembarque montado em seu pato amarelo. O Rio de Janeiro de Pezão permanecia governista e falido, situação parcialmente similar à de seu colega gaúcho; lá, porém, o partido sustentava forte oposição ao petismo, que fustigava as reformas do governador Sartori sem medo de ser feliz. O Paraná de Requião era governo; a Bahia, de Lúcio e Geddel, fingia ser. Naquela altura, era mais fácil entender a cabeça de uma mulher que as cabeças do maior partido do país.

* * *

Peço desculpas ao leitor por retornar ao tema do TCU, já abordado por Kim no capítulo anterior. É que se faz necessário, ao menos para mim, expor o estranho sentimento de triunfo que experimentamos naquele dia, algo de que nosso frio e competente amigo nipônico não tratou. Dirigir para São Paulo naquela quarta-feira, sabendo que a tese das pedaladas provavelmente seria coroada com a rejeição de contas, trazia uma sensação nova — a de que os tais agentes políticos do establishment começariam a jogar o jogo conforme nossa música. Até por isso liguei o rádio mais alto e tomei algumas multas na Marginal Pinheiros. Faz parte.

Não conheço os acordos políticos por trás das nomeações dos ministros do TCU. Mas é sabida a natureza política — com pouca ou nenhuma motivação republicana — que norteia o processo de escolha. Em situações normais, sem crise política deflagrada e sem a Operação

Lava Jato e milhões de brasileiros nas ruas, seria ridículo pensar que o TCU reprovaria as contas do presidente em exercício. O ceticismo era a tônica — com toda razão. E, sejamos claros, não víamos em Nardes e seus colegas espécimes da Liga da Justiça das contas públicas. Mas a vitória, obtida de forma unânime naquela noite, representou um avanço estratégico ímpar no xadrez do impeachment. Por três razões: porque validava a tese das pedaladas fiscais, que embasavam as denúncias protocoladas na Câmara; porque jogava um banho de água fria sobre a narrativa do golpe acalentada pelo petismo; e porque dava sinais claros de articulação política de primeiro escalão sendo feita no seio do peemedebismo.

Não podemos nos iludir: não haveria tal vitória sem a anuência de Renan Calheiros.

* * *

À noite, alugamos um pequeno carro de som e fomos à Paulista comemorar. Juntamos uns trinta gatos pingados, enchemos a cara e demos o recado: não havia mais desculpas para Eduardo Cunha não acolher o pedido de impeachment. A pressão estava toda sobre ele, justamente no momento em que a Globo direcionava seus canhões contra o deputado carioca. Era mesmo um momento muito estranho. Cunha ganhava e perdia poder ao mesmo tempo: as denúncias e a imprensa fustigavam sua posição de um lado; de outro, a arma letal contra o governo Dilma — que poderia ser também sua tábua de salvação — era abastecida.

Passamos a noite trocando mensagens de WhatsApp com deputados amigos, tanto do DEM quanto do PSDB, tentando entender a cabeça do presidente da Câmara. Alguns me diziam que Cunha procuraria ganhar tempo, utilizando-se do pedido de impeachment para fortalecer sua posição nas negociações com Dilma e companhia. Falava-se, à época, que Delcídio do Amaral, líder do governo no Senado, seria o interlocutor do PT em um possível acordão no STF envolvendo Eduardo Cunha. Não duvido da hipótese. Ainda assim, era consenso que a estratégia de ataque, dali em diante, deveria centrar-se na pressão política sobre o presidente da Câmara. Falamos com amigos, jornalistas, políticos e líderes de outros movimentos. Ficou acertado: o jogo seria com o "malvado favorito".

Nos dias seguintes, começamos a construir a base do que seria a atividade do MBL ao longo dos dois meses seguintes. Sabíamos que não havia tempo nem motivação para uma grande manifestação. Os demais movimentos — em especial o Vem Pra Rua e o Revoltados On Line — concordavam conosco. Mas o que fazer? Havíamos tentado, sem muito sucesso, a estratégia de enviar militantes à Câmara dos Deputados para fazer corpo a corpo com parlamentares. Não funcionaria novamente. O foco deveria ser Eduardo e seus olhos vesgos de regimentalista.

Se não havia uma ideia brilhante, que começássemos então com o básico: lançamos uma hashtag e clamamos às pessoas que fossem às redes de Eduardo Cunha exigir o acolhimento da denúncia. Assim, iniciamos a campanha #AcolheCunha e passamos a inundar as redes do deputado com pressão para que fizesse a vontade das ruas. Havia uma lógica no método: o Facebook do carioca estava tomado de ataques advindos da esquerda progressista, que repudiava suas posições conservadoras e pedia sua cabeça de forma implacável. Era importante demonstrar a Cunha que nosso lado era mais poderoso e organizado.

A campanha não poderia vir em melhor hora: no mesmo dia em que fora lançada, 9 de outubro, eclodiam denúncias envolvendo uma conta secreta na Suíça, que era movimentada por sua esposa, a jornalista Cláudia Cruz. As denúncias tinham algo de bizarro: traziam consigo o pagamento de caríssimas aulas de tênis com o treinador

Nick Bollettieri, na Flórida. Memes de todos os lados reportavam a lambança. Cunha era atingido em seu coração. Os canhões da imprensa direcionavam-se quase que completamente para o peemedebista. Surpreendia o engajamento, digamos, natural da mídia pela causa do "Fora Cunha". Parecia que não tínhamos uma presidente envolvida em um escândalo muito maior. Mas a ação fazia sentido: as denúncias enfraqueciam o presidente da Câmara e davam substância à mobilização política por seu afastamento. As franjas do petismo — blogs, movimentos estudantis, grupos identitários, sindicatos e intelectuais — encontravam então a narrativa desejada para a contraofensiva, dois dias após a terrível derrota no TCU.

Olhando em perspectiva, aquela primeira semana de outubro deve ser observada com a devida atenção. Foi, sem sombra de dúvidas, uma das mais importantes dentro da trajetória que resultaria no impeachment. O arco de opções que definiriam o destino de Eduardo Cunha estava dado. As apostas para os grupos pró e contra o impedimento de Dilma haviam sido abertas. Caberia ao presidente da Câmara, dali em diante, mover-se dentro do campo de batalha.

* * *

Observávamos com alguma atenção os movimentos da direita olavista, composta por grupos minoritários que seguiam as orientações do filósofo da Virgínia. Sabíamos que o que era decidido ali poderia afetar as decisões de Marcelo Reis, do Revoltados On Line. Marcelo era muito influenciado pela ex-procuradora Bia Kicis, de Brasília; ela, por sua vez, era a ativista política mais capaz dentro da zona de influência de Olavo de Carvalho.

Havia, nesse grupo, a percepção de que a tão sonhada "intervenção militar" não aconteceria. Temiam, também, que a "esquerda infiltrada", supostamente liderada por Fernando Henrique Cardoso e Hélio Bicudo, se utilizasse de sua suposta ascendência sobre o MBL para manter a esquerda no poder após a derrocada do petismo. Como alternativa, sugeriam uma espécie de mimetismo da solução ucraniana, por meio de grupos de "resistência popular" que haveriam de derrubar Brasília e todo o establishment.

O plano era simples: inspirados no sucesso de *Winter on Fire*, documentário que retratava a revolta popular ucraniana contra a cleptocracia que lhes governava, Olavo e seus próceres clamavam por atitude similar aqui nos trópicos. Fantasiavam sobre *jogar deputados na lixeira*, invadir parlamento, surrar senadores. Queriam mimetizar algo que não era possível de ser replicado, mesmo que para garantir, sob vaias dos sensatos, certa vanguarda num discurso revolucionário que lhes seria muito útil nos anos vindouros. A ordem do dia era "ucranizar", e *Hangouts* e postagens abestalhadas foram levados à frente com esta narrativa.

Para a missão, porém, não havia corpo político nem relevância. Os únicos dois movimentos com enraizamento e distribuição territorial, naquele momento, eram MBL e Vem Pra Rua. Por isso, o olavismo valia-se da bravura de alguns maluquinhos fanáticos pela ideia da intervenção militar, que cometeram a ousadia de acampar na praça das Bandeiras, último espaço aberto antes do gramado do Congresso, alguns meses antes de nós. Era um grupo estranho: havia casais, homens com espadas, mulheres camufladas e fãs de Jair Bolsonaro. Estavam naquele gramado já há algum tempo, sem obter destaque por parte da imprensa. Alguns de seus colegas intervencionistas batiam cartão no acampamento em frente ao Comando Militar do Leste, em São Paulo. Era um hospício a céu aberto.

Sem que percebêssemos, fermentava nesses ajuntamentos um caldo cultural por demais estranho. Militaristas neuróticos, construindo teorias conspiratórias sobre o General Mourão e a chegada de caminhoneiros revolucionários; memes patrióticos, cafonas e pixelizados, mesclando passagens bíblicas com as cores da bandeira; iconografia bolsonarista e um estranho *revival* do Enéas. Ninguém levava isso a sério — erro que viria a consumir a nova direita nos anos seguintes. Como a história mostrou, as preces do povo camuflado foram quase todas atendidas.

A despeito de seu potencial profético, acompanhá-los não era uma opção. Ainda assim, seu modelo de ação política — o acampamento — era uma estratégia ainda não testada pelo movimento pró-impeachment. Havíamos organizado manifestações, atos, marchas, happenings e tuitaços. Escrevemos artigos, fizemos vídeos, organizamos palestras. Mas não havíamos ainda acampado. A bem da verdade, fizemos um microacampamento, liderado por Fernando Holiday, em frente à casa de Eduardo Cunha, em julho. Mas foi tão pequeno que só resultou em algumas poucas notas na imprensa — e em uma festa havaiana que até hoje não sei bem por que aconteceu.

Fato é que o tempo corria e não sabíamos o que fazer. Temíamos que a esquerda levasse à frente a campanha "Fora Cunha" — com amplo apoio da imprensa — e jogasse de lado a agenda do impeachment. Havia precedente: em agosto, uma tal de Marcha das Margaridas — basicamente composta por mulheres ligadas a movimentos sociais levadas de ônibus para Brasília — pedira a cabeça do presidente da Câmara logo à frente do Congresso Nacional. Com o gramado tomado, gritavam palavras de ordem cuidadosamente ensaiadas por suas coordenadoras; uma espécie de feminismo pelego proletário em nome do "Fica Dilma". Não comoveu uma só pessoa que não militante, mas assustou Cunha.

Com todos esses elementos em mente, somados a um sentimento de urgência, era questão de tempo até que uma solução para nosso dilema surgisse, o que ocorreria em 13 de setembro, desde a cabeça de Alexandre:

O ACAMPAMENTO

— Renan! — disse. — E se vocês — *preste atenção nesse vocês* — acampassem na frente do Congresso? Bem naquela pegada meio UNE, com bandeiras e barracas. Seria muito foda!

Gostei da ideia quase que imediatamente. A sensação de aventura que nos carregara para a marcha voltava a falar alto.

— Dá uma ligada no Pedro — continuou Alexandre — e avisa os moleques também. Têm que ir todos vocês. — *Olha ele aí tirando o corpo fora novamente...*

— Deixa eu ver se entendi — ironizei. — Você não está incluído nessa história?

— Não dá, Renan... Alguém tem que cuidar do escritório, organizar o congresso... — Ele se referia ao I Congresso do MBL, em novembro. — Eu estou tocando tudo isso. Mas tenho certeza de que você vai cuidar de tudo direitinho! — Havia um sorriso sacana enquanto falava.

Chamamos uma reunião na mesma hora. Desenhamos os preparativos: haveríamos de lotar o gramado em frente ao Congresso — com distância segura para o parquinho militarista que se fechara uma centena de metros antes, na Praça das Bandeiras. O objetivo era cercar a Câmara dos Deputados com centenas — talvez milhares! — de pessoas exigindo o acolhimento do pedido de impeachment. Combinamos de divulgar uma conta bancária para receber doações, arrumei um gerador emprestado com um amigo do meu pai e contatamos empresários que nos apoiavam para conseguir algumas dezenas de barracas. A aventura, porém, não poderia partir do zero: qualquer invasão do gramado teria de ser feita com um agrupamento maior que aquele que acompanhara a Marcha pela Liberdade. Deveríamos ter volume, estrutura e contundência. Mas, antes de tudo, saber se poderíamos acampar no gramado do Congresso.

— Renan, vem aqui — disse Kim. — Pelo que andei vendo, quem manda no gramado ali na frente são os presidentes da Câmara e do Senado. Não existe muito mais além disso...

Retruquei:

— Precisamos da autorização de ambos? Ou só de um? Como isso funciona?

Ninguém tinha a menor ideia.

Antes de estudar a viabilidade jurídica do acampamento, iniciamos um acalorado bate-papo no famigerado Grupo de Líderes do MBL, no WhatsApp. Era lá que nossos coordenadores estaduais e municipais debatiam as ações a serem tomadas pelo movimento. A aceitação foi enorme. Praticamente todos os núcleos se comprometeram a participar, dependendo apenas da disponibilidade de tempo, recursos e transporte. Parte de nosso trabalho consistiria em arrumar passagens para que fossem até Brasília — em especial o núcleo de vanguarda, que tomaria de assalto o gramado do Congresso.

Foi combinada uma data, dia 21 de outubro, dia do aniversário da minha mãe. Seria uma quarta-feira, data em que o Parlamento estaria cheio e operacional, com praticamente todos os deputados e senadores presentes. Decidimos não abrir inscrições pela internet: a ideia era tomar o gramado de surpresa, evitando a presença de malucos como os da intervenção militar. Ter que repartir o comando de uma empreitada daquele tipo com gente com parafuso a menos seria muito estressante; haveríamos, então, de surpreender a todos — esquerda e direita — numa ação ousada e sem precedentes. Ninguém jamais acampara naquele gramado. No mínimo, histórico seria.

Os primeiros a serem convocados foram nossos soldados de elite: o time que participara da Marcha pela Liberdade. Um a um, foram sendo chamados, em todos os cantos do Brasil. Não houve nem sequer uma recusa. Solicitavam, no máximo, dinheiro para a passagem de ônibus. Eu não poderia dizer não. Organizamos, ao longo da semana, dois jantares de arrecadação com alguns amigos do mercado financeiro. Os valores amealhados não eram muito substanciais, mas serviam de arranque para iniciarmos a operação. Nesses encontros, havia ainda muita descrença na queda de Dilma Rousseff. Apesar dos avanços, alguns de nossos amigos caíam na conversa fácil dos analistas oficiais de Brasília, que baseavam sua leitura política nas conversas de corredor do Congresso e do Planalto. Alguns poucos mantinham a fé em Joaquim Levy. "Em algum momento ele pode resolver as coisas", diziam.

Já havia virado profissão de fé.

* * *

Pedro Cherulli, líder do MBL em Minas Gerais, havia me ligado no final de semana anterior à invasão. Colocava seu tempo e sua estrutura à disposição do grupo. Sua grande experiência em camping, caçadas e expedições seria muito útil nos dias vindouros. Era bem mais velho que a média do MBL; possuía uma cabeleira branca e passava dos 60 anos. Mineiro típico, mais ouvia que falava, e conquistava a todos com seu carisma. Seria muito bom contar com ele na condução do acampamento. Pedro vinha de uma matriz política mais, digamos, *incisiva* que a nossa. Flertava com a turma da intervenção militar, sob o argumento de que *devemos dialogar com todo mundo*. Era o jeitinho mineiro de lidar com as coisas adaptado a um contexto de radicalismo político. Ele era — e ainda é — uma fera.

Cherulli iria nos acompanhar na conquista do gramado. Com ele estariam Alexandre Paiva, líder do MBL de Santa Catarina, Ana Carla e Ana Gabriela, do MBL de Goiás, Kim, Holiday e a turma da marcha, e, por último, eu e Ivan Gunther, do MBL de Belo Horizonte, que sairíamos de São Paulo com as barracas, o gerador e um carro para dar assistência aos invasores. Contaríamos, ainda, com a presença de reforços: diversos membros do MBL de São Paulo estariam em Brasília dando assistência a Rubens Nunes, nosso advogado, num dos momentos mais bizarros protagonizados pela esquerda nessa história toda: a CPI dos Crimes Cibernéticos.

Não deixa de ser inusitado que tenhamos marcado nossa invasão justamente para o dia em que o MBL fora convocado a uma CPI, na Câmara dos Deputados, sobre supostos "crimes cibernéticos" que estaria cometendo. A convocação tinha origem no então deputado Jean Wyllys, do PSOL, desafeto de Kim Kataguiri desde que este o desmoralizara nas redes sociais. O japinha o havia chamado para um debate — que Jean, claro, recusou. Tal embaraço lhe soava incômodo, mesmo ciente de que não aceitar era o correto a fazer. O ex-BBB se sabia incapaz de discutir com Kim no mano a mano.

A solução — a forra — vinha na forma de CPI, instrumento por meio do qual Jean poderia colocar o adversário na incômoda posição de réu, de alguém devendo explicações ao Legislativo. Utilizava-se das prerrogativas de deputado para pressionar o convocado contra a parede, ademais servindo-se de mais tempo para falar e ser ouvido. A desproporcionalidade traria a segurança que faltava a Jean. Precisava, porém, combinar antes com os russos.

O MBL estava aprendendo a jogar. Nos meses que antecederam a oitiva, Rubens Nunes conversara com os deputados que compunham a CPI. Em boa articulação, transformou a convocação em convite e, na última hora, para desmontar o ardil do socialista, confirmaria a sua presença no lugar de Kim. Rubinho fez mais: chamou alguns deputados amigos, como Sóstenes Cavalcante, Marco Feliciano e Jair Bolsonaro, para comparecer à CPI. Teria, assim, alguns aliados no jogo de narrativas idealizado pelo BBB.

O dia 21 de outubro era, portanto, muito especial para o MBL. Teríamos que organizar uma invasão inédita do gramado do Congresso enquanto um de nossos líderes enfrentava de peito aberto as acusações de um magoado legislador do PSOL. Na manhã daquela inusitada quarta-feira, eu estava em Vinhedo. Despedi-me dos meus pais e esqueci de parabenizar minha mãe pelos seus 58 anos. Com o carro de tanque cheio, peguei na direção às 8h tendo ao meu lado o jovem Ivan, de Belo Horizonte. Iria acompanhar os detalhes da contenda entre Rubens e Jean por meio de relatos por WhatsApp. Esperava chegar à capital antes das 19h. Levava a barraca para os invasores, apostando que conseguiríamos dar um jeito no impasse jurídico que nos impedia de acampar no gramado principal. Acelerei como um condenado pela Anhanguera, enquanto era informado por Ivan sobre as atualizações de ambas as operações em Brasília.

Enquanto eu dirigia, Kim Kataguiri coordenava uma série de conversas com os deputados da oposição para viabilizar a instalação do acampamento. Carlos Sampaio e Mendonça Filho tinham certeza de que poderiam convencer Eduardo Cunha. Mas a conversa com o presidente da Câmara não resolvia um impasse: seria necessária a anuência de Renan Calheiros, e — avaliávamos — o presidente do Senado não colaboraria de maneira alguma com a nossa iniciativa. Mesmo Cunha estava apreensivo: aquele acampamento poderia representar ainda mais instabilidade no momento em que era caçado pela imprensa como o inimigo número um do país.

Kim trouxe à tona o caso da Marcha das Margaridas:

— Presidente — disse ele —, é melhor para você um grupo de pessoas pedindo o impeachment de Dilma do que sua cabeça aqui na frente. Lembre-se daquela marcha de mulheres organizada pelo PT...

Cunha permanecia calado. Mas ouvia atentamente.

— Além do mais — continuou Kim —, não acho que seja inteligente arrumar briga com os dois lados do país. O inimigo agora tem que ser apenas um, o PT!

Cunha prometeu pensar em uma solução. Ficou de conversar com sua assessoria jurídica e entraria em contato com os deputados da oposição. Até que isso acontecesse, Kim e Holiday aguardariam do lado de fora da Câmara, junto a Cherulli e o resto de nossa equipe. Estavam todos no famigerado "acampamento da intervenção militar", que se protegia do implacável sol do cerrado sob a sombra das frondosas árvores ao redor do gramado. Eram poucos e resilientes. Possuíam algumas barracas sobressalentes e ofereceram espaço para que pudéssemos acampar. Não passava por suas cabeças que tentaríamos tomar a frente do Congresso. Cherulli, com seu jeito mineiro, conseguiu tudo deles; estava praticamente organizando uma fusão entre os dois grupos, e imagino que tivesse em mente, inclusive, a preparação de pães de queijo e cafezinhos celebrando a união.

Enquanto a invasão tomava corpo, Rubens começava a ser sabatinado por Wyllys na CPI. Havia feito a lição de casa; tinha na ponta da língua as respostas para os ataques que viriam de Jean, devidamente metrificadas para que nosso memeiro, Rafael Rizzo, transformasse tudo aquilo em vídeos que rodariam pela internet. Jean partia para os ataques de sempre. Falava alto, acusava o movimento de "propagar ódio" e afirmava que Kim Kataguiri pretendia "atirar na cabeça de petistas" em função de um exemplo dado pelo japa em uma manifestação. Em certo momento, culparia o MBL por vazamento de óleo em alto-mar e roubo de petróleo em terras indígenas. Era assistido pela petista Alice Portugal, que abrilhantava o circo com declarações pitorescas.

Renato Battista, do MBL de São Paulo, me informava de tudo pelo WhatsApp. Ele se preocupava com a elegância de Rubens, que não levantava a voz diante da exaltação de Jean. Eu ficava apreensivo, mas confiava na estratégia do advogado: esperar as brechas para acertar, de forma contundente, seus contra-ataques. Jogava na falha do adversário. Ao lado de Renato, Fernando Holiday assistia a tudo indignado. A ideia inicial era colocá-lo para enfrentar o psolista. De última hora, porém, optamos pela maturidade de Rubens, mais velho e escolado no jogo político.

Quando eu estava na altura de Uberlândia, recebi uma ligação de Kim Kataguiri. Exultante, o japonês afirmava que havíamos chegado a uma solução para o impasse. Eduardo Cunha tivera uma ideia de

O ACAMPAMENTO

mestre: autorizaria o acampamento na faixa do gramado correspondente à jurisdição da Câmara. A outra metade, sob responsabilidade de Renan Calheiros, não poderia ser ocupada. Desta maneira, não teríamos de aguardar o desenrolar de uma pesada negociação entre os chefes do legislativo e poderíamos iniciar nosso trabalho de pressão em prol do impeachment.

Havia, porém, um outro desafio: seríamos impedidos, de alguma maneira, pela Polícia do Senado, que não sabia de tal estratagema e poderia fazer uso da força para nos expulsar. Sabendo disso, Kim e os deputados decidiram que parlamentares e ativistas iriam juntos ocupar a faixa do gramado correspondente à Câmara e lá, valendo-se das prerrogativas de seus mandatos, impedir que a Polícia do Senado nos levasse detidos.

O único óbice no plano era eu: deveria chegar a Brasília o quanto antes, pois carregava as barracas e os geradores. Precisávamos delas abertas, prontas para serem instaladas, o que caracterizaria um acampamento, mesmo que com poucas pessoas. Conforme recebia telefonemas ansiosos de Brasília, metia ainda mais o pé no acelerador. A dose de irresponsabilidade era justificada pelo medo de arruinar tão delicada articulação; não seria eu a destruir um plano tão bem feito.

Kim aguardava dentro da Câmara. A estratégia consistia em uma invasão em duas frentes. Ele, Holiday e os deputados sairiam pela chapelaria do Congresso e rumariam até o gramado, logo após o espelho d'água. Ao mesmo tempo, os invasores desceriam, com as barracas abertas, da praça das Bandeiras, até encontrar os parlamentares, montando ali o acampamento e evitando a ação da Polícia do Distrito Federal ou das forças de segurança do Senado. Na ação, contariam também com o auxílio de alguns intervencionistas, que aumentariam o contingente de invasores. Em resumo, uma ação completamente nonsense, que mais parecia roteiro de filme de humor.

No fim de tarde, quando me aproximava do Distrito Federal, tendo meu celular recuperado o 3G, descobri que Rubinho humilhara Jean Wyllys no debate; o psolista também havia sido motivo de chacota por parte de Jair Bolsonaro e seu filho, fugindo da CPI diante dos riscos dos demais participantes. Para coroar, Rubinho, num ato falho, comunicou a todos, ao vivo, que Fernando Holiday era gay. A câmera virou-se instantaneamente para o jovem ativista, que parecia assombrado com o que acabara de acontecer. Holiday, tímido e reservado, estava sendo exposto em um momento absolutamente inadequado. Dias depois, reclamaria conosco do ocorrido, já que suas redes haviam sido inundadas de comentários a respeito. Nem sua mãe sabia. Falhamos em manter seu segredo protegido, o que ajudaria a embaralhar ainda mais seu turbilhão de sentimentos a respeito dos novos amigos e, a rigor, da nova vida. A cena, porém, permanece engraçada, e hoje Fernando ri quando se lembra. Eis mais um ineditismo daquele 21 de outubro: era do MBL o primeiro homossexual a sair do armário em plena TV Câmara. Que dia, senhoras e senhores, que dia!

Rasguei os últimos quilômetros de estrada até adentrar a capital federal. Cherulli e a vanguarda revolucionária aguardavam ansiosamente a nossa chegada, enquanto Kim, Fernando e Rubens — agora livre da CPI — convocavam mais deputados para a empreitada. Escapei do trânsito da Esplanada recorrendo a atalhos por entre os ministérios. Cheguei ao acampamento intervencionista e saltei já correndo ao encontro de Cherulli. Não havia tempo para conversa. Tão logo desembarquei as barracas, nosso time iniciou a montagem. Cada invasor carregaria duas barracas abertas, uma para si e outra para ocupar espaço. Deveríamos percorrer os cerca de cem metros, até o ponto de encontro, correndo, para escapar do carro da polícia do GDF estacionado logo à frente do gramado.

Quando as barracas estavam quase prontas, recebemos a ligação do japonês; era hora de correr. Não haveria mais tempo e os deputados poderiam desistir. Era agora ou nunca!

O ACAMPAMENTO

Pois é, meus amigos. Não sei como descrever de forma precisa a cena que se sucedeu naqueles segundos entre a ligação do Kim e a chegada até o espelho d'água do Congresso. Sugiro fechar os olhos, acionar a "Cavalgada das Valquírias" de Wagner no volume máximo e imaginar um grupo de pessoas das mais diversas — patricinhas, empregadas domésticas, estudantes, agricultores, senhores de idade, guitarristas de heavy metal, homens de coturno e outros tantos — descendo em desabalada carreira (em *slow motion*, para melhores resultados) com barracas montadas nas mãos. Desengonçados, alguns tropeçariam pelo caminho. Outros rolariam pelo gramado. As sirenes da viatura da polícia disparavam; os policiais legislativos olhando para aquilo tudo com cara de espanto. Audaciosos, os invasores alcançaram seu objetivo. Haviam chegado ao ponto de encontro, as barracas cravadas ao chão.

Corta.

As Polícias do Senado e da Câmara, bem como a viatura do GDF, tentam impedir a invasão. Os deputados, com a autorização de Eduardo Cunha em mãos, bloqueiam a ação policial. Atordoadas, as forças de segurança não sabem como reagir. As tropas de Calheiros se dirigem ao Senado, à procura de orientação. As de Cunha permitem a instalação do acampamento.

Iniciava-se ali mais um estranho inusitado capítulo na luta pela queda de Dilma Rousseff.

* * *

A noite se pôs e os bravos e poucos intervencionistas que nos acompanhavam retornaram para seu acampamento. Éramos cerca de trinta, em singelas barracas, sem o mínimo de estrutura que garantisse uma boa noite de sono. Não havia colchonetes, banheiro, água, fogo ou eletricidade. Eram pessoas e barracas estiradas ao chão. Liguei para minha mãe contando o sucesso da ocupação. Obviamente, a parabenizei por seu aniversário, mas ela só queria saber do acampamento; viu nas notícias o que estava acontecendo e acompanhara nas redes a surra dada por Rubinho em Jean Wyllys. Ficou sabendo até da saída do armário de Fernando Holiday. De fato, aquele 21 de outubro fora um dia glorioso para o MBL.

Por volta das 22h me instalei em minha barraca. Ficava na fileira da frente, na ponta direita do acampamento. Estava assentado sobre um declive, o que deveria ser péssimo para a circulação sanguínea e minha costumeira dor nas costas. Mas fazer o quê? Dormi o sono dos justos, com sentimento de missão cumprida. E não era para menos. Tínhamos visto, naquela quarta-feira, o trabalho conjunto de um time maravilhoso. Kim fora um articulador político de primeira grandeza. Rubinho lavara a alma da galera, dando show na CPI dos Crimes Cibernéticos. Cherulli preparara o acampamento com a calma e a serenidade de um líder. Raquel Gerde e as Anas de Goiás, acostumadas ao bom e ao melhor, participaram como se fossem moleques. Alexandre Paiva, de Santa Catarina, era o cão de guarda do grupo. O MBL tornava-se uma estranha e gigantesca família.

* * *

Na manhã seguinte, meus sonhos foram interrompidos por uma incômoda sensação; parecia que estava derretendo em uma fornalha. Senti suor escorrendo pelo rosto e o ar pesado em meus pulmões. Abri os olhos e chequei o celular: 7h30. O sol já ardendo, as barracas transformadas em estufas. Não havia muito a ser feito. Abri o zíper e saí para a luz, amarrotado e maldormido. Quando olhei para os lados, a triste surpresa: os demais acampados estavam em situação similar. Suados, sonolentos, mal-humorados. Éramos um exército de Brancaleone que não sabia lidar com o calor do planalto central.

O ACAMPAMENTO

Cherulli estava desperto. Com seu bom humor habitual, trouxe uma solução: uma tenda branca, daquelas que se usam na praia. Serviria de abrigo e sombra sob o sol. A Polícia Legislativa não permitiu; afirmou que aguardaria maiores informações da presidência da Câmara antes de autorizar a instalação. Tivemos de nos contentar em ficar sentados sob o pouco que havíamos erguido da tenda. Uma situação lamentável.

A permanência, ao longo daquele primeiro dia, seria o grande teste de resistência do grupo. Nos revezávamos para ir ao banheiro da Câmara dos Deputados. Não havia como tomar banho, e não tínhamos nem água nem comida estocada. Não havia como reclamar disso, porém. Ainda éramos bem poucos, e todos podiam sair para comer em algum lugar. Os menos abastados, contudo, não teriam recursos para se alimentar nos caros restaurantes instalados no Congresso. O movimento tampouco tinha recursos para bancar. Precisávamos nos organizar para manter aquela estrutura viva; sabíamos que a notícia do acampamento rodaria o Brasil e faria com que muitos se juntassem a nós. Era questão de tempo. Só tínhamos que aguentar aqueles primeiros dias.

Aos poucos, a Polícia Legislativa da Câmara foi afrouxando sua severidade. Não éramos como os grupos de arruaceiros com os quais estavam acostumados a tratar. Nos dias que se seguiram à invasão, poderíamos instalar nossa tenda branca e organizar as barracas como se fosse uma pequena vila. Com tocos de madeira e uma lona, montamos uma cozinha improvisada; moradores de Brasília nos trouxeram uma geladeira industrial, daquelas de padaria. Recheada de gelo, permitia que guardássemos água, sucos e refrigerantes. Ao lado, instalamos uma barraca que serviria oficialmente de despensa, para os alimentos que comprávamos e recebíamos. Cleo, da época da marcha, foi nomeada responsável pela cozinha e pelo almoxarifado, e faria a guarda dos víveres.

Notícias sobre o acampamento começavam a circular. Solidários, centenas de moradores de Brasília apareciam com pães, frutas, bolachas, leite e gelo. O que era uma situação de penúria começava a ganhar um mínimo de estrutura. Solidário ao cenário de guerra, o deputado de primeiro mandato Sóstenes Cavalcante, do PSD do Rio de Janeiro, mandou instalar um banheiro químico no gramado. O gerador trazido de São Paulo começara a funcionar e passamos a ter luz noturna e energia para carregarmos celulares e laptops. Uma rotina de café da manhã e almoço foi estabelecida. Aclamamos Pedro Cherulli prefeito do acampamento; Beto Maurer, do MBL de Caxias do Sul, seria seu vice. Celebramos o ato político com pizza. Os policiais que faziam a guarda da Câmara não ficavam de fora: sempre levávamos alguns pedaços para eles.

Conforme o acampamento se convertia em uma minicidade, aumentava — e muito — o número de acampados. Dos trinta iniciais, nos transformamos em cerca de sessenta ao prazo de cinco dias. Era gente da Paraíba, de Minas Gerais, do Paraná, do Pará, do Rio Grande do Sul. A coordenação de São Paulo transformava as doações em passagens de ônibus e ia engrossando o caldo de coordenadores do MBL. Cada um trazia consigo a bandeira de seu estado, além de seu sotaque e costumes que enriqueciam o nosso dia a dia. Meire, nossa líder em Brasília, assistia à turma organizando viagens de carro para que tomássemos banho. Alexandre também teve iniciativa primordial: alugou duas quitinetes próximas ao Congresso, a serem usadas como espaço para banho e dormitório para doentes e cansados.

Ele rumou para Brasília no final de semana. Levava seu equipamento de filmagem, que usaria para captar imagens para o documentário que idealizávamos. Quando chegou, ficou estupefato com a organização: o acampamento tornara-se superavitário, permitindo que nosso prefeito tivesse caixa e pudesse administrar o "vilarejo" sem muitos sobressaltos. À noite, com diversos violões, pôde ver como nos divertíamos: cantando hits bregas como "Homem não chora", do Pablo, ou acompanhando clássicos do rock tocados por Igor, nosso eterno guitarrista de Curitiba.

Em meio a tudo aquilo, alguns romances começavam a pintar. Kim e Rafaela Konrad, do Rio Grande do Sul, eram o casal oficial do acampamento; não havia quem não elogiasse a beleza da jovem gremista recém-chegada. Alexandre Paiva e Lorrana, da Paraíba, também se engraçavam. Outras combinações menos usuais pululavam aqui e ali, mas as manterei na memória em nome do direito ao esquecimento. Tínhamos de deixar a molecada curtir. Álcool era proibido, e não tínhamos TV. Natural que as pessoas procurassem algum tipo de diversão.

Na terça-feira da semana seguinte, dia em que os parlamentares regressam a Brasília, o espanto foi generalizado. O que era um amontoado de barracas em frente à Câmara havia se transformado num acampamento que já ocupava um quarto da extensão de todo o gramado. Começamos a receber a visita de alguns parlamentares, curiosos com aquilo que viam. Foi ali que conhecemos Nelson Marchezan Jr., do PSDB. A amizade que construímos renderia uma longa parceria política, que dura ainda hoje. Além dele, incontáveis outros deputados gastavam parte de seu tempo tentando entender a "favela" que ali tomava corpo: Cristiane Brasil (PTB), Carlos Sampaio (PSDB), Mendonça Filho (DEM), Darcísio Perondi (PMDB), Alberto Fraga (DEM), Bruno Araújo (PSDB), Jair Bolsonaro (PSC), além do senador Ronaldo Caiado (DEM), dentre muitos outros, marcaram presença.

Só a imprensa não dava as caras. Os jornalistas evitavam passar em frente ao agrupamento; quando questionados, dentro do Congresso, faziam cara de incômodo e desconversavam. Os da Globo, como Gerson Camarotti, não se faziam de rogados: demonstravam, para quem quisesse ver, que aquele acampamento instalado no Congresso, algo inédito em nossa história, não teria cobertura.

Não demorou muito para percebermos isso da pior maneira possível. Estávamos jantando na área comunal do acampamento quando um dos rapazes de Santa Catarina nos avisou: "A Rede Globo está montando seus equipamentos lá em cima." Já sabíamos, de antemão, que a emissora fazia entradas ao vivo, tendo o Congresso como fundo, para o *Jornal da Globo*, que era transmitido tarde da noite. A emissora, convenientemente, retirava nossa comunidade do enquadramento — algo um tanto quanto difícil, pois já ocupava um grande espaço no gramado — e fazia a transmissão como se nada houvesse ali. Era a primeira vez que tínhamos chance de pegá-los com a boca na botija.

Enquanto montavam seus equipamentos e preparavam a entrada, subimos sorrateiramente, pelo lado esquerdo do gramado, até nos posicionarmos em frente às câmeras. Seria impossível fazer as imagens do Congresso ignorando nossa presença. Tão logo chegamos, o desconforto dos globais ficou aparente; perguntados sobre a política de nos retirar da cena, diziam que "não era pra eles que deveríamos perguntar". O repórter, ansioso, reclamava e dizia que tínhamos de sair da frente. Perderam a primeira oportunidade de entrar ao vivo. As discussões prosseguiram e o contingente de acampados ao redor das câmeras aumentou. O enquadramento ficaria sensacional: brasileiros de todas as regiões representados na cobertura de um momento de crise política no país. Que veículo de imprensa não gostaria de tal material?

A Globo, aparentemente, não gostou. Sua equipe se mandou para dentro da van e um carro de apoio, e zarpou para uma quadra qualquer de Brasília, onde tentariam fazer a entrada ao vivo.

Não funcionou.

* * *

Naquela terça-feira, um destacamento de militantes do nosso acampamento conseguiu entrar nas galerias e pôde estender uma bandeira pedindo impeachment. Foi a primeira vez que usamos o acampamento para uma atividade iminentemente política. Estava funcionando. O efeito psicológico dentro da Câmara fora sentido. Percebia-se mais a urgência do impeachment do que a causa, artificialmente orquestrada pela imprensa, do "Fora Cunha". A ação de impacto assustou os parlamentares governistas, que começaram a agir com o fígado em vez de com o cérebro. Houve troca de farpas entre os manifestantes, liderados por Holiday e Paiva, e o deputado petista Sibá Machado. Reagindo às palavras de ordem das galerias, o esquerdista afirmou:

— Eu vou juntar gente, e vou botar vocês pra correr daqui da frente do Congresso! Bando de vagabundos, são vagabundos! Vamos pro pau com vocês agora!

O sujeito parecia fora de si. Mas não levamos a sério suas ameaças. Nossos rapazes abandonaram as galerias e retornaram ao acampamento, que se acercava de reunir a primeira centena de pessoas. O clima era de bom humor e animação; jamais de Sibá Machado.

Não tínhamos ideia do que nos esperava no dia seguinte.

Na manhã da quarta-feira, alguns policiais amigos da Meire, do MBL do DF, relataram uma movimentação estranha em assentamentos do MST. Pelo que lhe disseram, alguns dos assentados estavam sendo embarcados em ônibus contratados pelo Movimento dos Trabalhadores Sem Teto (MTST). Rumavam para Brasília e, segundo se dizia, dirigiam-se ao Congresso Nacional.

Quando Meire nos avisou, não sabíamos exatamente como agir. Como quarta-feira costuma ser dia de casa cheia, boa parte de nossos militantes estava na Câmara dos Deputados conversando com parlamentares. Fazendo guarda no acampamento, estavam eu, Cherulli e alguns poucos que preferiram descansar. As informações de Meire, porém, foram confirmadas por um deputado do DF que havia contactado o Ian: aparentemente, um agrupamento do MTST estava a caminho do Parlamento com o intuito de se estabelecer na mesma área em que estávamos. Custava-nos acreditar em tamanha cara de pau.

Na hora do almoço, fui alertado por gritos de Rodrigo Neves: havia um grupo de "gente de vermelho" invadindo o acampamento. Saí da Câmara pela chapelaria e corri até o local; um enxame de zumbis do MTST corria pelo gramado e ocupava seu lado esquerdo, justamente aquele administrado por Renan Calheiros. Cherulli, mineiro, correu para estabelecer contato e firmar uma diplomacia; eu me juntei a ele para acompanhar as conversas. Naquele primeiro momento, não havia líderes dos sem-teto ali presentes. Falávamos com mulheres confusas, que gritavam coisas sem sentido, e alguns jovens provocadores com postura agressiva.

O acordo de paz proposto por Cherulli, na base da camaradagem, consistia no "vocês ficam pra lá e a gente pra cá... Arrumamos alguns mantimentos pra vocês, se precisarem". De nada adiantaria. Pedi que Ian e Rodrigo convocassem todos os acampados que se encontravam no Congresso. Enquanto não chegavam, assistíamos ao show de horrores da turma do MTST. Era um bando de animais. Corriam pelos lados, chutavam nossas barracas, derrubavam as coisas, provocavam as pessoas. Foram contratados para nos intimidar, para expulsar o nosso grupo. Não havíamos ainda associado aquele assalto à declaração de Sibá; estávamos atordoados com a invasão e procurávamos uma maneira de nos reorganizar.

Logo nosso time que estava no Congresso se juntou à confusão. Com eles, um enxame de jornalistas, com câmeras em mãos, prontos para registrar o momento e construir suas narrativas. A presença da imprensa me aliviava: não imaginava que a turba de milicianos de vermelho faria uso da violência em frente às câmeras de SBT, Record, *Estado*, *Folha* e *Correio Brasiliense*. De todo modo, convinha se precaver. Era preciso buscar deputados aliados, já que a Polícia Legislativa nada fazia para interromper os ataques. Só graças ao aumento de nosso contingente conseguimos controlar a situação: construímos um cordão humano, de mãos dadas e de costas para eles, que impedia sua entrada na área do nosso acampamento.

O ACAMPAMENTO

A medida funcionou, ao menos de início: além de confundir os, digamos, estimulados por Sibá, permitiu que ganhássemos tempo até a chegada da polícia e dos primeiros parlamentares. Os deputados, entretanto, pouco fariam para nos ajudar; e diziam que teríamos de conviver com o MTST por ali. A polícia definiu um "acordo": do cordão humano para cima seria "área" do MTST. Cada lado deveria respeitar a linha imaginária estabelecida. Era uma bosta de trato porque, obviamente, dava terreno a um grupo que não estava disposto a respeitar o espaço do outro. Se sabíamos disso, por que aceitaríamos o acordo?

Alexandre Paiva buscava contato com os líderes da invasão vermelha, enquanto eu observava, com meu irmão e Diego Dusol, de Campina Grande, o comportamento dos invasores. Percebemos que carregavam marmitas; e que não tinham barracas suficientes para se instalar. Ninguém tinha mochila ou trazia consigo roupas e equipamentos para permanecer no local. E o principal: o ônibus que os trouxera estava estacionado no mesmo lugar. A lógica nos dizia: *esses caras não vieram aqui pra ficar. Vieram pra nos expulsar. Não vamos respeitar porra de acordo algum.*

Dali em diante, fui capaz de desenhar um plano. Chamei Paiva, Kim, Dusol, Holiday, Ronald (do MBL de Campinas) e Cherulli para explicar a estratégia:

— Seguinte, galera... Vamos manter o cordão de isolamento, mas vamos avançar passo a passo, desrespeitando o que foi estabelecido pela polícia. A imprensa está aqui, e o Alexandre está com a câmera. Conforme subirmos, eles baterão na gente. Quanto mais baterem, mais material registramos. Vamos inverter o jogo pra cima desses filhos da puta. Fechado?

Todos toparam. Alexandre buscou nossas bandeiras. O cordão de isolamento ganhou força. Enquanto ele e Dusol motivavam as tropas, outros tantos tiravam imagens. Nossa infantaria avançava pela área dos vermelhos e o bando de animais mordia a isca: revoltados, começavam a chutar e bater em nossos membros, fazendo uso, inclusive, de pedras. Intercalávamos a investida com momentos em que nos sentávamos ao chão, plácidos como que saídos de um happening riponga, enquanto éramos agredidos pela turma do MTST. Fernando Holiday teve seu ombro deslocado. Alexandre Paiva tomou inúmeras porradas na cabeça. Ian foi chutado para longe — a cena foi devidamente registrada pelas câmeras dos jornalistas. Sobrou até para as meninas. Ainda assim, continuávamos avançando.

Subimos mais de vinte metros utilizando a estratégia. Confusas, as marionetes passaram a apelar para um grupo recém-chegado de assessores parlamentares do PSOL, que passaram a lhes dar instruções. Pediam calma e imploravam para que seus comandados não "gerassem imagens ruins". Mas o estrago já estava feito. Para coroar a estupidez vermelha, uma mulher descontrolada furou minhas costas com um espeto. Comecei a sangrar e a imagem foi captada pelas nossas câmeras e pela imprensa; os vídeos ali gravados logo começariam a rodar o país.

Percebendo que a tática do confronto falhava, os cafetões de pelego ordenaram um recuo estratégico. As agressões diminuíram e os "sem-teto" começaram a se dispersar. Era hora de receber a marmita. Cada um se arranjou por um lado e comeu. Jogavam o lixo no chão sem a menor cerimônia. Ao pôr do sol, desistiram do conflito e rumaram bovinamente até seus ônibus, nos quais embarcaram calmamente. Nunca mais apareceram.

Éramos vitoriosos, mas eu estava exausto. Cansado, sujo de terra e com a camisa ensanguentada, resolvi retornar à Câmara para falar com o presidente Eduardo Cunha. Era uma cena *sui generis*; um cara descabelado, mal-ajambrado, furando a fila de parlamentares na sala da presidência para exigir segurança no acampamento. Cunha me recebeu rapidamente; foi calmo e breve em suas observações. Disse não poder fazer mais do que já fazia. Lamentou o ocorrido e pediu que eu conversasse com a Polícia Legislativa. Estava, porém, muito aéreo. As denúncias contra ele e sua família — bem como a pressão exercida pela imprensa — estavam engolindo o ânimo do deputado. Sua guerra particular não lhe permitia olhos para a batalha do gramado do Congresso. Compreensível. Retornei sem respostas, mas estranhamente consolado: Cunha parecia estar mais em frangalhos do que eu naquela noite.

Na internet, a cobertura da imprensa sobre o ocorrido daria nojo. As notícias tratavam a agressão vermelha como mero "conflito" entre duas partes igualmente legítimas. Ignoravam a invasão, o uso de violência apenas por um lado, as imagens com agressões. Nossos isentos comunicadores anunciavam tudo aquilo como mero desentendimento, com doses iguais de insensatez e barbárie sendo atribuídas a ambos os lados. Dava asco. Não fossem as imagens captadas por nossa equipe, o Brasil não conheceria o *modus operandi* daquela turma. No ano seguinte, Arthur do Val, do canal Mamãe Falei, no YouTube, desnudaria de uma vez por todas a ignorância e violência daquela gente. Mas, independentemente do jogo de narrativas, a derrota moral dos "movimentos sociais" da esquerda brasileira fora consumada naquela tarde. Algo havia mudado. Não conseguir nos expulsar do gramado era algo que jamais poderiam esperar. A força das ruas tinha nova hierarquia. Sibá Machado foi dormir ainda mais puto que no dia anterior.

* * *

Os acontecimentos daquela quarta-feira viralizaram e reverberaram pelo país. O acampamento passou a existir perante a opinião pública, e o número de adesões disparou. Marcelo Reis, do Revoltados On Line, me ligou: estava indo para Brasília e levava a "maior tenda jamais vista". O pessoal da Banda Loka Liberal, do Rio Grande do Sul, também se juntaria ao grupo. De São Paulo, havíamos fretado outro coletivo, a ser preenchido por pessoas diversas que se inscreveram pela internet.

O sucesso de nossa resistência motivaria também a convocação de uma manifestação para 15 de novembro, data da proclamação da República. Os demais movimentos anunciavam presença no ato, e alguns deles, mais exaltados, passariam a reverberar as curiosas teses de Olavo de Carvalho acerca da tal "intervenção popular". Ao longo das semanas seguintes, tais grupos chegariam a Brasília e se instalariam ao redor do acampamento montado pelo MBL. Eram, porém, muito poucos, e tremendamente desorganizados. Dependiam da estrutura previamente montada por nós, e acabavam por se adequar às regras e à realidade instituídas por nosso assentamento.

Tínhamos três refeições completas, sistema de chuveiro, ronda noturna para segurança e luz elétrica. Judeus, muçulmanos e hare krishnas conviviam harmoniosamente. Ricardo Almeida, muçulmano e líder do MBL da Bahia, cumpria, com naturalidade, suas cinco orações diárias enquanto um casal de transexuais caminhava tranquilamente por entre as "vielas" de nossa pequena cidade. Para evitar a lama que se formava sob nossa grande tenda, criamos um piso com pallets; assim, evitava-se a sujeira total e a proliferação de doenças. Atos eram organizados diariamente, em frente ao Congresso, pressionando Eduardo Cunha pelo impeachment. Não dava para ignorar o barulho, e todas as atividades parlamentares eram acompanhadas pelo incessante batuque do pessoal da Banda Loka.

O clima estava bom. Até um pedido de casamento fora feito em meio a tudo aquilo. Daniel Jaime, de Criciúma, pediu a mão de sua esposa em meio a uma festa surpresa que tinha como anfitrião o então deputado Jair Bolsonaro, ídolo do catarinense. Organizamos campanhas de doação, churrascos comemorativos e eventos dos mais diversos. Ainda

O ACAMPAMENTO

que muito mais estressante que a marcha, por conta de sua natureza sedentária, o acampamento também tinha um lado agradável. Foram dias muito interessantes para todos nós.

O clima só começaria a se deteriorar após a chegada de Marcelo Reis. O Revoltado On Line ergueu sua tenda gigante bem ao fundo de nosso acampamento. Dentro dela, apenas sua barraca. Em sua área, eram permitidas bebidas alcoólicas. Parte dos acampados em nossa "jurisdição" começou a migrar para lá, onde as regras eram mais brandas. Músicas à noite, bebida, barulho e clima de festa. Marcelo quase nunca dormia por ali. Vagabundos e aproveitadores começavam a circular pelo acampamento, em busca de dividendos políticos, dinheiro ou coisa que o valha. Houve uma série de conflitos entre nós e Marcelo. Um deles chegaria às vias de fato: Marcelo deu uma cabeçada em Alexandre Paiva.

Na virada do mês, comemoramos o primeiro aniversário do MBL. Estabelecemos o 1º de novembro de 2014, dia em que realizamos a primeira manifestação na Paulista, como data de nascimento. Fazia sentido: fora a primeira expressão pública conjunta do grupo de pessoas que criou e levou o movimento à frente. Fora também data do primeiro ato político declaradamente de oposição ao governo federal, sem pagar pedágio ideológico para a esquerda nem ter vínculos políticos com os partidos que faziam a dita "oposição institucional" ao petismo no Brasil. Teve bolo, velinha, discurso e festa. E teve também este texto, "A improvável Revolução do Pessimildo", que escrevi e foi publicado no blog do Reinaldo Azevedo, um grande amigo e entusiasta da causa nos idos de 2015:

> O fenômeno responsável pela queda de Dilma Rousseff encontra alguma similaridade com outras ocorrências mundo afora, mas também é único. A crise de representatividade política, a ojeriza ao establishment, os movimentos descentralizados e o uso da política

em rede são fatores comuns, mas não explicam de maneira acurada o momento atual.

Antes de tudo, nosso movimento representa uma rearticulação de setores médios da nossa sociedade, que se encontravam dispersos em meio a um mar de informações e anseios conflitantes, a que esses setores se mostravam incapazes de dar expressão.

O aparelhamento de instâncias representativas da sociedade civil, tais como a OAB, sindicatos, entidades estudantis e igrejas, determinou o isolamento político do cidadão médio, que, ensimesmado, resmungava consigo mesmo e para os próximos seu desconforto com a corrupção, a taxação, os impostos escorchantes, os serviços públicos pífios — em suma, o "estado das coisas".

Surgia ali o "Pessimildo", o brasileiro médio que representava 40% dos votos em todas as eleições presidenciais desde 2006, mas que era incapaz de reunir dez pessoas numa praça para se fazer ouvir. Pior: era esconjurado em verso e prosa por Lula em sua cantilena anticlasse média, carinhosamente convertida em "elite branca, de olhos azuis", como o capeta encarnado, suposto empecilho no caminho da glória, entre copas do mundo, olimpíadas e ufanismos.

Pessimildo lutava uma guerra sem quartel. Votava em gente que tinha nojo de seus valores; era chamado de burro, reacionário, chato e cafona. Seus filhos aprendiam que Pessimildo era uma categoria histórica a ser superada. E convinha aos jovens de bom gosto olhar com desdém para suas aspirações.

Na condição de empresário, convivi muito com Pessimildo. Assistia a suas constantes reclamações com os juros, os impostos e a legislação trabalhista. Sabe como é... Ele trabalha no setor privado, o pobre! Já em 2012, podia prever que a vaca iria para o brejo. Setores como o automotivo e a construção civil demonstravam estagnação desde essa época. Indústrias fechavam aos montes.

Mas era proibido ouvir Pessimildo.

A falência do modelo econômico lulista se deu no mesmo tempo em que falia seu projeto político. O "programa de transição" petista se dava na aliança entre o dito "proletariado", então representado pelo PT, e o nosso "Ancien Régime", materializado nos velhos coronéis políticos do Nordeste, donos de empreiteiras e empresários convertidos em aristocracia no capitalismo sem riscos do BNDES.

O impasse, segundo os petistas, se resolveria apenas com uma reforma política que concentrasse poderes e verbas nas mãos do partido e com o silêncio bovino do cada vez mais desacreditado Pessimildo. Cumpre lembrar: a pauta política artificial que emergiu do cada vez menos espontâneo "Junho de 2013" foi a bizarra reforma política petista, capitaneada por "movimentos sociais" e pela "intelectualidade" uspiana de esquerda.

Tal reforma, baseada no financiamento público de campanhas e na lista fechada, representava uma mão na roda para o beneficiário maior do, nas palavras da Odebrecht, "sistema ilegítimo e ilegal de financiamento do sistema partidário-eleitoral" brasileiro: o Partido dos Trabalhadores.

Essa era a única maneira de romper com os parceiros de ocasião, que se aliavam, mas com rebeldia crescente, à coalizão governista liderada por Dilma. Segundo o modelo petista, tais aliados deveriam ser "dialeticamente" usados e superados pela concentração de poder e recursos nas mãos de um partido que detinha o controle total da maior fonte de financiamento político do país. Era pra dar certo.

Mas o encanto se quebrou.

Quebrou porque "os companheiros" não contavam com o esgotamento do modelo gastador implementado por Lula e Mantega. Quebrou porque não poderiam imaginar que algo como a Operação Lava Jato pudesse existir. E, principalmente, quebrou porque as "Jornadas de Junho de 2013" representaram um enorme fracasso para a esquerda do PT. Ao invés de assustarem Pessimildo, levaram-no às ruas. E ele gostou da brincadeira.

As manifestações de 2013 eram, sim, críticas à gestão Dilma, mas não aos fundamentos da elite dirigente. Suas reivindicações, se atendidas, culminariam inevitavelmente em mais Estado e mais governo.

Seus idealizadores, o "Movimento Passe Livre", continuam batalhando pelos cantos em conformidade, agora em conformidade com a estratégia diversionista do Planalto. Sem sucesso! Foi outra a catarse de 2013. A classe média, ainda que desarticulada e enfurecida, tomou das esquerdas o comando. Ainda que incapaz, então, de estabelecer uma agenda, impôs seus sentimentos e frustrações.

Foi assim que se criou a cultura de resistência que está nas ruas. A iconografia e as palavras de ordem de 2015-2016 surgiram em 2013: "sem violência, sem partido, sem bandeira, camisetas verde-amarelas, Masp, ojeriza à corrupção..." Estava tudo lá. Já dizia Heráclito: "O ser de uma coisa finita é trazer em si o germe de sua destruição; a hora de seu nascimento é também a hora de sua morte." Junho de 2013 carregava o germe de março de 2015. O PT começou a morrer ali.

Quando o MBL convocou sua primeira manifestação, em 1º de novembro de 2014, sabíamos que iria dar certo. Aprendemos em 2013 quem era o público a ser convocado. Já sabíamos os primeiros cânticos, a linguagem comum a ser observada. Conhecíamos também os erros: sabíamos que era necessário contar com lideranças legítimas e com uma agenda factível.

O surgimento do MBL, do Vem Pra Rua e dos demais movimentos de rua possibilitou a criação de um antes inimaginável tecido político que reagrupou os milhões de Pessimildos espalhados país afora. Tudo aquilo que fora perdido em anos de aparelhamento ilegítimo das instâncias representativas da sociedade civil foi recuperado no prazo de um ano. Mais: ao contrário de fenômenos similares analisados por teóricos do mundo em rede — Occupy Wall Street, Indignados, Primavera Árabe —, a revolução do Pessimildo não conta com apoio entusiasmado da academia, da imprensa e do establishment cultural. Muito longe disso, por sinal.

Esse organismo vivo, que tomou corpo ao longo de 2015, impôs derrotas fragorosas a todos os que se colocaram em seu caminho. A oposição vacilante foi atropelada pelas incisivas manifestações de 12 de abril e pela Marcha pela Liberdade, que resultou em um posicionamento pró-impeachment, na Câmara, das bancadas do PSDB, DEM e PPS. Manifestações pelegas dos outrora temidos "movimentos sociais" viraram motivo de chacota na internet. Declarações oficiais eram convertidas em memes e piadas. Fases da Operação Lava Jato eram narradas como se fossem fim de campeonato.

Nem setores da grande imprensa escaparam. A tentativa de transformar o fenômeno em um Fla x Flu entre Cunha e Dilma naufragou, assim como a cobertura ultrajante que fizeram das aspirações dos brasileiros que saiam às ruas.

Muito a contragosto, tiveram de se render à agenda de Pessimildo: levamos o impeachment ladeira acima e unificamos um país disperso e deprimido. O monumental 13 de março serviu como pá de cal para a luta inglória do jornalismo militante.

O combate à corrupção deixou de ser "moralismo pequeno burguês" da classe média e entrou na agenda do dia de todas as classes sociais. Ricos e pobres querem um país livre da corrupção — e não surpreende que o tema, pela primeira vez, tenha virado a maior preocupação dos brasileiros, conforme pesquisa recente da CNI.

Gostem ou não nossos intelectuais de esquerda, mas essa inédita articulação dos setores produtivos da nossa sociedade — assalariados e pequenos empresários — converteu-se numa força política sem paralelo em nossa história recente. É sólida, pois se baseia na consolidação institucional de valores já presentes na sociedade civil; é poderosa, pois comunica-se em rede numa velocidade jamais imaginada por qualquer Marina Silva.

A Revolução do Pessimildo é o fenômeno político mais excitante do mundo no momento. Seu sucesso dependerá de sua capacidade de converter tal impulso transformador em representação política, seja no Congresso Nacional, seja nos aparelhos da educação e da cultura que articulam os valores da política. Será um longo e árduo trabalho.

Mas, como a gente sabe, isso não assusta mais o Pessimildo.

Ele gosta de trabalhar.

COMO UM GRUPO DE DESAJUSTADOS DERRUBOU A PRESIDENTE

Esse texto trazia minha primeira análise conjuntural sobre o movimento que ajudava a construir. Era, por assim dizer, a visão de um jovem dragado por um processo histórico que considerava inevitável desde seus tempos de movimento estudantil. Participar daquilo tudo soava como um devaneio juvenil — ainda mais para um cara que já não era tão jovem assim. Mas não via dessa forma. De alguma maneira, minha vida se transmutara em um daqueles sonhos de olhos abertos que imaginamos quando encostamos a cabeça na poltrona do carro e nos permitimos viajar desenhando feitos notáveis que desabrocham de repente em nossas existências banais e miseráveis.

De alguma forma, eu sabia que participaria de tudo isso. Estava escrito em algum lugar, desde o dia em que vi Lula, aos 4 anos, naquela final do Brasileirão em 1989, e o mandei tomar no cu — sob ordens de meu pai. Ou quando tremi, paralisado e encantado, diante da riqueza política dos jogos de poder em que consistem as eleições para o Centro Acadêmico XI de Agosto, única e verdadeira Escola de Política neste país. Ou quando saía humilhado das audiências trabalhistas em que era rotineiramente massacrado pelo juiz-justiceiro de ocasião. Ou quando tomei o megafone naquele ato contra a PEC 37, em junho de 2013. Era o destino me dirigindo para meu papel em vida.

Nunca fui um empresário. Me descobri um guerreiro. E vivia, enfim, o que queria — sujo, pobre, malfalado e feliz. Comemorar com os meus o primeiro ano de vida de nosso grupo, sob uma tenda de pano e tendo às costas o símbolo maior do poder estabelecido, me fazia compartilhar do sentimento primordial de guerra e glória de tantos homens do passado que nos inspiram por meio de suas histórias e lendas. Procurava por Saladino, César e Alexandre entre nós naquele momento. E abraçava meus amigos.

Do que serve a vida se não tivermos um pouquinho de ilusão?

* * *

O ACAMPAMENTO

A turma da "resistência popular", ligada a Marcelo Reis, perambulava pelo acampamento propondo a tal *ucranização* tupiniquim. Achavam que, no 15 de novembro, invadiriam o Congresso e jogariam os políticos na lata de lixo. Não tinha como acontecer, mas fazer o quê? Cada um com suas manias. Ainda assim, o acampamento crescia, ganhava corpo e relevância. Mesmo os nossos vizinhos intervencionistas, do outro lado da praça das Bandeiras, aumentavam de tamanho; com frequência apareciam notícias de pessoas armadas circulando por lá e de brigas de espada entre líderes de diferentes correntes pró-golpe militar. Era um manicômio a céu aberto.

O aguardado 15 de novembro também contava com um novo elemento: a expectativa pela chegada dos caminhoneiros grevistas, que haviam iniciado uma paralisação alguns dias antes. Explico: Dilma fora alvo de duas greves de caminhoneiros no ano, uma em fevereiro e outra em novembro. Os motoristas se engajaram na luta política contra a presidente e caíram nas graças da população. Surgia, em meio à direita brasileira — e também perante a opinião pública —, uma espécie de sebastianismo caminhoneiro. Para seus entusiastas, "os caminhoneiros hão de chegar!" — só não sabíamos quando. Foi criada uma aura de agentes revolucionários, de anjos vingadores, associada à categoria. Eram "os nossos proletários". Tornaram-se o arquétipo do homem de bem, cidadão indignado, montado em seu meio de ação, incapaz de ser brecado por quem quer que fosse. Os mais empolgados sonhavam com um 15 de novembro acompanhado de ferozes caminhoneiros, montados em suas bigas mecanizadas como heróis gregos da modernidade.

A imagem marcou tanto que, anos mais tarde, em 2018, a greve dos caminhoneiros seria celebrada como Revolução Popular por parte da classe média. O homem brasileiro pegava filas de quatro horas para abastecer seu carro com sorriso aberto, imaginando estar cumprindo sua cota de sacrifício em meio à luta de seus agentes revolucionários. Até o encerramento da presente edição, nenhuma tomou corpo no país.

O fato é que a data atraiu ativistas e militantes políticos de todo o país, que chegaram aos montes, dias antes do 15 de novembro, e participaram do acampamento. Era um momento estranho, uma espécie de ExpoDireita em pleno gramado do Congresso. Cada grupo chegava com suas cores, camisetas, bandeiras e logotipos. O intercâmbio de experiências foi extremamente frutífero para todos os envolvidos, além de permitir uma maior compreensão entre todos os agentes envolvidos na luta contra o PT. Havia gente dos quatro cantos do Brasil. Os organizadores das principais manifestações estavam todos lá, tomando chuva, comendo bolacha e tomando suco Tang. Era comovente. A esperança depositada no 15 de novembro, porém, não encontraria eco no mundo real.

O fatídico dia chegou e nada de caminhoneiro aparecer. Não que eu ou alguém do MBL esperasse isso; que fique claro. Mas o óbvio se estabeleceu após dias de histeria. Alguns dos presentes afirmavam que não seriam apenas os caminhoneiros a vir para Brasília; além deles, "lutadores de MMA" se juntariam ao bando, aparentemente liderados por Alexandre Frota e Wanderley Silva. Ninguém veio. Para piorar, uma chuva torrencial inundou o domingo em Brasília, afastando os populares que se preparavam para o evento. O saldo, contudo, não seria negativo.

Fomos capazes de reunir alguns milhares de manifestantes, boa parte deles ativistas vindos de outros estados. A chuva animou o espírito dos acampados, e belíssimas imagens foram capturadas pela lente de Alexandre. A turma da Banda Loka, misturada aos demais colegas, deu o tom do ato mesmo debaixo d'água; invadimos o espelho d'água e tocamos juntos por horas a fio. A jornalista Joice Hasselmann, acompanhada de Carla Zambelli, também se fez presente; marchou até o cordão policial do choque, provocou algum empurra-empurra e depois regressou à área coberta.

O ACAMPAMENTO

Manifestantes aproveitaram-se da bagunça para tentar, de fato, invadir o Congresso. Foi a primeira vez que a direita organizada tentava fazer isso. Orientamos nossos acampados a não participar da ação. Primeiro, porque não daria certo; segundo, porque o plano era péssimo. Ora, meus amigos, não havia clima para uma "revolução de direita" no país naquele momento. E nem deveria ter. A solução via impeachment era inegavelmente a melhor e mais plausível. A única que restava. Não faria sentido atrapalhá-la em nome de um desejo desprovido de um plano.

* * *

O acampamento havia atingido seu ápice próximo daquele 15 de novembro. Seus efeitos políticos, porém, perdiam parte da eficácia. As denúncias contra Eduardo Cunha ganhavam cada vez mais substância, e suas estratégias de defesa mostravam-se falhas. A entrevista que dera ao *Estado de S. Paulo*, justificando seus ganhos com a venda de carne enlatada, tinha sido desastrosa; seus passaportes com carimbos de países africanos viraram motivo de chacota, e o presidente da Câmara aparentava fadiga, estresse e algum abalo psicológico. O efeito desejado por nós com o assentamento chegava ao clímax no momento em que Cunha se encontrava mais frágil. Estivemos com ele depois de ser alvo de um arremesso de dólares protagonizado pela juventude do PT. Nada conseguimos extrair. Estava amedrontado. Era um homem acuado. O impeachment, naquele momento, pouco lhe interessava. Queria salvar a própria pele.

Outras conversas com parlamentares soavam infrutíferas. Cunha não dava sinais de que acolheria o pedido de impeachment nos próximos dias. Comentava-se nos corredores que negociava abertamente com Delcídio e outros interlocutores do PT. Lutava para livrar a si próprio e sua família das garras da Operação Lava Jato, cujas investigações avançavam implacavelmente. O presidente da Câmara era o alvo perfeito: as apurações contra ele demonstravam a isenção da força-tarefa, alvo de ataques do petismo e de setores da imprensa por uma suposta "seletividade" nas operações.

De volta a São Paulo, Alexandre preparava a retirada do acampamento. Havíamos cumprido nossa meta de pressionar o Congresso e gerar o clima de "panela de pressão" que tanto queríamos. Graças ao nosso assentamento, os deputados puderam perceber uma dissonância entre aquilo que era reportado nas matérias jornalísticas e o mundo real, que batia à porta dos seus gabinetes. Foram semanas de ação política, organização e articulação; a base do "comitê pró-impeachment" — grupo de parlamentares e ativistas que lideraria o processo — estava se formando naturalmente. O parlamento conectava-se à sociedade, criando teias de relação mais profundas que o toma lá dá cá ao qual estavam acostumados.

A esquerda também sentiu, à sua maneira, o impacto do mês de acampamento. Primeiro, porque anulamos estrategicamente a imposição da narrativa "Fora Cunha" como "sombra" para o "Fora Dilma". Segundo, porque neutralizamos a estratégica de abafa que tentariam impor em frente ao Congresso. Não fosse o abalo das denúncias contra Cunha e ele teria, sem sombra de dúvidas, acolhido o pedido de impeachment naquelas duas primeiras semanas de novembro. Uma pena. Mas seria questão de tempo até que as coisas pudessem se definir mais claramente.

Nos dias que se sucederam ao 15 de novembro, boa parte dos acampados retornou para suas bases. Ficaram Fernando Holiday e alguns dos que haviam participado da marcha. Só sairiam em 22 de novembro, data estabelecida para a remoção do acampamento por Rodrigo Rollemberg, Renan Calheiros e Eduardo Cunha. Enquanto isso, eu retornaria a São

O ACAMPAMENTO

Paulo para organizar o I Congresso do MBL, que congregaria lideranças do movimento de todo o país e definiria sua agenda de pautas e reivindicações.

O trabalho foi grande, mas o evento, um sucesso. Contou com a participação de mais de quinhentas pessoas, em sua maioria pagantes, que contribuíram na construção da agenda política do movimento. Foram organizados grupos de trabalho — os famosos GT's, como aprendi nos congressos da USP — nos quais debatíamos as propostas e sugestões enviadas por internautas no fórum Reddit. Após um dia de discussões e votações, chegou-se a um conteúdo oficial, uma espécie de Constituição, referência que baliza até hoje as ações do MBL.

Olhando em perspectiva, tenho muito orgulho do que construímos naquele congresso. Uma agenda prática de reformas do estado brasileiro — incluindo a CLT, a previdência, o pacto federativo e outros tantos desafios — foi cristalizada por meio de um debate maduro e divertido; por vezes entrecortado, a bem da verdade, por algumas rusgas entre nossos membros libertários e conservadores. Nos dois anos seguintes, o MBL seria capaz de defender tal agenda com galhardia e teria papel preponderante na aprovação das PECs do Teto e da Reforma Trabalhista. Além disso, apresentou seu próprio modelo de Sistema Previdenciário, criado pela Fipe, e atuaria de forma ativa no debate sobre o tema.

Não projetávamos os frutos daquele evento. Estávamos todos esgotados, vindos de um acampamento que sugara nossa energia e toda nossa atenção. Lembro-me de passar aquele final de semana abastecido de café e Red Bull para poder me manter em pé e ativo. Deu certo. Ao final do congresso, no domingo, o vídeo especial de um ano de movimento, chamado "365", foi transmitido para todos os presentes, levando boa parte de nossos ativistas e coordenadores às lágrimas. De alguma maneira, criávamos alma para um corpo que se expandira de forma caótica num país tomado pela revolta. Era tal alma que nos guiaria, dali em diante, pelos momentos dificílimos que passaríamos em conjunto, sob fogo cerrado da imprensa, da esquerda brasileira e da nascente e barulhenta direita populista ligada a Jair Bolsonaro e Olavo de Carvalho.

    Corpo e alma. Alguma história pra contar. Grandes amigos e aventuras. Achávamos que nosso ano havia terminado muito bem. Era hora de descansar e dormir por uns dias. Folga pra todo o time do escritório.

CAPÍTULO IX
ENTREATO

por Renan Santos

O merecido descanso após a carga desumana de trabalho no acampamento pelo impeachment e no primeiro Congresso do MBL era inevitável diante da paralisia política de Eduardo Cunha. O fragilizado peemedebista parecia acenar para o governo em busca de um acordo. Um de seus interlocutores, o senador Delcídio do Amaral, havia sido preso na semana anterior. Creio que não lhe deve ter sido animador assistir ao hipotético proponente de um acordo pouco republicano envolvendo o STF ser encarcerado, enquanto áudios do senador revelavam planos para comprar o apoio de Nestor Cerveró, ex-diretor da Petrobrás e delator-bomba, e articulações espúrias com ministros do Supremo.

Imaginávamos que a carga de pressão sobre Cunha fosse terrível, mas que decisões mais drásticas só seriam tomadas no início de 2016. Não havia um plano de ações estabelecido para aquele fim de ano. O impeachment permanecia em pauta, pois as crises política e econômica caminhavam numa crescente. No entanto, tínhamos como certo que entrávamos numa espécie de buraco temporal, aquele maldito dezembro de 2015, um entreato para a batalha final que haveria de chegar no ano seguinte.

É importante salientar que, se Cunha, por um lado, comportava-se como uma esfinge, outros setores do PMDB davam passos importantes — por vezes, ignorados — que ajudariam a vencer um dos maiores problemas que enfrentáramos no curso de 2015: o convencimento das elites econômicas. Sim, amigos: ainda que a narrativa beócia de nossa esquerda trate o fenômeno do impeachment como alguma espécie de "conspiração dos ricos e poderosos", o fato é que, durante a maior parte da trajetória, não pudemos contar com apoio algum dos grandes magnatas do PIB brasileiro. Pior: seus principais influenciadores, compostos por agentes do mercado financeiro, presidentes de federações patronais, jornalistas de gabinete e pitaqueiros de luxo, espalhavam toda sorte de "análises" e "papers" esdrúxulos, baseados em uma visão ensimesmada do processo político. As esperanças em Joaquim Levy eram sucedidas por supostas "conversas de bastidor que sepultavam o impeachment"; a toda hora tínhamos de lidar com a desconfiança daqueles que deveriam ser os primeiros a nos tirar daquele atoleiro.

Sempre relatei aos deputados mais próximos a existência desse problema. O ano de 2015 vira a emergência do poder político da classe média. A vitória, porém, dependeria de uma articulação mais ampla, que envolvesse os principais agentes econômicos do país e tivesse ampla capilaridade social. Abarcar as elites — ou fazer com que não atrapalhassem — seria um desafio de primeira ordem para viabilizarmos a queda do petismo. Mas como fazê-lo naquele momento? Apelar para o espírito republicano de nossos endinheirados não parecia ter funcionado. Quem nasceu para ser burguês jamais será um aristocrata — na acepção verdadeiramente nobre do termo. Tal qual no sistema de castas indiano, não era possível esperar de nossos *vaishyas*, a dita "casta dos comerciantes", a postura de valorosos guerreiros da pátria. Afinal, são sobreviventes em busca de estabilidade. Incapazes de olhar para o lado — ou teriam visto na Venezuela e na Argentina o espelho lhes dizendo "eu sou você amanhã" —, seguiam para o precipício recolhendo migalhas de esperança nas soluções propostas por um governo em frangalhos. Não compreendiam o projeto político do PT. Honestamente, se compreendessem, tampouco dariam a mínima. A inexistência de nobreza desinteressada e do compromisso com a condução valorosa de um país em formação é o que os tornava eternamente reféns das elites políticas de ocasião, fossem os militares de 1964 ou os petistas de 2015. Por motivarem-se quase que apenas por estímulos econômicos tangíveis e palpáveis, jamais teriam acesso às ferramentas de poder no país.

Pois bem. Foi durante o acampamento que tive acesso, antes ainda de sua publicação, ao conjunto de medidas do PMDB na chamada "Ponte para o Futuro". O documento, apresentado a mim por um amigo deputado, sinalizava uma saída liberal para a crise instalada: teto de gastos no setor público, enxugamento da máquina, reformas trabalhista e previdenciária, e outras dezenas de medidas que soavam como música para os já combalidos ouvidos do mercado financeiro. Divulgada ao grande público como receituário advindo da Fundação Ulysses Guimarães — pertencente ao PMDB e presidida por Moreira Franco —, tal agenda serviu como senha para assanhar o dito "espírito animal" de nossos agentes econômicos. *O partido do Michel tem um plano para vocês* — era esse o recado embutido na cartilha do literalmente neoliberal PMDB. Construía-se assim a expectativa de um novo governo. Desenhava-se para nossas elites o final feliz para o filme de terror da "nova matriz econômica".

A jogada, sutil e sofisticada, demonstrava a proeminência que a elite política — ou o establishment, como se convencionou dizer — exerce sobre a elite econômica. Seus agentes, homens versados na guerra por espaço e poder, sabem muito bem que um impeachment, por excelência, *não se trata da derrubada de um governo; ele deve ser, antes de tudo, a construção de um novo em seu lugar.* A "Ponte para o Futuro" cumpria esse papel. Surgia, no imaginário de nossos abastados, a ideia de um governo Temer. Uma ideia que lhes agradava. Que soava estável. Por dedução, imaginavam a composição de tal governo; deveria contar com o PSDB, histórico fiador das reformas; traria consigo o DEM, que comia o pão que o diabo amassou na oposição ao petismo; costuraria, com certeza, o apoio do Centrão, então liderado por Cunha; e traria, por fim, a tão sonhada estabilidade, desejo fundamental de todo homem que preza por suas posses.

Nossa elite econômica voltara a sonhar. E isso era bom pra gente. Poderíamos ter gente com grana — grana de verdade! — lutando ao nosso lado; o que mudaria tudo. Era uma sensação estranha.

Dois mil e quinze já acabou, dizíamos. *É hora de nos fortalecermos pra batalha final.*

* * *

Não poderíamos estar mais enganados. Aquele 2015 era um ano que não terminava. Estava descansando em casa quando recebi uma mensagem no WhatsApp. Era de um número desconhecido. Prefixo 61. Dizia apenas: "Renan, o presidente acolheu a denúncia contra a Dilma. Informação quente!" Fui atrás de Darcísio Perondi, deputado federal do PMDB. Ele não me abriu tudo — parecia de fato não ter todas as informações —, mas me autorizava a um estranho otimismo. Liguei para Kim e Ian. Checamos com outros deputados. Havia algo de verdade na mensagem recebida, embora não pudéssemos confirmá-la. Porém: e daí? Nos amarrávamos nesses fios de esperança. Quando nos demos conta, estávamos todos de volta ao escritório. E nosso descanso, tão aguardado, se transmutava na euforia workaholic das semanas anteriores. Ó, céus! Pedimos pizza e refrigerante. De volta ao trabalho.

ENTREATO

Nas horas seguintes conseguimos confirmar a informação com um assessor diretamente ligado à presidência da Câmara.

— Cunha vai anunciar amanhã em coletiva — dizia. — O bicho vai pegar amanhã.

No mesmo instante, reiniciamos conversas com o Vem Pra Rua e o Revoltados On Line. Denúncia acolhida demandava rua cheia. Era o momento de agirmos. Combinamos de aguardar a declaração oficial, na manhã seguinte. Tão logo Cunha cumprisse seu papel, iríamos combinar uma data para retornarmos às ruas.

E assim sucedeu. No dia seguinte, quarta feira, 2 de dezembro de 2015, o presidente da Câmara dos Deputados acolhia a maldita denúncia, nossa ideia fixa, e anunciava a criação de uma Comissão Especial, composta por 66 deputados, que seria responsável por elaborar um parecer — favorável ou não —, que seria levado à votação no plenário.

A notícia soava como declaração de guerra. No mesmo dia, a bancada do PT comunicou que votaria pela continuidade do processo contra Cunha no Conselho de Ética da Câmara. Os votos do PT seriam decisivos. Eram, como podemos supor, objeto de pesada negociação entre Cunha e o partido da presidente. A impossibilidade do acordo — motivada também pelo prazo exigido para se reduzir a meta fiscal do orçamento de 2015 — exigia a tomada imediata de posição por parte do partido de Dilma. Um jogo complexo. Cunha arquivaria o impeachment se os petistas garantissem os votos para salvá-lo? No impasse, os lados optaram pelo sangue. E o Brasil saiu ganhando.

Nosso pequeno escritório virou festa naquela tarde. Gravamos vídeos tirando sarro da imprensa, que tanto duvidara de nós. Lembrávamos dos percalços da marcha, das noites maldormidas antes das manifestações. Contra tudo e contra todos, avançamos! Naquela noite, fizemos festa na Paulista junto a outros movimentos. Era um sentimento de alegria esquisito. Tínhamos recebido um presente inesperado do destino, fruto de um namoro que não poderia dar certo. Pela terceira vez no processo, os agentes políticos se movimentavam de acordo com nossos interesses, ainda que estimulados por ambições profundamente particulares. O impeachment tornara-se o funil em que toda a guerra política se comprimiria. Mesmo o "Fora Cunha" dependia do "Fora Dilma".

Estava feito. Já podíamos nos considerar vencedores naquele dia.

* * *

Foi acordado entre os movimentos que faríamos um ato já na semana seguinte, no dia 13 de dezembro, apoiando a abertura do processo. O tempo de divulgação seria exíguo, mas esperávamos que a notícia do acolhimento tivesse impacto decisivo na opinião pública. *A batalha final sempre é a maior de todas*, dizíamos. Esperávamos realmente que fosse lotar. Nos dias seguintes ao acolhimento, já pululavam os nomes dos 66 deputados que seriam nomeados na Comissão Especial que julgaria o pedido de impeachment. E o que víamos era favorável: Cunha e a oposição articularam ampla maioria, mais do que o suficiente para aprovar um relatório pró-denúncia contra Dilma. Era tudo muito bom para ser verdade.

Mas, calma, caro leitor!

Nesta trama, como bem expõe este livro, não houve momento de avanço ao qual não correspondesse, logo em seguida, algum revés que o tornasse inócuo ou que lhe dirimisse o impacto político pretendido. Desde a postura da imprensa em nossos primeiros atos até a covardia do PSDB durante a marcha, nossa constante era o famoso "dois passos para a frente, um passo para trás"; tocávamos em frente a passo de tartaruga, ora pela força de nossos inimigos, ora por diatribes de nossos supostos aliados. Não seria diferente naquele dezembro de 2015.

ENTREATO

Cunha fizera uso de uma estratégia regimental criativa para conseguir uma composição anti-Dilma na comissão especial. Com a oposição, articulou uma chapa alternativa, que não dependeria das nomeações dos líderes dos principais partidos, ainda ligados ao governo. Para isso, recorreram também ao voto secreto. Venceram. O PCdoB, porém, resolveu ir ao STF para cancelar a comissão, questionando o estratagema. Como vivemos em uma república de bananas, Edson Fachin acolheu o pleito dos comunistas e interferiu mais uma vez na autonomia do Legislativo. Estava cancelada a comissão, e a denúncia dependeria de uma deliberação do Supremo, na semana seguinte (16), que normatizaria seu trâmite.

A decisão pegou a todos de surpresa. A Bolsa de Valores foi atingida; idem o ânimo da população. Parecia claro que o sistema, de alguma maneira, rebelava-se e impedia o andamento da vontade geral. O que vinha se tornando palpável voltava a ser hipotético. Dependeríamos agora das doutas mentes de Barroso, Fachin e colegas para saber as regras que regeriam outro poder, supostamente independente, que é, gostemos ou não, a casa que congrega os representantes eleitos pelo povo. As teorias da conspiração voltavam a correr; os arautos do "Fora Todos" e da "Intervenção Militar" ganhavam mais adeptos. A cada palhaçada do STF, o Brasil perdia confiança em suas instituições.

E foi assim, em meio à descrença, que o ato de 13 de dezembro se sucedeu: frágil, esvaziado, sem empolgação. Combinamos com o Vem pra Rua de chamá-lo de "esquenta". Alegamos que era apenas a prévia de algo maior, que prometia bater o glorioso 15 de março: a megamanifestação de 13 de março de 2016. A estratégia, conforme se pode imaginar, não funcionou. A imprensa aproveitou aquela circunstância para anunciar a "derrocada" da causa pelo impeachment. Tudo aquilo era um teatro de Eduardo Cunha, dizia-se, e o povo não estava disposto a aderir à "guerra particular" do presidente da Câmara. Festa nas redações.

O pior, entretanto, ainda estava por vir. Boulos e sua turma marcaram manifestação para a semana seguinte. Dotados de uma, digamos, "robustez organizacional" toda especial naquele fim de ano, o MTST e sua Frente Povo Sem Medo conseguiriam reunir 30 mil explorados na avenida Paulista. Balões da CUT e carros de som completavam o *mise-en-scène*. Ocupavam, se assim podemos dizer, uma área extensa e concentrada ao redor do Masp. Isso facilitaria o trabalho dos fotógrafos da *Folha* e do *Globo*, ávidos por um fato que tornasse nossa derrota ainda mais acachapante. E conseguiram: a imprensa noticiou que o ato "pró-Dilma" fora maior que o nosso. Era a primeira vez que isso acontecia.

No prazo de alguns dias, perdemos no Supremo, nas ruas e na alma das pessoas. O ano terminava de forma sombria, com um STF governista ditando as regras de um procedimento intrínseco ao Legislativo e com a sensação de que as ruas — nossa conquista fundamental em 2015 — pareciam não ser mais nossas. Além disso, o comitê de trabalho pelo impeachment, iniciado pelos deputados da oposição, também não saíra do papel. O desânimo se refletia na Câmara.

Passei o réveillon daquele ano em Ilha Bela, litoral de São Paulo, com meu irmão e alguns amigos. Foi um pequeno, porém merecido, descanso. Dias para beber bastante, andar pela natureza, tomar picada de borrachudo e falar besteira.

Logicamente, nem tudo seriam flores: alguns surfistas de esquerda reconheceram Kim na entrada de uma boate e começaram a provocar. Alexandre estava por perto e os chamou pra porrada. Nada aconteceu. Era apenas um bando de "maconheiros metafísicos", esse tipo de jovem viajandão que adere a ideias de esquerda enquanto tenta decifrar o universo à base de reflexões de erva prensada. Não costuma funcionar com adultos.

O episódio, contudo, podia servir como alerta. Já era perceptível que o acirramento político no país, em parte causado por nós, ganhava expressão em ambientes diversos menos óbvios. Era um surfista bêbado em Ilha Bela. Poderia ser um vendedor de flores em Guaxupé. Já não éramos mais um grupo de anônimos. Tampouco estávamos exatamente otimistas. Ainda que evitássemos falar de política, todo mundo que nos encontrava, nas ruas e nos bares, perguntava sobre os próximos passos do MBL. Alguns mesmo questionavam a viabilidade do 13 de março.

O clima não era de vitória. Mas tínhamos em mente algumas ideias para virar aquele jogo. Ideias que passavam pela Câmara, pelo empresariado, pelo agro, pelas igrejas e pelas ruas. Precisávamos de um ato gigantesco, que lavasse a alma.

CAPÍTULO X
REORGANIZANDO AS TROPAS

por Renan Santos

Quando parti para Brasília, na segunda semana de janeiro de 2016, a balança já começava a pender novamente para o otimismo. Diversas razões explicam a leve mudança de humor. Nossos números de engajamento em rede, bem como os do Vem Pra Rua e do Revoltados On Line, cresciam bastante mesmo num mês de pasmaceira. Os partidos de oposição não haviam recuado — ao menos oficialmente — ante a violação institucional imposta pelo STF. E a população permanecia firme, convicta de que aquele governo não poderia durar mais.

Instintivamente, percebi que as péssimas notícias do mês anterior não tinham ferido de morte a determinação das pessoas. Havia um amadurecimento na luta, uma resiliência forjada nas idas e vindas do processo político que tomava forma. Se, no início, todos esperavam que Dilma caísse de maduro após o 15 de março, naquele janeiro de 2016 o entendimento era de que muita luta deveria ser travada até que a presidente fosse afastada. Com a dor, veio a maturidade.

A viagem tinha algo de espontâneo. Não havia um grande plano. A ideia, justamente, era conversar com os parlamentares, assessores e jornalistas que habitavam a fauna do Congresso Nacional. Em especial, trocar figurinha com os amigos da liderança do DEM, cuja sala, logo ao lado da presidência da Câmara, servia de QG informal para as reuniões do bloco oposicionista. Alguns dos assessores ali presentes, como a Graça e o Aurélio, desempenharam papel central na aproximação entre os movimentos e os parlamentares. O trabalho que cumpriram foi fundamental para a progressiva solidez da relação política entre rua e Congresso, aparando arestas e preconceitos mútuos gerados, muitas vezes, por mero desconhecimento.

Além deles, visitaria Darcísio Perondi, deputado gaúcho do PMDB que exercia papel fulcral na articulação parlamentar do impeachment. Era ele, ao lado de Rubens Bueno (PPS), Carlos Sampaio (PSDB), Paulinho da Força (SD) e Mendonça Filho (DEM), quem fazia a operação diária de convencimento de seus pares, à luz do dia, em nome da nossa causa. Perondi morava na capital federal. Além de ferrenho opositor do petismo, era também um atleta respeitável, capaz de correr mais de dez quilômetros todos os dias em uma rotina de fazer inveja a qualquer garoto. A prática lhe garantia uma aparência jovial para a idade, além de energia incomum para o batente. Era — e ainda é — um dos parlamentares mais ativos no Congresso.

O MBL estava cheio de trabalho e tinha metas ousadas. Nossa equipe crescia e assumia maiores responsabilidades. Todos entendiam que nosso papel, naquele momento de desânimo após as derrotas de dezembro, era fundamental para reconduzir o impeachment à ordem do dia. Já havíamos feito isso antes, durante a marcha e o acampamento. Era hora de repetir a estratégia para a batalha decisiva.

* * *

Estávamos dedicados a algumas frentes de trabalho. Fred Rauh tornara-se a liderança criativa que sempre esperávamos. Ao longo do ano anterior, ele havia desenvolvido a linguagem de comunicação do movimento, estabelecendo padrões, cores e fontes. Partia de um logotipo que herdáramos quando assumimos a página do MBL, ainda em 2014. Desde aquela base, proporia uma série de evoluções e captaria nossa cara e nosso estilo, abdicando de um padrão com as cores nacionais que já se encontrava desgastado pelo uso dos partidos políticos.

Foi de Fred a ideia de utilizar a fonte Gotham em todos os nossos materiais gráficos, incluindo os memes elaborados por Rafael Rizzo. O padrão concebido por ele — com destaque para o recurso à caixa-alta acompanhada de itálico — seria copiado por outros grupos, partidos e movimentos, até o cúmulo de aparecer em material gráfico produzido pela Frente Povo sem Medo, espécie de coligação pró-PT. O uso indiscriminado da Gotham tornou-se tão automático que, ao longo de 2016, era estranho produzir um card político ou vídeo que não ostentasse aquela bendita tipografia.

Frederico Rauh, nascido em Blumenau e formado em marketing pela ESPM, sempre fora o parceiro criativo de Alexandre; e também espécie de alívio social para que meu irmão rebatesse a overdose de política que eu representava. Nenhum dos dois planejara liderar revoluções quando se juntaram ao nosso escritório; ainda assim, adaptaram-se às demandas do movimento e responsabilizaram-se por dar a cara jovem e alternativa do MBL.

Loiro da cabeça aos pés, Fred é um puro-sangue alemão em território brasileiro, honrando o bom roteiro visual hipster por meio de sua barba cuidadosamente desenhada e suas preferências musicais anglófilas. É fã de tudo que venha da Inglaterra, ainda que seu coração reserve espaço para a boa e velha Alemanha, terra natal de seus ancestrais. Prefere as *Weißbier* às *stouts* britânicas e possui traje bávaro completo, que usa com galhardia a cada Oktoberfest. Nunca se interessou por questões político-ideológicas. Ajudou a coibir exageros meus em alguns pontos, e, junto de Alexandre, fez de tudo para evitar que o movimento soasse ou parecesse babaca em meio ao universo de mau gosto da nova direita brasileira.

Fred conquistou para si a autoridade de transformar nossa antiga marca, de difícil aplicação, na sigla estilizada MBL, sem perder as referências pregressas que caracterizavam seu estilo. Optamos, de forma acertada, por trocar a nomenclatura Movimento Brasil Livre pelas iniciais maiúsculas, valorizando a sonoridade contida em "êmebê-éle" — que, ainda por cima, marcava um interessante contraponto ao já conhecido MST. A mudança, executada no curso de um ano, passou inicialmente pela troca da paleta de cores, do verde-amarelo--azul para um verde-piscina mais jovial; prosseguiu com a fixação da sigla MBL, mantendo a bandeira nacional intacta; e terminou com o logotipo em itálico, acompanhado de fragmento da bandeira nacional, ambos perpassados por um traço que dava unidade ao conjunto. Soava noventista, dinâmico e competitivo; parecia o logotipo de uma equipe de Fórmula 1.

Esse não foi, porém, o único grande trabalho executado por Fred. Ainda no final de 2015, a meu pedido, ele dera visual à campanha "Esse impeachment é meu!", resultado de uma reflexão sobre o papel do design na batalha política que enfrentávamos. Àquela altura, estava claro que o governo e seus colegas de trincheira na imprensa tinham como estratégia rotular o processo de impeachment como mera vingança pessoal de Eduardo Cunha. Atribuíam a paternidade da denúncia ao peemedebista, ignorando o fenômeno político que ganhara as ruas e mobilizara o país.

Precisávamos enfrentar aquela narrativa.

Ainda no mês de dezembro, durante os preparativos para o malfadado ato do dia 13, o debate sobre uma campanha unificada pela queda de Dilma tomaria conta de nosso escritório. Conversava muito com Pedro e Alexandre sobre isso. Foi num almoço no Madrigano, entre uma garfada e outra do ótimo virado à paulista da casa, que tive o insight:

— Esse impeachment não é do Cunha, porra nenhuma! Esse impeachment é nosso, caralho!

— Diga isso pra dona *Folha* — retrucou Alexandre. Ele olhava pra baixo e mastigava enquanto falava, demonstrando algum afobamento no raciocínio. — Os caras fazem de tudo pra colar o nosso trabalho no Cunha — continuou, contrariado. — Às vezes acho que essa merda toda vai cair no colo dele e a imprensa vai chamar de "golpe do PMDB" ou coisa do tipo.

Ele não estava exatamente errado. Mas eu queria continuar com a digressão.

— Sabe — falei —, uma das coisas legais da campanha das Diretas eram as camisetas com *handwriting*. Soava meio lúdico, jovial, despretensioso. Vocês já chegaram a ver isso?

— Não, nunca vi. O que era? — perguntou Alexandre.

— Não sei quem idealizou. Na prática, eram panfletos e camisetas, em verde e amarelo. Tinham uns bottons, também. O slogan era "Eu quero votar pra presidente", tudo em primeira pessoa. Envolvia o cidadão. Ao mesmo tempo, despersonaliza, tira do Cunha, da gente, do Vem Pra Rua... É uma forma de dar fôlego à brincadeira. Mas não sei se é meio datado. Apesar de tudo, também ativa a memória afetiva daquelas múmias do PMDB, não acham?

Todos riram. Pedro permanecia absorto em sua comida, mas enxergava a possibilidade com certa curiosidade. Ele era partidário da ideia de que deveríamos construir signos mais abrangentes para abarcar outros setores da classe média. Havia constatado, nos últimos meses, que o constante crescimento da nova direita solidificava nosso trabalho, mas talvez — *e ele sempre reforçava esse talvez!* — fechasse a porta para os brasileiros indignados com a corrupção que não se alinhavam, não necessariamente, ao ideário conservador que tomava corpo.

Essa era, aliás, a tese do Vem Pra Rua. Mantinham-se fiéis e leais à luta anticorrupção, e dela pouco se desviavam. Era muito difícil tratar com eles publicamente sobre o impeachment. No fundo, ainda que oficialmente dentro do barco, o grupo — impulsionado pelo fenômeno da Lava Jato — preferia a temática da corrupção e dava de ombros para a árdua e desgastante tarefa de dialogar com parlamentares pelo impeachment.

Pedro temia, à época, que o arrefecimento recente estivesse ligado a essa "construção de identidade direitista"; e os colegas do VPR queriam a Paulista cheia, mesmo que o tema fosse outro. Era, portanto, importante que um recado mais abrangente fosse dado na campanha de divulgação. E foi assim que avancei:

— E se fizéssemos algo do tipo? E se fosse uma parada bonitinha, escrita à mão? Isso afasta um pouco aquela cara pesada do Revoltados On Line, ou dos camuflados da intervenção...

— Seria um tema para a manifestação? — questionou Pedro.

— Não, cara... Seria uma campanha divulgando o ato — respondi. — Uma campanha que fizesse a galera ficar mais próxima da causa. Sentir-se dona. Algo do tipo: "Esse impeachment é meu, porra! Não do Cunha". — Todos se entreolharam. Parecia que algo interessante havia pintado no ar. — Que tal "Esse impeachment é meu!"?

— Excelente! — gritou Alexandre. — E me vê a conta! — continuou. — Serve pra calar a boca desses idiotas. Que Cunha o quê!? A gente está se fodendo nessa história toda. Não tem dinheiro, tempo, nada! E ficam jogando nas costas do cara! Querem que eu fale com o Fred? Ele prepara a campanha...

E assim surgiu o norte criativo. Fred preparara toda a logotipia, com cores leves e texto escrito à mão. A forma era mais regular e infantilizada que a do movimento das Diretas; reforçava, assim, o sentimento meio "família" que pretendíamos dar à coisa toda.

REORGANIZANDO AS TROPAS

Naquele momento, já final de ano, não havia tempo nem caixa para converter a arte de Fred em campanha. Tivemos, ao menos, condições de produzir algumas camisetas, que foram utilizadas no malfadado ato de 13 de dezembro. As vendas, porém, não combinaram com a manifestação falida; foram, a bem da verdade, espantosas. Esgotaram-se as unidades em nosso carro de som e saíam como pão quente em nossa loja virtual. O modelo havia gerado simpatia, e, além de tudo, unidade; não havia o logotipo do MBL, o que permitia que colegas de outros movimentos pudessem vesti-la. Tínhamos, ali, um caminho a trilhar.

* * *

O desembarque no aeroporto de Brasília sempre me traz boas lembranças. Ainda hoje, desde o fim das aventuras pelo impeachment, gosto de avançar por aquelas esteiras móveis especializadas em carregar funcionários públicos. Naquele dia, enquanto caminhava por seus corredores, ansiava por poder checar as novidades em meu celular. Havia centenas de mensagens represadas, finalmente liberadas pelo fim do voo. Encontrar, em meio a tamanho volume, o recado de algum amigo ou algo urgente era tarefa árdua. Além disso, meu bravo iPhone 5 — hoje cadáver tecnológico em minha cômoda de bugigangas — tinha problemas na bateria; eu precisava economizar no uso do WhatsApp para que pudesse trabalhar pelo restante do dia.

Arrastando meu polegar pela tela de vidro, cheguei à conversa com Fred, que trazia, como anexo, um PDF com toda a programação visual da campanha "Esse impeachment é meu!". *Pronto!*, pensei. *Agora tenho algo pra mostrar pra esses caras.*

Fui recepcionado por Ian, que alugava uma pocilga na capital. Ele já fazia, naquele começo de 2016, importante trabalho de diálogo junto a parlamentares do Centrão. Explorando o hábito tabagista — que herdara de seu mestre Olavo de Carvalho, verdade seja dita —, travava longas conversas com deputados da base e da oposição no fumódromo improvisado no Salão Negro.

— Renan — disse —, creio que devêssemos inserir estes senhores em uma lógica de trabalho mais formal. Você havia falado de fazer um comitê, não?

— Pois é. É isso que estou imaginando. Mas os partidos precisam entrar de sola na divulgação do dia 13. Já pensou se acontece outro fiasco, como em dezembro? Vai que o número 13 não dá sorte...

— Vade retro! — reagiu Ian. — Você anda muito cabisbaixo. Já percebeu como as coisas estão avançando? Conversei muito com o pessoal do PRB. A pressão sobre o Russomano funcionou. Aquele ato não foi de todo ruim. E outra, venha cá — ele apontava para as avenidas vazias da capital. Esse é o melhor momento pra conversar por aqui. Vamos visitar alguns assessores! E tem o Perondi! — Ian abandonara o estilo fleumático e adotara um tom empolgado. — Tudo neste país se resolve conversando com um peemedebista!

O Uber que nos levava até o Congresso percorreu as vias escaldantes de Brasília por alguns longos minutos, suficientes para que mostrasse a Ian os rabiscos de Fred no Photoshop. Ele aprovara a campanha e imaginava que eu faria uso dos arquivos para mostrar que estávamos trabalhando, que o impeachment ainda pulsava. Ao menos, era isso que demonstrara. Mas não era isso que eu tinha em mente. *Ian está menos ambicioso do que eu*, pensei. *Preciso dar um norte pra esses deputados confusos.*

O motorista nos deixou na chapelaria do Congresso. De lá, após sermos recepcionados pela Graça, rumamos até a liderança do DEM, nossa base operacional desde os tempos do acampamento, onde, calmamente, aguardamos a chegada de Perondi.

* * *

— Renan! — Uma voz alta e estridente tomou conta do lugar. — O que fazes aqui em janeiro? Não está de férias? — Era Darcísio Perondi, com seu habitual terno bege, chegando à sala Luís Eduardo Magalhães, onde ocorriam as reuniões na liderança do DEM. Parecia animado, como de costume.

— Grande Perondi! E aí, vamos derrubar aquela mulher?

— Bora, meu guerreiro. — Ele arrastava a letra "o" de "bora", de modo a demonstrar confiança na fala. — Estamos prontos pra guerra! Tens falado com o presidente?

Ele se referia a Eduardo Cunha; que havia se encasulado após os acontecimentos de dezembro. Encontrava-se atacado, combalido, e as investidas do STF tinham tirado de campo, ao menos momentaneamente, o estratagema que construíra para derrotar o governo na comissão processante.

— Não tenho... Falei muito pouco com ele. E você? E como anda a turma do PMDB?

— Sabes, Renan, ainda temos muita dor de cabeça com o Picciani. Eu sou oposição, tu sabes bem, mas o partido ainda procura conversa. Tu conversas ainda com o Moreira?

— Falo, às vezes. O PMDB é intrigante... Precisamos muito que vocês entrem no jogo. Já batemos demais no Picciani, no Calheiros... — Pausa para uma cara resignada. — Mas esses caras *são blindados contra nosso material*. Vagabundo, Perondi, não liga para quem o chama de bandido! Seus votos vêm de outras pessoas, de outro público, se é que me entende...

— Eu sei, Renan — ele puxava o "r", de forma estalada —, mas em política temos que construir alternativas, oportunidades! Essa gente se move para o nosso lado se viabilizarmos um caminho. É para isso que estamos aqui, imagino. — Perondi se curvava para a frente enquanto se ajeitava na cadeira. Parecia mais sério desta vez e ajustava os óculos de maneira a focar em meus olhos. — Tu tens uma responsabilidade muito grande... Sabes disso. Tu sabes, não sabes?

— Todos sabemos! — interveio Ian. — Agora, porém, não podemos deixar que as ruas cuidem de todo o trabalho sozinhas. Vocês têm que entrar na brincadeira. E aquele comitê parlamentar que vocês montaram? O que aconteceu?

— Morreu, meu caro, morreu! Estão todos desanimados. O fim de ano foi péssimo! O Mendoncinha, o Bruno, o Rubens... — Referia-se a Mendonça Filho (DEM), Bruno Araújo (PSDB) e Rubens Bueno (PPS). — Todos sumiram! E eu não posso fazer muita coisa. Sou minoritário em meu próprio partido. Olhe bem essa situação: temos que nos reunir na sala do DEM, pois lá no PMDB essa conversa seria impossível...

— A gente não tem nada, Perondi! — afirmei. — Não é só você! Mas precisamos nos organizar. Temos que criar um comitê, mas um comitê de verdade! — Levantei a voz nesse momento, para soar assertivo. — Existe uma certa desconfiança, desde a época daquele pedido de impeachment do Bicudo, de que vocês deputados vão, em algum momento, passar a perna em todos nós... Nos jogar de canto.

— Exatamente isso! — complementou Ian. — Olavo já fala isso desde o começo do ano. Brasília precisa se adaptar às ruas, e não as ruas a Brasília. A nossa fonte de poder é a indignação das pessoas, e não os arranjos políticos. Aliás — continuou —, andam comentando no PSDB sobre organizarem manifestações, como na época das Diretas. Ouviu algo a respeito?

— Não, meu querido! As ruas são com vocês. — Ele voltava a reforçar o "r" em "ruas". — Tu sabes bem que tucano não tem cara pra aparecer nas ruas. Quanto mais organizar uma manifestação. Tira isso da cabeça...

— É o que eu ando ouvindo, Perondi. E você sabe bem... É ano eleitoral. Quantos deputados não pretendem concorrer a prefeito? E quantos outros não pensam em surfar o momento oposicionista? Isso é natural e legítimo! Mas essa descoordenação com as ruas irá mais atrapalhar do que ajudar.

Ian não blefava naquele momento. Corria nos bastidores uma certa animação oposicionista com o cenário. As eleições municipais se aproximavam e, com elas, a oportunidade de varrer o Partido dos Trabalhadores de diversos municípios. Agremiações como o PSDB sabiam disso — e poderiam se beneficiar mais do que ninguém da derrocada de seu grande adversário. O establishment, a seu modo, dava vazão a tratativas sobre o impeachment. Não é difícil imaginar que construíssem diferentes hipóteses de ação contendo manifestações públicas nos moldes das Diretas. Havia uma memória afetiva daquele momento histórico nos homens de PMDB, PSDB, PPS etc. Aquilo teria que se expressar de alguma maneira.

A forma a ser construída, porém, demandava especial atenção. Não podíamos depositar nossa mobilização no colo dos grandes partidos; mas precisávamos seduzi-los. Era uma engrenagem que demandava certa astúcia e, ainda que de forma primária, uma boa dose de esperteza. Se houvesse boa-fé, não haveria razão para insucesso. Por isso a figura de Perondi era tão importante.

— Perondi, e se a gente montasse esse novo comitê? — interrompi, de arroubo, o raciocínio de Ian. — O que impede a gente de fazer isso?

— Nada, meu caro... Temos que fazer algumas ligações, falar com alguns líderes. — Ele pegara seu telefone e, com calma, olhava a lista de contatos. — Vou ligar para o Fábio, no meu gabinete. Vou chamar ele aqui. Tu sabes bem que temos que falar com a Cristiane Brasil, do PTB. Tens o telefone dela? Rubens Bueno, o pessoal do DEM, do PSDB. Vamos chamar todos...

— Isso, tem que fazer isso! — retruquei, animado. — Temos que montar um organograma, um plano de ações. Os partidos têm que entrar em campo. Você sabe bem disso! Vou ligar no Jaílton, do Vem Pra Rua! Ele pode vir aqui. Não acha, Ian?

— Sim, sim, eu chamo ele. Aliás, Renan, poderíamos falar com o Paulinho da Força. O que acha, Perondi? — Ian soava como um assessor parlamentar altamente graduado. — Posso falar com a Cris. Ela é muito amiga minha. Conversamos bastante nos meses que se passaram. É filha do Roberto Jefferson. Você sabia, Renan?

— É, eu sei... — Minha cabeça fervilhava. — Perondi, deixa eu te mostrar uma coisa. Olha aqui, no meu celular. É a ideia para a campanha do impeachment! — Abri agilmente o arquivo enviado por Fred enquanto falava. Estava agitado. — Olha só isso aqui, que coisa linda. Não te lembra algo, não?

Perondi olhou com cuidado, espremendo os olhos. Não fez a conexão à primeira vista. Mas aparentou gostar do material.

— Parece bom, parece bom... O que é isso?

— É a campanha que queremos fazer. Igualzinha à das Diretas! — Abri o browser do celular e mostrei a imagem do bottom "Eu quero votar pra presidente!" — Não te lembra nada, não? — perguntei de forma desafiadora.

Ele se ajeitou para trás, arregalou os olhos e tomou o telefone da minha mão. Parecia ter entendido a relação. Sem cerimônias, olhou para mim com admiração. Disparou:

— Grande ideia, meus garotos! Muito bem lembrado! O que pretendes fazer? Camisetas, cartazes?

— Mais do que isso, Perondi. Quero organizar um time!

* * *

Os dias que se seguiram à reunião com Perondi foram muito produtivos. O comitê pró-impeachment fora criado, ainda que informalmente, envolvendo lideranças diversas dos partidos da base e da oposição. Mesmo antes do fim do recesso, parlamentares importantes frequentavam Brasília e se uniam a nós em conversas pelos corredores e salões do Congresso. Discutia-se, à época, como articular o comitê: quem cuidaria de cada coisa, como contagem de votos, organização de eventos, declarações para a imprensa.

REORGANIZANDO AS TROPAS

De certa maneira, a convivência de bom grado que se dava naquele início de ano eliminava alguns entraves e preconceitos que havia de ambas as partes — em especial com alguns parlamentares com origem mais à esquerda. Era impressionante como o PPS — partido que remontava ao antigo PCB, o "partidão" — era respeitado perante as demais legendas. Seus quadros, egressos da velha esquerda, faziam uma análise sistêmica do processo, e não foram raras as vezes em que me peguei conversando com Raul Jungmann e Roberto Freire sobre leituras de cenário político.

No PSDB, jovens parlamentares, como Bruno Araújo, Daniel Coelho e Nelson Marchezan Jr., converteram-se em verdadeiros amigos. Ainda que distantes do comando da legenda tucana, eram nomes antenados com o fenômeno político do qual fazíamos parte. Tinham curiosidade e buscavam diálogo; eram, por assim dizer, a turma mais próxima de amigos que fizemos no partido. Ian — sempre ele — costumava implicar com o estilo briguento de Marchezan. E achava Daniel "esquerdista demais". Mas se dava muito bem com ambos.

Em São Paulo, buscávamos fundos para nossa campanha de divulgação. Orçamos a impressão de panfletos, adesivos e lambe-lambes em vultosos 500 mil reais, valores absolutamente distantes da nossa realidade espartana de movimento social de direita. Kim, Pedro e Holiday perambulavam pela Faria Lima visitando empresas de investimento e fundos multimercado. Todos se encantavam com nossas verve e análise, mas o dinheiro não saía de suas carteiras. Além do risco, soava, à época, *delirante* doar dinheiro para o MBL. Éramos muito jovens, estranhos, tóxicos talvez. Além de tudo, vamos lembrar, nem conta bancária tínhamos.

É isso mesmo. As instituições financeiras simplesmente se negavam a abrir uma conta para nós quando descobriam que o CNPJ em questão era do tal Movimento Brasil Livre; algumas, inclusive, eliminavam as contas pessoais que possuíamos, como foi o caso do Kim. Ele teve sua conta bancária encerrada, sem motivo algum, no final de 2015. O mesmo sistema que tanto se beneficiaria com a queda de Dilma Rousseff fazia de tudo — absolutamente tudo — para tornar nosso trabalho ainda mais infernal.

Levei essa discussão até o comitê pró-impeachment por diversas vezes. Os partidos tinham dinheiro e poderiam assumir os gastos da divulgação. Mas, mesmo por lá, havia dificuldades. Houve um famoso almoço, em Brasília, em que líderes diversos do comitê e eu nos reunimos com alguns importantes empresários. Os mesmos pareciam mais interessados em surfar o momento político do que em participar dele. Pululavam oportunistas por todas as partes, e, por diversos momentos, eu me recusei a abrir os planos com medo de que algo vazasse à imprensa ou fosse usado por nossos adversários.

O comitê, conforme percebemos, funcionava bem para articular as ações dos diversos parlamentares oposicionistas, mas pouco poderia fazer para nos ajudar a estruturar algo como as Diretas Já. Meus sonhos já se tornavam megalomaníacos, e eu percebia, com alguma resignação, que caberia ao trio de ferro — MBL, Vem Pra Rua e Revoltados On Line — cuidar da manifestação de cabo a rabo.

Era um momento de emoções contraditórias. Nossas redes sociais cresciam, e Rafael Rizzo desabrochava como importante liderança do movimento. Desenvolvera uma capacidade de concentração ímpar — era capaz de sentar a bunda na frente do computador por mais de doze horas seguidas, sem pestanejar, fazendo a cobertura política na base de memes e vídeos que surgiam furiosamente em sua cabeça. Juntos com os demais movimentos, mantivemos acesa a chama do impeachment na opinião pública. No entanto, precisávamos de mais — muito mais! — para alcançar os números pretendidos.

Imaginava, do alto de minha expertise de "jovem das redes" — alcunha genérica que me fora imputada por alguns parlamentares —, que precisávamos falar com ao menos 5 milhões de pessoas por dia. Nosso Facebook já chegava a 2 ou 3 milhões. Revoltados e VPR garantiriam o restante da meta (até ultrapassariam, na verdade), e, com eles ao meu lado, perambulava pelo Congresso tentando impressionar os parlamentares — e exigir uma ação deles. Em vão. Brasília ainda vivia em compasso de espera.

Olhando em retrospectiva, no Congresso, a ideia da campanha "Esse impeachment é meu!" servira apenas como elemento de aglutinação política. Gerou convencimento e mostrou boa vontade para com a memória política dos parlamentares de centro-esquerda, derrubando preconceitos a respeito da nossa causa. Não éramos um bando de sectários; estávamos lá a incluir diferentes em nossa missão. Mas sua divulgação maciça dependeria apenas de nós e de nossas reuniões infrutíferas. O Vem Pra Rua, muito mais capaz na parte de captação, apostava em uma estratégia diversa, apoiando-se na pesquisa de opinião que contratara. Acreditava, naquele começo de ano, que o caminho era a Lava-Jato.

Ficamos nós, com o impeachment, a mendigar pela Zona Sul de São Paulo.

* * *

Foi numa dessas tardes desesperançadas, gastas entre xícaras de café e conversas sem rumo, que resolvi abandonar nosso escritório para caminhar até o centro velho da cidade, onde ficava minha antiga faculdade. É um trajeto desagradável, confuso e poluído. Mas desperta minha memória afetiva. Já andei muito por lá quando garoto, confabulando com meus colegas a conquista do XI de Agosto. Quantas batalhas finais, estratégias geniais e acordos impossíveis não desenhei com Riccardo, Caqui e Ernst? A base do que me tornei estava estampada naquele entroncamento de vielas circundando a faculdade que abandonei.

COMO UM GRUPO DE DESAJUSTADOS DERRUBOU A PRESIDENTE

Havia a perspectiva da glória, tão importante para mim, que não abandonava minha cabeça. Sentia, desde o começo dessa história, que haveríamos de derrubar Dilma Rousseff. Mais: sabia que boa parte da estratégia para sua derrocada viria da pequena aldeia gaulesa que constituíramos na Brigadeiro Luís Antônio. E não era isso que acontecia? Nossa fórmula de manifestações — construída sobre caminhões de som, ao contrário de 2013 — havia se tornado padrão. Desbancáramos a tese revolucionária de Olavo de Carvalho, com suas intervenções militares e populares. A marcha — aquela ideia insana! — servira para aproximar parlamentares da causa e afastar o PSDB da liderança do processo. E o comitê pró-impeachment, recém-criado, funcionaria como torre de comando para a virada de votos que se aproximava.

A despeito disso, a falta de dinheiro para organizar um 13 de março épico castigava minhas pretensões. De que adiantava participar de almoços na Fiesp, com minhas calças furadas, se o foco de seus investimentos eram patos de borracha para eleger Paulo Skaf? Me cansava dessa elite idiota, que descobrira o impeachment de supetão por conta da Ponte para o Futuro, e que então desembestou a tentar imprimir sua marca no processo. Não haveria de ser o impeachment da Fiesp! Tampouco do Aécio — que já ensaiava uma suposta liderança contra Dilma no oposicionismo oficial. Queria meu impeachment com pé na estrada e atropelamento em Goiás. Com gosto de pastel de pequi.

Me torturava o medo de ser usado e descartado pelo processo histórico — implacável e impessoal — na hora em que esses grandes atores aparecessem no pedaço. Isso me tirava o sono. Mais do que o esquecimento, temia a falta de comando político; o que seria de nós se as decisões importantes fossem tomadas por empresários e políticos em Brasília? Já percebia outra sorte de movimentações que sobrepassavam nossos diálogos com deputados; de alguma maneira, construía-se um consenso entre PSDB e PMDB — em especial nas figuras de José Serra, Aécio Neves, Moreira Franco e Eliseu Padilha —, que deveria, naquele momento, delinear o que seria a composição de um novo governo.

Raul Jungmann já havia nos dito: um impeachment não passa apenas pela derrubada de um governo. É, antes de tudo, a construção de outro em seu lugar. Sem alternativa viável, não haveria por que mobilizar as forças políticas pela queda de Dilma. Nesse sentido, o projeto apresentado pelo PMDB se apresentara como sombra para o fiasco econômico de Rousseff. A queda de Joaquim Levy, em dezembro, não permitia maiores esperanças na gestão cambaleante da gerentona. Se os agentes econômicos, naquele final de janeiro, já se encontravam assanhados, não seria diferente com os grandes players políticos. Havia a construção de uma alternativa Temer desenhando-se por todas as partes. O problema é que eles próprios não sabiam como executá-la.

Digo isso porque, em minhas conversas com o PMDB, à época, havia uma grande dúvida sobre como lidar com a dinâmica de um processo cujo domínio lhes escapava. As ruas, a Operação Lava Jato, essa tal de "direita" que ressurgia após o fim da ditadura, era tudo incompreensível para eles. Tucanos, por sua vez, tentavam "tatear" o cenário com alguma curiosidade, ainda que perplexos com a riqueza de variantes e novos atores envolvidos. Isso deveria me servir de consolo; num cenário que não controlavam, cabia aos novos agentes apontar o caminho. Mas o que fazer? Não tínhamos dinheiro para merda alguma. O MBL era um tigre de papel.

Enquanto balbuciava esses raciocínios tortuosos, não percebi que já havia adentrado as arcadas da Faculdade de Direito e que caminhava, em piloto automático, em direção ao "hall dos calouros" — área em que ficam as salas destinadas aos alunos do primeiro ano. Era uma antessala ampla e arejada, tendo em frente uma espécie de sacada recém-reformada. Caminhei até o mural dos primeiranistas — ainda vazio, posto que as aulas ainda não haviam começado — e procurei por qualquer manifesto bobo sobre o impeachment. Nada encontrava! Os debates, ensimesmados na ladainha do movimento estudantil, resumiam-se às migalhas narrativas que caíam da mesa da esquerda brasileira.

Revirando os papéis pregados ao mural, não reparei na figura obesa, suada e simpática que se aproximava, como personagem de filme de comédia, pronto para dar um bote. Com sua indefectível camisa semiaberta — num xadrez de tons claros — e calça cáqui de hipster viajandão, quem me deu um sonoro, mas cordial, tapa nas costas foi ninguém menos do que Maurício Schuartz, vulgo Caqui, organizador da "feirinha gastronômica" e colega de faculdade mais de dez anos antes.

Ele continuava barbudo — um pouco mais careca, também — e apresentava seu sorrisão de sempre. Era tão facilmente reconhecível que nem susto tomei; estava mais aéreo que alerta, e a grata surpresa que interrompera minha sequência de raciocínios não podia causar melhor sensação.

— Renanzinho, o que você está fazendo aqui? — gritou, em seu estilo clássico. — Resolveu terminar seu curso ou virou vagabundo como eu?

— Que pergunta é essa? — retruquei. — Você sabe muito bem que *eu só posso ter virado um vagabundo*. Mas você também não terminou a faculdade... Certo?

— Claro que não, velho, isso aqui é uma bosta — disse ele, apontando para as arcadas ao seu redor. — Todo mundo que se formou aqui ficou gordo e insuportável. A gente nunca teve vocação pra concurseiro ou sócio de escritório de tributário. Que saudades das merdas que a gente aprontava. E você? Como anda esse golpe que vocês tão tramando com aquele japonesinho?

— O Kim? Cara... Você tá sabendo do MBL?

— Claro que eu tô, seu idiota! Todo mundo tá sabendo que vocês estão armando um golpe pra acabar com a democracia! Desde 2003 aplicando golpes no estado democrático de direito! — Ele se referia ao tal "golpe do 2º turno", que aplicáramos no estatuto da faculdade. — Só não me prende com o Japonês da Federal, que eu não mereço...

— Relaxa, cara... Os nossos japoneses não fazem isso. É só o Kim mesmo. Mas esse golpe tá foda... Era mais fácil na época da faculdade. Era só imprimir uns cartazes, lembra? E falar mal dos outros no porão.

— E não é a mesma coisa? — respondeu, dando um tapa no meu ombro. — No fundo, o jornalzinho equivale a esses memes que vocês mandam. Aliás, quem é aquele moleque briguento ali do seu grupo? Me chegou um vídeo dele no WhatsApp esses dias, dá uma olhada...

Ele me mostrou um vídeo do Holiday. Uma versão de YouTube de seu primeiro discurso como convidado na Câmara dos Deputados. No filme, nosso nome mais polêmico falava como se adulto fosse em sessão especial dedicada a movimentos sociais. Era solene e insolente como todo burguesismo de esquerda sonhava ser. Um Trotskinho, com seu black power em crescimento e terno cuidadosamente desalinhado.

— É impressionante como esse moleque fala! Vocês criaram um monstro!

— Um não... Uma legião — falei, olhando pra baixo. — O Kim é muito foda também. E tem uma galera boa em outros estados. Teve um menino que apareceu na marcha, do Ceará... Acho que tinha coisa de 13 anos. Chama-se Carmelo, se não me engano. Ele sabia tudo sobre a crise política. Com 13 anos.

— Você criou um exército, Renanzinhô. — Ele acentuava a letra "o" ao final de meu nome. — Tudo muito foda. Com 13 anos a gente estava batendo punheta!

— Eu nem isso. Acho que assistia *Cavaleiros do Zodíaco* ainda.

Resignado, caminhei de volta para as arcadas, no que seria seguido por Caqui. Continuamos caminhando até a saída, onde demos de cara com alguns mendigos e advogados da velha guarda. Caminhamos até um café, logo à frente, para continuar a conversa.

— E como anda teu irmão? Envolvido nessa maluquice toda? Encontrei ele num Chefs na Rua, com aquela blogueirinha. Anda todo hipster o moleque...

— Pois é. Ele meio que cuida de tudo por lá. A bem da verdade, meio que virou meu tutor. Eu não tenho cartão de crédito. Ando com esses trocados que ele me manda. Dá uma olhada... — abri a carteira com muitos cartões de visita e algumas cédulas mal-ajambradas.

— É de dar dó, Renanzinho. Mas é sinal de que vai dar certo. Golpe de estado no Brasil não pode ser sério. Só pode acontecer se for realmente caricato... Como é que o Tim Maia dizia? Brasil é o país em que o traficante se vicia, prostituta se apaixona, cafetão tem ciúme e pobre é de direita — ele gargalhava enquanto falava.

— É de direita e dá golpe! — completei, rindo junto. — Nem sei como essa história vai terminar...

— Mas, vem cá, vocês realmente tão precisando de dinheiro? Porque a imagem que corre por aí é que vocês estão nadando na grana. E, pra tocar uma manifestação gigante dessas, todo esse conteúdo em redes... Eu conheço disso, Renanzinho, pode abrir o jogo pra mim. A gente sabe que não tem essas conversas de CIA, mas não dá pra tocar essa brincadeira sem grana. Isso é jogo de gente grande.

— Cara, eu nem sei como meu irmão paga o salário dos memeiros. Melhoramos de status de dezembro pra cá, mas não dá pra falar que estamos bem. Uma manifestação na Paulista sai uns 30 mil, por baixo... Sem contar a divulgação.

— Trinta mil — repetiu ele. — Trinta mil? — Caqui parecia assustado. As coisas não batiam com o que imaginava. — Você tá me falando que aquele Carnacoxinha sai por coisa de trinta conto? Eu pensava que vocês gastavam milhões, em todos os estados. Tem ato até no Acre...

Essa incompreensão era corrente. Jandira Feghali já havia avaliado nossas manifestações como multimilionárias. Alegava, inclusive — para deleite do Fred —, que "a programação visual dos atos no Brasil era toda a mesma", justamente uma das marcas que gostávamos de imprimir. Na lógica comunista de Feghali, deveria haver um "caixa central" de onde fluiria o dinheiro para todos os eventos. Esse caixa seria administrado por um "comitê" golpista, e o dinheiro — obviamente — só poderia vir de grandes capitalistas americanos. Ou da CIA.

Eu, de fato, não duvido de que a lógica da deputada não seja mero argumento retórico. A prática sindical e política da esquerda brasileira, classicamente, reproduz a mentalidade centralizadora. Não acho possível — ou ao menos plausível — que ela lide bem com a ideia de que seus adversários políticos atuem por meio de crowdfunding. De que não haja um caixa oficial central. Que não precise de uma assembleia. Feghali lutava — e imaginava política — com armas da velha economia. Nós somos mais sofisticados que isso.

Quando expliquei para Caqui a estrutura de custos para montar um ato na Paulista e a demanda por recursos para uma manifestação realmente relevante, seu queixo barbudo caiu algumas vezes. Primeiro, por se assustar com os valores módicos necessários a um grupo de caráter nacional como o MBL. E, segundo, por não encontrarmos ricaços legitimamente interessados na queda de Dilma a ponto de nos doarem frações de sua fortuna. Como bom judeu que era, logo atreveu-se a opinar sobre nossa curiosa condição:

— Renanzinho, eu tô de cara com isso. De quanto dinheiro você tá precisando? Quinhentos contos? É pra que esse dinheiro?

— Cara, como posso explicar... Eu realmente não acho que o clima ideal pra queda de uma presidente se dará apenas online. Digo, não é só o meme. As pessoas têm que andar pela cidade e ver um clima de "Fora Dilma!". Você me entende? Tem que estar presente nas ruas, no metrô, na avenida. Tem que ter lambe-lambe, adesivo, pichação. Tem que parecer uma panela de pressão.

— Então o senhor "entendido de internet" resolveu ficar "old school" — reagiu ele, de forma irônica. — Na hora do "vamos ver", todo mundo quer virar cara pintada... Renanzinho, eu concordo, mas isso é dinheiro de pinga. Pra quem você já pediu?

— Pra basicamente todo mundo no mercado financeiro... E nada! É impressionante. Todo mundo ouve a gente, acha curioso, pega umas análises, elogia... E tchau. Simples assim!

Caqui caiu na gargalhada. Parecia atônito diante da minha resposta.

— Você acha realmente que vai convencer alguém na Faria Lima com essa roupa? Com esse cabelo? E quem vai parecer um cara sério? O Holiday? Meu Deus, o Holiday... — Ele ria sem parar, mexendo os ombros freneticamente. Eu apenas olhava. — Você não entende nada disso, Renanzinho. Como você pode ter achado que iria tirar grana de gente que vive de tirar grana dos outros? Não rola nenhuma identificação. Eles já devem estar doando grana para aquele "coxa" do Vem Pra Rua. Qual o nome dele mesmo?

— Chequer... Rogério Chequer.

— Isso. Ele mesmo. Cara, é obvio que eles vão doar pros caras do Vem Pra Rua. Dá uma olhada no naipe. Meu pai, quando aparece nas manifestações, vai direto pro caminhão dos caras. É meio óbvio isso. — Ele reforçava o "óbvio" com aquele sotaque bem paulistano, comum em Higienópolis.

— Pois é. E, nas vaquinhas de internet, até entra, mas não é aquela Brastemp. Vendemos uns pixulecos também. Existe um caixa, mas não rola o que precisamos. E no tempo que precisamos. Quero imprimir material, embarcar pra outros estados... Já imaginou a logística?

— Não adianta explicar isso pra mim, cara. Vou te contar um negócio. É um dito judaico. Meu rabino falava pra mim. — Caqui mudou o tom. Começou a falar de maneira séria. — É o seguinte: a sinagoga que eu não vou *diz mais sobre mim* do que a sinagoga que eu vou. Você entende isso? Sacou a mensagem? O que eu quero dizer, hum, é que você e esses moleques não pertencem a esse mundo. Vocês não são a elite do mercado financeiro. Vocês não são donos de banco nem capitães de indústria. Vocês não vão obter grana, e, sinceramente, isso é uma grana de merda, batendo na porta de quem não tem nada a ver com vocês. Vão procurar sua turma! Vão atrás de uns empresários fodidos, do mundo real. Algum cara que, sei lá, fabrica parafuso, faz quentinha, peça de carro. Eles são a tua sinagoga. Gente que acha bonito ver mitada do Kim. Que sabe que você deve para meio mundo e não vai achar errado. Essa galera do mercado... Eles são uns cínicos! Não acreditam em nada. Vão ganhar dinheiro com crise ou sem crise!

Ele se levantou e chacoalhou meu ombro. Deixou vinte reais na mesa, para pagar os cafés, deu um forte abraço e saiu andando, acelerado. Tinha coisas para resolver na faculdade.

— Falou, Renanzinhô! Dá esse golpe por mim, seu merda!

— Darei, prometo. Valeu pela dica.

A lição que me deu não foi esquecida. De fato, a elite que eu tanto buscava — talvez por vaidade — não me via como algo além de uma figura exótica. O MBL soava curioso. Jantares e mais jantares de arrecadação eram acompanhados por exclamações simpáticas e olhares oblíquos. Muitas perguntas, pouco dinheiro. Éramos uns esquisitões? Talvez. Mas não para todos. De alguma maneira, a dica de Caqui encontrava eco naquelas pessoas que nos receberam ao longo da marcha. Que levavam comida — às vezes um boi inteiro! — durante o acampamento. Pequenos e médios empresários, agricultores, autônomos. Economia real, mundo real. E isso incluía algumas figuras do mercado financeiro — não os baludões, donos de fundo — que realmente compraram nossa ideia desde o começo. Que bancaram esses jantares, que bancaram esse movimento. Eles também eram nossa turma. Também eram nossa sinagoga.

Fui tomado por um ânimo súbito e estranho, próprio a quando se descobre uma nova maneira de ver as coisas. Antes de pagar a conta, pedi um bolo de cenoura — medíocre, com calda de chocolate — e devorei ali na hora; usei os vinte reais dados por Caqui e me pirulitei de lá, voltando ao Largo São Francisco. Possuía novamente um plano.

Quando me aproximava da rua, eis que me deparei com outra surpresa. Do outro lado estava uma figura magra, de terno folgado e cabelo ensebado, estendido até o ombro de forma irregular — liso na raiz, enrolado nas pontas. Era o juiz do trabalho Jorge Luiz Souto Maior, que fora meu professor da matéria. Também fora o juiz que encerrara as atividades da fábrica que meu pai administrava — prática de que se orgulhava de conduzir na região de Jundiaí. Graças à sua importante atividade, Souto Maior acabou com um distrito industrial inteiro, afastando emprego e renda de sua comarca.

Suas decisões baseavam-se na ideia de que faria justiça social com a toga. Era chamado de "Robin Hood" pelos advogados da região. Destruía empresas e passeava de Audi, enquanto arrotava discurso socialista em suas colunas na *Carta Capital*. Soube que, à época, começava a mobilizar juristas de minha antiga faculdade contra o impeachment que se desenhava. Eram os Juristas contra o Golpe, iniciativa que buscava embaçar o entendimento da opinião pública sobre a legalidade do processo. Mas pouco importava, na hora.

Quando bati o olho em sua triste figura, fui tomado por uma angústia estranha, que aparecia de vez em quando, como na época da marcha. Era o medo — já revelado para todos — de que usassem as ações contra minha antiga empresa e família como instrumento para atacar meus pais e meu grupo. Era meu único medo. Sabia que era inevitável — como uma febre incubada, aguardando para eclodir —, e, até por isso, ansioso que sou, já antecipava eventuais efeitos que os ataques me causariam.

Atravessei a rua, angustiado, e cruzei com o sujeito. Caminhei de volta para o escritório com gosto agridoce na boca.

* * *

REORGANIZANDO AS TROPAS

A mudança de mentalidade após a conversa com Caqui se refletiu em uma estratégia de captação completamente diferente. Alexandre, Pedro e Kim se revezaram na construção de uma nova apresentação, voltada para agricultores e empresários médios. Fomos atrás de pequenos industriais e mostramos o plano: queríamos lambe-lambes, cartazes e adesivos por todo o país, espalhados nas principais capitais. Para isso, precisávamos de gráficas e transportadoras.

Abrir o problema para esses novos mecenas permitiu que eles próprios viessem com soluções. Pequenos industriais combinaram de disponibilizar o material gráfico com seus fornecedores, com prazos estendidos e entregas escalonadas; donos de transportadoras — bem grandes por sinal — comprometeram-se com a remessa das toneladas de material para os endereços dos líderes do MBL nos estados.

Quase nenhum dinheiro circulou conosco. No prazo de uma semana, convertendo doadores em ativistas, resolvemos praticamente todo o problema financeiro para colocar na rua a campanha do "Esse impeachment é meu!". Era empolgante. Recebíamos imagens dos materiais sendo confeccionados nas gráficas — com funcionários tirando selfies orgulhosas ao lado dos impressos — e distribuíamos imediatamente nos grupos de WhatsApp. *Ora!*, eu imaginava, *se já temos internet, agora devemos envelopar as cidades na campanha pelo impeachment. Vamos conseguir lotar o dia 13!*

Recebíamos os materiais em lotes e repassávamos para as transportadoras. Por vezes, entregávamos em mãos, como fizemos com os times de Brasília, Uberlândia e interior de São Paulo. A rota da marcha — mais forte do que nunca — já trabalhava com material a divulgação da manifestação.

Foram semanas empolgantes, pois tiramos das costas, numa sutil mudança de mentalidade, o peso que nos impuséramos pelo sucesso do plano. Tão logo os materiais começavam a ser colados nas cidades, eu enviava imagens para os deputados do comitê pró-impeachment, demonstrando força e confiança. Meu sinal era claro: estávamos fazendo nossa parte. Era uma forma de nos validar como locomotiva da oposição naquele modorrento começo de ano.

Lembro que as juventudes de alguns partidos, como DEM, PSDB e PMDB, começaram a se mobilizar. Alguns criaram seus próprios materiais e partiram para a distribuição junto a militantes nossos e do Vem Pra Rua. Era alvissareiro perceber que as máquinas internas de partidos que integravam a base de Dilma — PMDB, PP e PSD, em especial — começavam a expressar sua independência e aderência à tese do impeachment; eram movimentos subterrâneos, pouco detectados pelo radar da grande imprensa, mas que diziam muito sobre a mudança de clima que se construía.

O grosso do trabalho, porém, ainda recaía sobre nossos ombros. Milhões de panfletos e adesivos deveriam ser distribuídos por nossas equipes no país inteiro, numa ação frenética que desafiava nossa capacidade de ação. Cada núcleo reagia de maneira diferente. Em Goiânia, onde éramos bem estruturados financeiramente, montaram-se barracas de distribuição de material e colagem de adesivos; na Bahia, o trabalho era no corpo a corpo, em bairros de classe média; em Belo Horizonte, uma frente construída com outros movimentos, como o Vem Pra Rua e os Patriotas, cuidou de espalhar os lambe-lambes pelas regiões centrais da cidade. Os pequenos adesivos redondos, conhecidos como "praguinhas", eram colados em cabines telefônicas e pontos de ônibus, levando a "palavra" da manifestação para públicos pouco acostumados a ela. Em Porto Alegre, o trabalho foi bem conduzido junto à turma do Partido Novo e da Banda Loka Liberal; de fato, a cidade seria forrada de adesivos e cartazes, numa das operações mais eficientes executadas naquele esforço nacional. Em Brasília, que eu visitava com frequência, para as reuniões do comitê, era possível ver os lambe-lambes colados em todas as "tesourinhas" — nome dado àquelas rotatórias confusas que dão acesso aos "bairros" da capital federal. Confesso que me sentia reconfortado; era como se entrasse um daqueles momentos de "montagem" em filmes de ação, em que uma música empolgante embalava cenas de treinamento ou preparação para um grand finale.

O padrão era o mesmo em todo o país. Enquanto nossas redes cresciam, o impeachment tomava as ruas na forma de mensagens espalhadas aos olhos do cidadão comum. Pontes e viadutos recebiam faixas; cruzamentos e avenidas estrategicamente escolhidos eram contemplados com panfletagens e banners convocatórios. O povo buzinava e recebia o material de bom grado. Motoqueiros colavam o adesivo em seus capacetes e suas motos. Estávamos gerando *momento* — e tirando o impeachment do nicho de classe média que já estava convencido de sua necessidade.

Em São Paulo, as noites eram tomadas por atividades de assalto a estações do metrô. Montamos um cronograma de trabalho que incluía adesivar e colar lambe-lambes em todas. Percorremos as linhas Azul, Verde, Vermelha e Amarela com baldes cheios de cola e mãos cortadas de tanto manusear papel. Renato Battista, Jean Franco, Cauê Del Valle, Musa Miranda, Fernando Holiday, Eric Balbinus e o resto do time do MBL paulistano conduziram magistralmente essa empreitada. Era impossível para um trabalhador que utilizasse o sistema de metrô em São Paulo não entrar em contato com um anúncio da manifestação do dia 13. Se olhasse para os lados, veria um adesivo; se olhasse para a frente, em uma escada, veria outro; se olhasse para baixo, no degrau, teria mais um. Eram momentos divertidos, em que gastávamos nossas noites competindo para ver quem colava adesivos em locais mais estranhos. O Renato ganhou, apostando numa sex shop.

Em poucos dias percebemos o efeito pretendido; durante as panfletagens, algumas pessoas começaram a recusar o material *pois já sabiam da manifestação*. E o melhor: não fora pela internet. Sou da opinião de que o efeito causado pelo material físico, no mundo real, gera uma percepção mais dramática do momento político. Imagino que a esquerda — com suas "intervenções artísticas" no espaço urbano — trabalhe com a mesma hipótese. O virtual era importante, mas o cidadão comum deveria viver o impeachment como parte integrante de sua paisagem, do seu dia a dia. E creio que conseguimos. Usávamos as imagens das atividades de divulgação e colagem em nossas redes para alimentar o clima de euforia pela manifestação; o movimento cívico soava como construção coletiva e horizontal, orgânica e legítima. De certa maneira, permitia que o marasmo político daquele início de ano fosse preenchido com pílulas diárias de esperança.

Na semana que antecedeu o carnaval, comprei uma passagem para a Alemanha, para visitar minha irmã. Era um momento de descanso, para me tirar da neurose frenética em que havia se transformado a minha vida. E nada melhor que sair do Brasil para isso; eu mesmo já não aguentava andar por São Paulo e encontrar adesivos colados pelo MBL em estações de metrô.

Curiosamente, havia me tornado vítima do nosso próprio sucesso.

* * *

Antes de partir, porém, fui até Brasília, para uma reunião do comitê e encontros com alguns parlamentares. Havia claros sinais de avanço no ar. Ainda que as lideranças políticas não soubessem avaliar instintivamente a possibilidade de sucesso do dia 13, confiavam nos relatórios que trazíamos de São Paulo. O aumento nos acessos nas páginas de Facebook dos movimentos e de figuras ligadas à direita impressionava; parlamentares atualizados como Daniel Coelho percebiam o ganho de tração da convocação em seu Twitter e na conversa diária com seus eleitores.

Havia, naquele começo de fevereiro, um corpo político se movendo pelo impeachment. Mendonça Filho atuava como aglutinador das lideranças oposicionistas na Câmara, colocando-as em sintonia com nosso trabalho externo. Ele e Carlos Sampaio vinham dirimindo a ideia, corrente entre alguns parlamentares, de que devêssemos fazer uma sequência de atos, cidade em cidade, tal qual as Diretas Já, agregando políticos e lideranças de movimentos. Preocupava-nos tal ideia, posto que irrealizável; imaginavam seus autores — em geral políticos mais antigos — que o povo sairia às ruas numa terça ou quarta-feira, para lotar um evento específico, em determinada capital, numa espécie de "competição", como ocorrera nos anos 1980.

Os erros na abordagem eram muitos. Durante as Diretas, a mobilização de máquinas partidárias era acompanhada também de mobilização sindical. Havia ampla cobertura positiva da imprensa, além de dinheiro abundante para trazer gente dos quatro cantos das cidades-sede dos eventos. Era, por assim dizer, o mesmo modelo adotado pela esquerda em seus atos nos dias de hoje. Isso simplesmente não funcionaria conosco.

A cultura de manifestação criada por MBL e Vem Pra Rua obedecia a uma lógica específica, que mesclava os *swarmings* de 2013 — e seu espírito mimético e descentralizado, que criava padrões autorreplicáveis país adentro, sem muita organização — com movimentos de lideranças legítimas, que professavam valores muito claros, facilmente identificados pelo grande público. Dentre esses valores estava a ideia de independência, de autonomia, o famoso "eu vim de graça!", em oposição às máquinas de agitação ilegítimas do petismo. Nosso instinto já nos dizia que não havia modelo alternativo.

Nesse mesmo sentido, as manifestações conduzidas por políticos soariam tacanhas e mentirosas. Eles não tinham a proeminência nem a legitimidade para tal condução. Ainda assim, como afirmei anteriormente, deveríamos criar instrumentos para que deputados e senadores enxergassem *vantagem* em participar do processo. Era ano eleitoral. Se o processo não soasse minimamente sexy para aqueles que conduziriam a oposição no Legislativo, como seria com os vagabundos e oportunistas que se juntariam ao final? Será que só na porrada?

Nas reuniões em Brasília, tratamos deste tema e de outro, quase tão importante quanto: o uso das redes sociais dos partidos para divulgação da manifestação. Tanto nós quanto o Vem Pra Rua estávamos numa situação de vantagem moral sobre os partidos: sem fundo partidário, coletando dinheiro em jantares e eventos, conduzíamos a divulgação sem pedir ajuda. Esse prestígio resultou na prerrogativa de ter a palavra final sobre a execução do ato. E assim foi.

Os deputados do comitê concordaram em patrocinar, por meio das redes sociais dos partidos, cards anunciando o 13 de março. Muitos deles não sabiam nem como utilizar as ferramentas do Facebook para tanto; com alguma ajuda, porém, prepararam planos de investimento nesses cards, que seriam impulsionados para um público oposicionista localizado nas principais cidades do Brasil. Alguns partidos, como o Solidariedade, do Paulinho da Força, fariam mais: mobilizariam sua malha sindical para a divulgação do ato e colocariam seus caminhões de som na Paulista. Outros, como o PSDB, investiriam maciçamente nos cards, além de trabalhar seus *mailings* e criar um *hotsite* divulgando a manifestação.

É importante o registro deste momento. Marco de início de uma parceria republicana envolvendo as lideranças partidárias em nome do impeachment. E também porque tal momento, adiante, seria distorcido pelo trabalho imundo de um jornalista do portal UOL — mais tarde funcionário do Instituto Lula — que, por meio de um áudio meu vazado à época, sustentou que o MBL era "financiado" por partidos políticos.

A seguir, a transcrição do áudio, devidamente publicada no blog de Reinaldo Azevedo. Destaquei em itálico o trecho que ensejou a distorção.

REORGANIZANDO AS TROPAS

O lance é assim. Bom, vocês já sabem, não preciso nem falar pra vocês. Ali [RENAN FALA DA EXTREMA DIREITA] é um monte de garoto. Garotos, mulheres, sociopatas, com comportamento social errático, com poucos amigos, com várias frustrações psicológicas. Frustrações pessoais, afetivas e tal. E que acabam encontrando este discurso "Ah, sou conserva, sou reaça, opressor". Maior mentira, eles não oprimem! Mentira! São uns coitados! É uma gente que vê, por exemplo, no comportamento do Olavo, meio falastrão, fumando, falando palavrão, no Bolsonaro, uma redenção pra própria miséria deles próprios. E acabam entrando nessa idolatria.

E aí eles veem no MBL — o MBL incomoda muito por causa disso —, eles veem no MBL o contrário, eles veem um monte de gente que tem uma postura aberta, cara de pau, mas, ao mesmo tempo, qualificada. A maior parte da galera do MBL é alegre. Você pega da galera da Banda Loka no Rio Grande do Sul, a galera do Nordeste, todo mundo é muito leve. E isso incomoda eles. Ser leve, ser agradável, ser tranquilo, ser inteligente.

Não precisa ficar incorrendo nisso. Isso incomoda o cara, o cara é negativo. Eles não gostam de ir numa boa festa, de dar risada. Eles acham que estão numa missão, quase religiosa. Pessoas pesadas, né? Então é natural que eles percam tempo e façam hangouts sobre a gente enquanto a gente tá aí tocando nossas coisas.

O MBL acabou de fechar com o PSDB, DEM e PMDB uma articulação pra eles ajudarem. Ah, e também com a Força Sindical, que é o Paulinho, né?, pra divulgar o dia 13. Usando as máquinas deles também. Enfim, usar uma força que a gente nunca teve. E foi o MBL que montou isso. A gente está costurando com todos eles pra ter o Impeachment.

Então a gente tá em outra, a gente tá realmente causando problemas pra Dilma. E eles estão numa outra, eles estão lá tentando resolver os traumas e as frustrações deles e projetando na gente tudo aquilo que eles gostariam de ser, mas não são. Então, deixa eles. Dane-se. A vida continua. O MBL continua, e continua crescendo, a despeito deles. Gostem eles ou não.

Jamais passamos o chapéu em partidos políticos. Jamais receberíamos dinheiro que nos sujeitasse ao comando estratégico de fulano, sicrano ou beltrano. É simplesmente ilógico, considerando-se todo o trabalho que tivemos para colocar o impeachment de pé. O que fizemos — e o áudio vazado deixa muito claro — foi exigir dos partidos de oposição uma fração daquilo que já fazíamos como movimento de rua. E eles fizeram, o que me orgulha profundamente.

Deus sabe o quanto sofremos, no ano de 2015, para convencer a oposição — em especial o PSDB — a aderir a nossa tese. Sempre buscamos a via política. Sempre buscamos o convencimento. Tê-los lá, sentados à nossa frente, na já indefectível sala Luís Eduardo Magalhães, no DEM, era uma vitória muito grande para a nossa luta. Derrotamos a intervenção militar dos maluquinhos, a ação penal de Miguel Reale Jr., a covardia protelatória da nossa elite econômica. Dali em diante, era rua e articulação política. E pressão nos indecisos. Muita pressão.

A questão dos atos ficou a cargo de MBL e Vem Pra Rua; tocaríamos o dia 13 com a mesma fórmula adotada nos protestos anteriores, com a diferença de que, desta vez, permitiríamos o ingresso de políticos nos caminhões de som. A bem da verdade, os deputados e senadores mais intimamente ligados ao processo, como Nelson Marchezan Jr., Sóstenes Cavalcante, Ronaldo Caiado e Paulo Eduardo Martins, já participavam das manifestações em suas respectivas bases; o importante, então, seria agregar outras lideranças políticas — algumas advindas da esquerda, como Roberto Freire e Raul Jungmann, do PPS — ao plantel de estrelas que desfilaria no dia 13 de março.

Espalhá-los ao longo dos estados não parecia ser a melhor ideia. Além de diluir seu impacto, demandaria uma série de arranjos políticos com lideranças de movimentos em inúmeros locais, dificultando sua execução. Foi então que sugerimos concentrar todos os grandes nomes da oposição na Paulista. A dúvida que restava era: em qual caminhão?

Sabia-se que o Vem Pra Rua era naturalmente arredio à presença de políticos — ainda que tenham nascido um tanto quanto próximos do PSDB de Serra. Para nós do MBL, assumir o risco de "adotar" a política — jogando um banho de água fria na disposição jacobina de parte de nossos seguidores — era uma cartada ousada, mas compreensível. Estávamos dispostos a dar esse passo à frente.

Ficou pré-combinado que os políticos — ainda não estava definido quem e quantos — chegariam à Paulista no período da tarde, na área do caminhão do Vem Pra Rua. De lá, andariam até o palco do MBL, onde fariam discursos e teriam espaço para uma coletiva de imprensa. Mendonça Filho, Carlos Sampaio, Bruno Araújo, Darcísio Perondi, Raul Jungmann, Rubens Bueno e os demais presentes gostaram da ideia. Desenhava-se o namoro entre as ruas e o Parlamento, decisivo para a derrocada do governo de Dilma Rousseff.

* * *

Embarquei para Berlim às vésperas do carnaval, buscando ausentar-me um pouco do MBL. Era até cretino desejar aquilo em meio a um processo ao qual dedicava tanta energia. Era, porém, necessário, posto que eu retomava o comportamento obsessivo e isolado que desenvolvi durante a marcha. Não era mais alguém para sentar e tomar uma cerveja. Tornei-me chato e monotemático, e, até por isso, meus colegas de MBL decidiram de bom grado me "afastar" do movimento por uma semana.

Pedro era o mais direto:

— Nós não ganhamos dinheiro algum com essa merda, e você só se fode. Vá descansar e não enche o saco!

Reinaldo Azevedo, grande amigo e conselheiro nosso à época, dizia a mesma coisa. Meu irmão, então — obrigado a conviver comigo durante quase todo o dia —, praticamente me obrigou a sair do país.

Foi uma viagem curta e divertida, em que pude reencontrar minha irmã, que namorava, então, um jovem fotógrafo com ar riponga chamado Maximilien. Ambos moravam em um chalé na pequena Michendorf, nos arredores de Berlim. Era ótimo, pois conjugava os agitos da capital, perto dali, com uma vida bucólica, num vilarejo que cercava uma belíssima igreja de pedra e enxaimel, típica da Alemanha. Em seu jardim, túmulos que datavam do século XVIII; sentia-me, com razão, um personagem do *Ultima VIII*, RPG famoso nos anos 1990. Pude encher a cara de boa cerveja quase todos os dias; xavequei, também, lourinhas aleatórias como costumava fazer quando jovem. Eram dias de descanso e esquecimento até que a batalha final realmente chegasse.

Pedro, naqueles dias, viajara para a fazenda dos avós, no interior de São Paulo. Não deixa de ser engraçado que um sujeito dado a polêmicas gostasse de passar seus feriados com o avô reaça pegando abacate no pé. O cara nunca foi alcançável por definições fáceis.

Kim regressou a Indaiatuba para reencontrar os pais. Era imensa a quantidade de pressão sobre os ombros daquele garoto, então com 20 anos, em função do processo que se desenhava. O japinha era o principal rosto das ruas e, até por isso, alvo dos disparos mais canalhas vindos do governo. Sua contratação pela *Folha* motivou uma onda de ataques sem precedente; não conheço alguém — além do Holiday — com casco igual para resistir a tamanha campanha difamatória. Detalhe: rolava, também, a canalhice de direita, advinda dos seguidores de Jair Bolsonaro. Kim havia cometido a heresia, oh!, de dizer, em uma entrevista, que o capitão-deputado não era um liberal. Foi enxovalhado por puxa-sacos bolsonaristas tanto quanto por Olavo de Carvalho, que não perdia uma oportunidade de mostrar o quão pequeno poderia ser.

Kim nunca se abalou. Isolava-se, quando muito, em seus jogos de videogame, estranhíssimos para minha geração. Havia um, que envolvia cartinhas mágicas, que me parecia tediosíssimo. Tem gosto para tudo, não? Ainda assim, cultivava suas manias sem se abster de escrever — bem e bastante — para a *Folha de S.Paulo*. Suas colunas eram das mais lidas no periódico. Sorte dele que aquelas atividades pudessem ter vez em seu quarto; o expansivo orador e debatedor *teenage*r era, no fundo, um rapaz recluso e tímido, pouco dado ao convívio social.

Diferentemente dele, Holiday, cada vez menos arredio, integrava-se mais ao time de militantes. Passara o carnaval com os jovens do MBL de São Paulo, para tristeza de sua mãe, que temia que o filho fosse dragado irreversivelmente pelo mundo da política. Como dizem, a política possui apenas a porta de entrada. Mesmo Holiday, relutante e contraditório em tantos momentos, havia tomado gosto pelo labirinto que adentrara; não seria o amor de sua mãe a tirá-lo daquele novo mundo.

Alexandre, por seu turno, fora a Ilha Bela para reencontrar Gabriel Calamari, recém-contratado pela Globo. Ele também escapava do estressante começo de ano, em que muitas das ações na sua área começaram a resultar. Era Alexandre quem cuidava do dinheiro do movimento. Havia conseguido, finalmente, abrir uma conta para nosso CNPJ; poderíamos, assim, profissionalizar os meios de recebimento de recursos — à época ainda restritos ao PayPal — para novas modalidades mais fáceis, em nosso site. Contava, então, com a ajuda de um novo amigo, Bernardo Quintão, egresso do mundo das startups. Bernardo e Pedro conceberam um modelo de filiação ao MBL que permitiria que uma entrada regular de recursos, já a partir daquele fevereiro, irrigasse nossos cofres.

Pagando as contas em dia, passamos a ter alguma previsibilidade orçamentária; ele podia, também, dedicar-se com mais afinco ao que realmente gostava: vídeos e estética. Alexandre não era um político;

gostava do movimento porque era seu grupo, sua gangue. Como dizia, foi o responsável por colocar no tubo de ensaio elementos químicos estranhos e exóticos como eu, Pedro, Kim e Fred; administrava, então, a mistura, com o devido distanciamento dos temas que não lhe agradavam.

Não sei dizer se, naquela altura, estava exatamente realizado. Sentia que ele ambicionava coisas maiores — falava muito em realizar um documentário sobre o processo —, nas quais pudesse imprimir sua marca. Já brigamos a respeito. Na minha opinião, Alexandre jamais permitiu que nos tornássemos um grupo de babacas bitolados. Das longas madeixas de Kataguiri ao black power de Fernando Holiday, havia dedo dele em tudo. Nunca nos permitiu o verde-amarelismo cretino dos ufanistas e oportunistas; nosso patriotismo deveria se refletir em nossos atos, não em uma estética aproveitadora.

O principal, porém, é que era Alexandre a dar ordem à bagunça que se tornara nossas vidas. E por vezes não reconhecia a importância disso. Faz parte; é possível, inclusive, que opere ali a velha questão entre irmão mais velho e irmão mais novo, em que o mais jovem busque sempre, a todo custo, diferenciar-se do mais velho. Eu nunca liguei. Queria mais é que ele cuidasse de tudo — comigo incluído.

Em Berlim, fui enganado por um chocolate oferecido pelo namorado de minha irmã. O singelo doce continha cogumelos alucinógenos, e fomos os três a um bar — instalado em uma ocupação — acompanhar apresentações de músicos ao vivo. O lugar, recheado de esquerdistas, girava sobre minha cabeça enquanto Stephanie e seu namorado riam sem parar. Não sei como as coisas evoluíram até esse ponto, mas minha irmã acabaria agredida por um jovem músico — e então me vi, com ela e seu namorado, arrumando briga com o bar inteiro. Fomos expulsos, e ficamos algumas horas aguardando os jovens saírem para enchê-los de porrada. Uma idiotice sem tamanho.

REORGANIZANDO AS TROPAS

No dia seguinte, liguei para Alexandre, preocupado. Temia ter me excedido e gerado algum problema para o movimento em solo estrangeiro. Uma estupidez sem medida. Meu irmão imaginava, talvez, que pudesse ter sido preso.

Foi enfático:

— Cala a boca, Renan. A gente conversa quando você voltar. Você tá velho demais pra usar essas coisas.

CAPÍTULO XI
NO CORNER

por Kim Kataguiri

26 de fevereiro de 2016.

O momento de decolagem de um avião é aquele que nos faz sentir uma mistura de medo e entusiasmo. A diferença entre estar parado e em muito movimento é logo sentida, e nosso corpo começa a liberar adrenalina, que nos prepara ou para fugir ou para lutar. E era exatamente assim que me sentia.

Em poucos meses, a coisa — e, por "coisa", entenda-se o MBL e todo o contexto em que estava inserido — tomara proporções jamais imaginadas. Foi como num avião mesmo. Tudo tranquilo, sereno, até que começa a acelerar e sai do chão com tudo. E eu tinha certeza de que a adrenalina que corria em nós nos preparava não para fugir, mas para lutar.

Um episódio que deu especial ânimo, que esquentou mesmo o clima, foi a prisão, pela Polícia Federal, do marqueteiro João Santana e de sua esposa Mônica Moura, acusados de lavagem de dinheiro. Eles eram os responsáveis por fazer com que anos e anos de assalto aos cofres públicos, gastança populista e autoritarismo parecessem um sonho com rios de chocolate e infinitos arcos-íris.

Consequência mais importante dessa prisão: o impeachment, que tivera a morte decretada após o julgamento do rito no STF, ganhava vida nova. O governo, que viveu tempos de calmaria durante o recesso do Judiciário, via o céu escurecer novamente. O impacto nas redes seria imediato: o engajamento em torno da manifestação do dia 13 de março, até então baixo, explodiu.

A alma do PT sempre foi a propaganda. Vender sonhos e entregar miséria é a especialidade dos petistas. Nesse sentido, a prisão do marqueteiro era mais significativa do que seria no caso de qualquer outro partido.

Ver tudo aquilo acontecer fez meu sangue fervilhar de esperança. Foi nesse contexto que tive uma conversa com Holiday, num almoço:

— Cara, como que está a sua cabeça com tudo isso ocorrendo tão rápido? — perguntei, tentando me entender também.

— Você fala da prisão do Santana pra cá? Eu fui dormir ontem pensando nisso. Mas, assim... Nós decidimos fazer disso nossa profissão. A reviravolta faz parte do jogo.

— Putz, mas sei lá. No início eu já estava pensando que a gente não ia ter muito apoio e tal. Aí de repente começa a ter gente querendo ajudar, divulgar, a Lava Jato começa a prender de novo. Quem diria, né? Acho que agora nosso 13 de março vai dar certo.

— Acho que era meio previsível que saísse mais coisa contra o PT nessas investigações todas. O histórico vinha nesse sentido. E agora o vento tá soprando pra gente, mano. Só temos que saber velejar — sentenciou Holiday.

— Tá todo poeta você, hein? Só perguntei porque tenho muito medo de as coisas só terem aparência de melhora e depois a gente se frustrar — confessei —, mas meu sentimento é mais de que as coisas vão dar certo.

— É. Mas, se não der certo, pelo menos ganhamos força para outra investida. O MBL agora está tendo muito mais visibilidade. O fator de impacto que temos vai ficar cada vez maior nesses meses.

— Claro, mas a gente não pode contar só com a sorte. Acho que, pra ter engajamento do pessoal, temos que ficar movimentando as plataformas o tempo todo com conteúdo. Os seguidores têm que sentir que estamos dentro do Congresso e que eles estão juntos, marcar eventos etc. Temos que montar alguma estratégia que aumente mais essa sensação neles. Se isso está nos motivando, vai motivar mais gente.

— Sim, sim. Concordo. Eu só tô tentando não ficar muito tenso com isso tudo, porque se não a gente não tem cabeça pra levar isso para a frente. Acho que o segredo é nunca ficar em pânico com a derrota nem entusiasmado demais com o sucesso.

— É. Valorizar demais as batalhas perdidas e não atentar no pequeno sucesso de detalhes já nos fizeram errar antes. A gente precisa saber julgar as coisas bem. Mas eu tô animado com o que está acontecendo.

— Pensa nessa coisa do Santana. Ok, ele foi preso e tal. Vantagem nossa. Para a coisa não esfriar, a gente tem de usar isso à exaustão para movimentar o pessoal pro nosso lado. É algo que devemos valorizar.

— Não poderia concordar mais.

* * *

Em 1º de março, eu, Renan e Rubinho fomos a Brasília para acertar alguns detalhes com possíveis aliados. Renan e Rubinho, por exemplo, participaram de uma reunião do comitê pró-impeachment. Mas não se tratava de uma reunião qualquer. Aécio Neves estaria presente. Sim, o mesmo Aécio Neves que se digladiara conosco, à época da marcha, para ver quem comandaria o processo.

Lá estavam muitas lideranças importantes da oposição, além de outros movimentos como o Vem Pra Rua. O clima que se instalara, conforme Renan me relataria, era de que precisávamos de uma mesma pauta e estar mais organizados. Não podíamos dispersar energias.

Nessa reunião foi confirmado que Aécio se dispunha a estruturar o governo Temer, cujo processo de organização começava a ganhar corpo. Os detalhes desse arranjo para o eventual novo governo, eu desconhecia. Não era bem meu interesse naquele momento. O que importava mesmo era outra coisa: a adesão de Aécio à tese do impeachment e a inserção do PSDB no processo.

Essa nossa ida a Brasília foi muito profícua. Não bastasse essa reunião com o comitê pró-impeachment, em conversas informais ficou acertado que Aécio, Geraldo Alckmin e outros parlamentares discursariam em nossos palanques e manifestações. Antes, estariam em outros, mas haviam decidido unir forças.

E aí? O que fazer? Não dava mais para ser um evento nas proporções que tínhamos imaginado. Era preciso ampliá-lo. Conseguir um equipamento melhor, de maior alcance, e ter espaço para a imprensa, instalar banheiros químicos e tudo mais.

O que se desenhava diante de nós era uma novidade. Em um raro momento, os membros da oposição se uniam em função de uma luta cuja causa era maior que as diferenças. Era das caixas de som do MBL que falariam à população. Tudo estava colaborando para que aquele 13 de março fosse entrar para a história.

A propósito, que se mencione que a data de 13 de março tem um lado curioso na história do Brasil. Foi nesse dia, em 1823, que ocorreu, no Piauí, a pouco conhecida, mas importante, Batalha do Jenipapo, conflito em que pessoas sem muita experiência de luta impediram a passagem do major João Fidié pelo rio Jenipapo. É que depois do grito de independência, em 7 de setembro de 1822, Portugal ainda tentou reaver sua colônia pela atuação de Fidié em algumas províncias ao norte do país. Quando souberam que passaria pelo rio Jenipapo, manifestantes de várias províncias se uniram para lutar contra ele. Essa batalha tem sido apontada como uma das mais memoráveis do período da independência para a consolidação do território nacional.

NO CORNER

Depois de ter sua rota de viagem desviada pela manifestação, Fidié foi encontrado e preso.

Talvez a analogia não seja totalmente perfeita, mas lá estaríamos nós, num 13 de março, aglomerando manifestantes de vários estados, inexperientes em sua maioria, querendo interferir no curso da presidente para tirá-la do poder. Eis a "independência" que queríamos. Claro, não usaríamos a força nem machucaríamos alguém (talvez só o coração da petezada), mas parecia que a história poderia se repetir.

* * *

Um dos momentos que me deixou animado naquela altura foi um debate que a *Folha de S.Paulo* me chamou para fazer com Carina Vitral, uma socialista que representava a UNE. Eu, como colunista da *Folha* e membro do MBL, não poderia perder a oportunidade de falar um pouco mais sobre nossos planos e convidar mais pessoas a se unirem ao movimento em prol do impeachment. Cada oportunidade deveria ser usada.

Alguns inimigos do MBL nos acusam de ser apenas uma fábrica de memes desrespeitosos, como se nossos recortes de debates fossem só para exibicionismo e gozação dos adversários. Não se trata disso. Nós não perdemos tempo elaborando memes como se isso fosse um fim em si mesmo, o objetivo-mor do movimento. Na verdade, o meme já vem pronto. Os sujeitos com quem já debati apenas nos entregam de bandeja a piada e a gente posta na internet. Simples assim.

Não é culpa nossa se a própria Carina, durante o evento, falou que a Petrobras era uma empresa *centenária*. Foi ela quem disse. Nós apenas embalamos e repassamos. Em debates seguintes que tive com a Carina, não foi culpa minha se me acusou de nunca ter lido Milton Friedman, mesmo depois de já tê-lo citado diversas vezes e defendido suas ideias. Tampouco era culpa minha, se ela achava que tirar foto com Eduardo Cunha — sendo que sempre foram públicas todas as nossas críticas a ele — nos tornava amigos.

Esse tipo de raciocínio, não só falacioso (quem dera fosse apenas isso), mas confuso, é o que facilita nosso trabalho. Nós só precisamos reproduzir, sob nosso estilo, a fala dos esquerdistas. Aprendi que, se quiser vencer um debate contra um esquerdista, pelo menos contra um jovem esquerdista brasileiro, basta deixá-lo falar. É a melhor estratégia. Experimente fazer isso, mesmo que você não esteja muito bem preparado. É só deixá-lo falar primeiro. Em seguida, não tem erro, a grande ostra vermelha soltará várias pérolas — e nós apenas agradeceremos pela cortesia de nos fazer rir um pouco.

De toda forma, o debate foi muito bom, pois me deu a oportunidade de falar um pouco mais sobre nossa visão do impeachment, a situação política daquele momento, a opinião do grupo acerca de voucher, cotas, educação e muito mais. O outro lado também pôde se posicionar em muitos desses assuntos, mas o atrito ali era evidente. Até acusado de agressivo eu fui. Infelizmente, parece que a realidade ofende as pessoas. Chegamos a tal nível de bunda-molice no debate público brasileiro que a mera discordância já é vista como ofensa pessoal, agressividade, falta de cortesia.

* * *

4 de março, dia inusitado.

Enquanto dormia, possivelmente sonhando com o 13 de março, meu celular começou a tocar alto. As imagens de meu sonho passaram a se desmanchar na minha consciência até que só sobrou meu celular, pedindo atenção.

Que droga, deixei o despertador acionado sem querer, pensei.

Desisti de tentar dormir e fui abrindo os olhos. Virei meu corpo, levantei de lado na cama e procurei a origem do som. Conforme me aproximava do celular, percebi que não era o som de alarme de despertador, mas o toque de uma ligação.

Atendi:

— Alô... — falei, meio acordado, meio dormindo, ou melhor, dormindo, só que meio acordado.

— Kim, acorda! O Lula foi preso!

Em menos de três segundos, a ligação me tirou do limbo da sonolência para o estado mais eletrizante possível. Como assim o Lula estava preso? O que tinha acontecido?

Vi, então, várias mensagens de WhatsApp falando da tal condução coercitiva determinada por Sergio Moro. Não era prisão, mas uma espécie de apreensão para que fosse levado a depor. A defesa do ex-presidente reagiu alegando que ele não fora previamente notificado para depor — e que teria comparecido para tanto, sem a necessidade daquela ação.

As opiniões quanto à atitude do juiz se dividiram. Alguns achando que a decisão não fora técnica, mas política. Enquanto o debate rolava, porém, nós precisávamos pensar a respeito e reagir rapidamente. Logo ficaria claro que fato nenhum poderia ter nos ajudado mais. Naquele dia, quebramos nossos próprios recordes.

Foi nesse episódio que Rizzo brilhou. Se há alguém na equipe que deveria ser chamado de fábrica de memes, é ele. O cara passou o dia inteiro fazendo a cobertura dos acontecimentos por meio de memes, e o fez, tenho a impressão, antes mesmo de a imprensa se dar conta do que estava em curso.

Rizzo estava tão empolgado que foi freneticamente rápido até o aeroporto de Congonhas para fazer as gravações e transmissões ao vivo de tudo que rolava. Lula prestou depoimento lá mesmo, no pavilhão das autoridades. E lá estava o nosso Rizzo levando chutes e tapas no meio da multidão pró-Lula. Pobre Rizzo! Mas seu esforço não seria em vão. Cada pontapé levado naquele dia se converteu em centenas de milhares de curtidas e compartilhamentos.

Tudo isso ocorreu mais ou menos entre 8h e meio-dia. E era por intermédio de Rizzo que eu me atualizava enquanto me arrumava e corria para o metrô a caminho do escritório. Estava todo desengonçado. Com uma mão eu calçava o tênis; com a outra mandava mensagem; ao mesmo tempo que mastigava alguma coisa. Tive de voltar para casa umas duas vezes porque estava esquecendo tudo. Palpitava de nervoso. Um nervosismo meio feliz, meio afobado. Nós simplesmente precisávamos aproveitar o momento!

Por vezes, checando meu celular, pensei que houvesse algum bug no aparelho ou no Facebook. Eu acabara de ver, por exemplo, que a transmissão de Rizzo tinha cerca de 2 mil pessoas assistindo. Quinze minutos depois, no entanto, eram 30 mil. Depois, 500 mil acompanhando. E esse número crescia em uma escala assustadora. Ao fim do dia, teríamos perto de impressionantes 30 milhões de visualizações na página! Uma marca inacreditável.

Aqui o crédito vai todo para Rizzo. Esse cara foi demais. Tê-lo como aliado e amigo seria decisivo em nossa história. Para quem não sabe, esse sujeito peculiar veio do interior de São Paulo, de São José dos Campos; mas desconfiamos de que a verdadeira origem seja uma dimensão própria, a Rizzolândia. Nosso memeiro — futuro diretor de memes e ministério do memestério —, mais do que nunca, mostrava serviço e fazia do MBL o canal de divulgação política mais relevante e frequentado. O esforço dele e sua criatividade memística angariaram milhares de seguidores a partir daquele dia. Importante reconhecer que, apesar de ser um bichinho esquisito, o cara é bom.

Tudo servia também, claro, para divulgar o 13 de março. Nos vários vídeos e memes produzidos, sempre havia alguma coisa convocando para a manifestação mais importante em prol do impeachment. O episódio da condução coercitiva havia deixado claro que nosso evento não seria mais um ato qualquer: seria a manifestação das manifestações.

O clima de que seria um sucesso não decorria apenas do grande engajamento nas redes sociais, mas de algo que nunca vira funcionar com tanta perfeição: a organização interna das lideranças do MBL e dos outros movimentos em todo o país. Não era somente Rizzo. Dezenas de outros produtores de conteúdo e núcleos do MBL passaram a divulgar material nosso, tudo com a data de 13 de março, e a elaborar seus próprios memes em grande escala. Parecia uma grande linha de produção. Nós não estávamos sozinhos. E eu gostava daquilo. Um exército se erguia de verdade.

Uma cena icônica ainda coroaria aquele dia. Lembro de estar com Alexandre no carro quando, bem do nosso lado, um Fiat verde, de vidro aberto, parou — tinha o som nas alturas. Até aí tudo bem. Gente ouvindo música alta ao volante é coisa banal. A questão é que não era funk, não era rock, não era sertanejo, não era brega. Não era música. O cara estava escutando Reinaldo Azevedo apresentar *Os pingos nos is*, na Jovem Pan. Um programa sobre política.

Recordo-me de ter olhado para Alexandre e comentado:

— Mas o que é isso? — falei, imitando a deputada Maria do Rosário indignada com Bolsonaro.

— Claramente, trata-se de um espécime raro de maluco de direita — disse o Alexandre, curtindo o momento e rindo.

— Você tá com o celular pra filmar isso? — perguntei com pressa, porque o sinal já ia abrir e o meu estava descarregado.

— Tenho não. Esqueci em casa. Isso aqui vai ficar só na nossa memória mesmo — falou, já se acostumando à cena.

— Droga! Mas ok. Vamos só aproveitar, então — concordei como se estivesse observando um eclipse.

— Mano, os tempos são outros. Maluco pra ter moral não passa mais ouvindo funk nas alturas. Passa ouvindo Reinaldo Azevedo colocando os pingos nos is.

— Esses dias estão sendo os mais loucos da minha vida. Está acontecendo tanta coisa improvável e aleatória que, se alguém disser que viu uma vaca voando, já pergunto em qual direção que ela foi. — Rimos alto.

— Mas é... Nunca pensei que veria alguém curtindo o noticiário sobre Lula ser obrigado a depor por três horas num som com caixa potente e personalizada de carro, no volume máximo, vidros abertos e balançando a cabeça como se estivesse ouvindo Iron Maiden. Mas essa semana mostra o quanto ainda posso me surpreender — refletiu Alexandre.

— O que era notícia de velho há uns vinte anos é o sucesso dos jovens agora. Parece que o jogo virou — falei pensando em todas as vezes, na infância, em que vi gente cujo carro fazia o chão tremer.

— E virou pro nosso lado — finalizou ele.

O sinal abriu e o Brasil foi pra frente.

***

Depois do episódio da condução coercitiva, intensificamos muito o trabalho de divulgação para a manifestação do dia 13. Sete dias por semana, 24 horas por dia, havia gente do MBL trabalhando para divulgar a manifestação. Nos horários de pico, levávamos cartazes e megafones para anunciar o protesto em estações de metrô e nos semáforos. De madrugada, colávamos cartazes e adesivos em postes por toda a cidade. Quando não estávamos na rua, produzíamos vídeos e memes, aproveitando cada notícia negativa sobre o governo para catalisar a manifestação.

Poucos dias antes, fizemos uma reunião com a Polícia Militar e com os outros movimentos, como já era de costume. Para a nossa surpresa, um representante do Masp estava presente. Ele apresentou diversos documentos e imagens que demonstravam que o museu tinha um problema estrutural e que nossos atos anteriores haviam deixado as coisas ainda piores. A razão? Em toda manifestação, fazíamos uma brincadeira dizendo, ao microfone, que "Quem não pula é comunista!". Por isso, tudo bem, combinamos que o vão do Masp seria bloqueado pela Polícia Militar.

Estão vendo, bando de golpistas adoradores do pato da Fiesp que vestiram camiseta da CBF para fazer protesto de coxinha? Vocês quase destruíram o Masp. Fascistas!

Como estávamos a poucos dias do evento, evitávamos ao máximo brigar para não ter nossas energias dispersadas. Usávamos todo o nosso poder comunicativo e de simpatia para ganhar números. Era uma corrida contra o tempo. E o tempo tem mais experiência de correr que a gente.

Descobrimos que o dono de uma franquia do Habib's estava ajudando bastante e disse que apoiava a filosofia do movimento. Como retribuição, prometemos fazer a nossa comemoração no estabelecimento dele. Nada poderia ser mais nobre do que comer da comida daquele que alimentava parte do movimento. Sabe aquela mãe que faz questão de que todo mundo coma na mesa juntos? Queríamos que ele visse que quem era a favor do impeachment era da nossa família.

Quando soubemos da posição do empresário, já era sábado à noite. O dia anterior, a véspera: 12 de março. Era o momento de recuperarmos nossas forças para o que ocorreria logo mais na Paulista.

Como sempre tenho invocado a analogia da guerra, aqui caberia também uma reflexão. Como será que deve ser o dia anterior de um soldado que vai para um grande conflito? O que come antes da batalha? Será que consegue dormir? E, se conseguir, com o que será que sonha? Será que o medo o deixa nervoso e faz com que sonhe apenas com a derrota? Ou estará seguro o suficiente para dormir em paz e acordar pensando em vencer? Sinceramente, não sei. Não sabia. Mas tinha uma mistura de ânimo e reflexão em mim. Por um lado, estava muito feliz. Por outro, pensava em como o futuro se lembraria de nossos discursos nas páginas dos livros de História. Se é que seriam lembrados; talvez meus pensamentos fossem pura presunção. Será que, nas décadas que se seguissem, nossa manifestação seria ensinada como fruto de um movimento de direita radical e perigoso que fracassou, ou os contadores "oficiais" da história nos fariam justiça?

Nossa reunião, naquele sábado 12 de abril, não foi tanto para falar do evento, mas para relaxar. Precisávamos nos recuperar um pouco, para dar tudo de nós nas próximas 24 horas. Daí que resolvemos ir a um bar chamado Skye, que fica no hotel Unique.

A vista desde o terraço não poderia ser mais relaxante. Pude ver a agitada e inconformada São Paulo mover-se. Esticando os olhos um pouco mais, alcancei o lago das Garças, bem perto do Planetário do Ibirapuera, cercado pela natureza. Aquele verde que se confundia com o escuro mais ao fundo me deu um pouco de paz. Recordo de ter andado até o limite da cobertura do hotel e aproveitado aquele momento. Não era uma noite de muitas nuvens, mas as luzes de São Paulo sempre disputam com o céu. Em compensação, o clima me presenteou com as típicas brisas frias da cidade. A cena bonita lá de cima, vendo ao fundo a muralha de prédios e edifícios comuns de São Paulo, me fez pensar: *Não sabe o que lhe aguarda, São Paulo. Vai ver as coisas melhorarem logo mais.*

Voltei para a mesa e percebi que Renan estava bem envolvido em uma ligação, que logo notei se tratar de algo relacionado ao dia seguinte. Pelas falas dele, deduzi que acertava como seria a entrada dos políticos para discursar.

Por causa das novas configurações de cenário, tivemos de conseguir um palco maior e adaptável à situação. Tivemos de garantir mais segurança, banheiros, equipamentos etc. Tudo para que os que falariam ao público pudessem se sentir mais à vontade e para evitar qualquer efeito negativo decorrente da multidão.

E Renan estava ajustando todas essas coisas por telefone. A pessoa do outro lado da linha era Carlos Sampaio, que cuidava de toda a logística de Aécio e Alckmin. Depois de alguns demorados minutos ao telefone, ficou esclarecido que iriam se encontrar conosco usando uma van. Iriam se aproximar de nosso caminhão por trás do Masp, subir na estrutura pela lateral e depois chegar à nossa plataforma.

Definidas essas questões e todos os esquemas de segurança necessários, conversamos bastante e tentamos descontrair naquela noite. Contar piada, fazer graça dos adversários, rir de nós mesmos e coisa assim.

Só que a noite não foi só de relaxamento para mim. Algo muito bonito aconteceu. Falo dos casos de várias pessoas que me reconheceram no restaurante e vieram falar comigo, gritaram alguma coisa, tiraram foto da mesa do MBL e passaram um pouco de apoio moral para a turma.

Comento esse fenômeno não querendo me arrogar aqui de qualquer posição chauvinista. Longe disso. Não me sentia digno do carinho daquelas pessoas, na verdade. Ficava até um pouco sem jeito para falar com as adolescentes que vinham até mim. Ali, já estávamos tendo uma prova dos frutos que vieram das sementes que lançamos. A seara estava madura e era hora de colher tudo aquilo que havíamos plantado.

Em especial, quero lembrar que alguns dos que vieram falar conosco fizeram comentários como, "Não pode beber! Amanhã você vai discursar" e "Não vá fazer feio por nós lá. Tem de estar com mente clara" etc. Apesar de saber que o tom era de brincadeira, bem amistoso mesmo, a preocupação era séria. No dia seguinte, afinal, eu discursaria para uma multidão. Minha mente precisava estar sóbria. Meu discurso não podia vacilar. Não poderia engasgar. Mais do que nunca, tinha de passar confiança. Aquelas pessoas acreditavam em mim.

Aquela noite evoluiu de forma muito agradável entre nós. A sensação que tinha, de fato, era de que estava fazendo algo importante. E, no final das contas, trabalhando com pessoas tão fantásticas. A sensação de estar sendo útil era multiplicada.

Terminadas a comida e a bebida, esgotadas as conversas e piadas, e recebidos os elogios e votos de confiança dos fregueses, pagamos a conta, claro, e nos despedimos daquela vista da cobertura do hotel. A noite se aproximava do momento em que eu iria simplesmente desabar de cansaço.

Todos nós dormiríamos no chão de uma casa vazia, na Zona Sul, bem longe da avenida Paulista. Ao chegar, arrumei minhas coisas, tomei banho e me joguei no colchão. O sono estava batendo forte, pesando as pálpebras, mas eu fiquei olhando para o teto por uns cinco minutos antes de fechar os olhos. Coloquei o relógio para despertar. Respirei fundo várias vezes. Repetia para mim tudo de bom que acontecera nos últimos dias. *Não vai dar certo. Já deu*, suspirei meio que pensando, meio que falando.

Revisei como seria a ordem do evento. Pensei nas coisas que pretendia dizer quando fosse minha vez de falar. Olhei para uma foto no celular em que estávamos todos juntos, empurrei o que ainda estava em cima do colchão para o lado e apaguei.

* * *

13 de março de 2016.

Acordamos bem cedo para garantir que tudo desse certo. A ideia de dormirmos todos no mesmo lugar tinha intenção simples: queríamos ir juntos para a Paulista. Tínhamos combinado com a revista *Veja* que dois de seus repórteres nos acompanhariam desde o começo do dia, gravando tudo e nos entrevistando durante o processo. Às 7h30, a campainha tocou. Eram eles. Com a roupa amassada, rosto inchado e cabelo bagunçado, fui abrir o portão. Um repórter já estava com a câmera na mão, gravando, antes mesmo de trocarmos um bom-dia.

Fui tomar banho. No final, quando precisei, percebi que tinha me esquecido de trazer toalha. E não era o único. Praticamente todo mundo havia esquecido também; ou seja, não tinha nem como pegar uma emprestada. Tive de me secar no improviso, com a roupa com a qual dormira. O problema: meus cabelos ainda eram compridos, e as roupas não bastavam para secá-los. Jeito nada agradável de começar um dia tão importante.

Antes de ir para a Paulista, passamos numa padaria próxima para tomar café da manhã. Depois de espreguiçar e amanhecer um pouco mais o corpo, era esperado que todos fizessem uma refeição reforçada, com pão, queijo, presunto, bolos, suco de laranja e café. Foi o que a turma fez. Mas eu não estava com apetite. A ansiedade não permitia. De qualquer jeito, comi um pão na chapa, tomei um pingado e um suco, porque sabia que, em dia de manifestação, não se come, não se vai ao banheiro nem se descansa.

E, de fato, não sabia quando comeria novamente. O plano era começar a trabalhar e só parar quando não houvesse mais trabalho a fazer. Apesar de ser um dos oradores, eu tinha de estar preparado para tudo: carregar coisas, organizar entradas, barrar gente maluca querendo subir no caminhão, o que quer que fosse necessário.

Nove horas da manhã e já estávamos na avenida Paulista. Para nossa surpresa, algumas centenas de pessoas de verde e amarelo também. Pintados os rostos, vestidas as bandeiras, trazidas as vuvuzelas e os instrumentos musicais, só faltava uma coisa: a bola de futebol. Mas, espera. Não era Copa do Mundo, muito menos carnaval. O que era aquilo? Um evento político, senhoras e senhores. De pronto, soubemos: a manifestação seria maior do que a do dia 15 de março de 2015. É claro que só teríamos certeza quando o protesto começasse, mas a ansiedade e a expectativa já estavam nas alturas.

Nossa expectativa se confirmaria. Mais de 1 milhão de pessoas tomaram a avenida Paulista. Eram 1.2 milhão, para ser mais específico. Prevendo a canalhice do Datafolha, fizemos parceria com uma empresa israelense, a StoreSmarts, que colocou antenas em praticamente todos os caminhões de som para detectar o número de celulares com Wi-Fi ligado na região — tecnologia chamada de SmartLok. Além disso, formamos uma equipe para perguntar aos manifestantes se seus celulares estavam com o Wi-Fi ligado, para termos uma noção da proporção de pessoas que não estavam sendo detectadas.

Depois de tudo o que fora combinado em Brasília, diferentemente dos outros movimentos, não afastamos os políticos. Não haveria o menor sentido nisso. O impeachment é um processo político, que exige o voto de 367 deputados. Afastar aqueles que votariam a favor e articulavam para que outros parlamentares também votassem "sim" seria suicídio. A política não é o que queremos e, sim, o que podemos fazer. É a arte do possível. É gestão de vaidades e conflito de interesses. É o ambiente em que o ótimo é inimigo do bom.

Tendo isso em mente, chamamos todos os parlamentares que defendiam o impeachment para comparecer. Saímos chamando todo mundo. Lideranças do PSDB, DEM, PMDB, SDD, PSC, enfim, de todos os partidos pró-impeachment, compareceram ao ato.

Conforme acordado, muitos dos políticos iriam se encontrar conosco se locomovendo de maneira discreta. Não foi, porém, o que aconteceu na hora. Deu tudo errado. O que deveria ser algo mais direto e discreto, sem muita muvuca, virou uma bagunça.

É que os políticos não vieram sozinhos ou com pouca gente. Usaram uma estratégia antiga que consistia basicamente em fazer um grupo ir acompanhando-os. O problema não foi tanto estarem acompanhados. Quanto mais gente, melhor. Fato. O problema foi que, nesse deslocamento, aquela centena de pessoas veio atropelando tudo. Conforme se aproximava e tinha de passar pela grade de contenção que havíamos colocado, aquela massa derrubava as barreiras, empurrava muita gente e atrapalhava as barraquinhas de comerciantes. Enfim, uma confusão só.

Essa chegada mal pensada, desastrosa mesmo, fez com que quem já estivesse ali perto começasse a soltar xingamentos e palavrões. Não demorou muito e logo vieram as vaias. Era só o que faltava. Antes mesmo de a manifestação começar, já havia algo que poderia fazer o evento dar muito errado e ter efeito contrário ao pretendido.

Olhei rapidamente para o estrago que aquele grupo fazia e calculei a solução. Chamei o Alexandre e já fui falando:

— Seguinte, precisamos controlar essa baderna. Pede para dez pessoas do grupo de apoio irem lá onde estão as grades caídas e levantá-las de novo. E vamos precisar de mais gente para outra coisa.

— Que outra coisa, Kim? — ele perguntou, superestressado.

— O que sobrar desses dez, e quem mais puder ir, pega uma folha de papel em branco e inventa um credenciamento para esse pessoal que está acompanhando a van. Eles estão empolgados demais e criando confusão à toa. Diz para o nosso pessoal chegar com eles e dizer que precisam de alguns dados para eles terem acesso especial ali na parte em que os políticos vão ficar. Inventa umas dez perguntas só para dar tempo de eles não fazerem mais besteira e o pessoal levantar as grades e se desculpar com os comerciantes.

— E acha que vai dar certo? — A tensão dele estava quase passando para mim também.

— É só distrair esse pessoal. Aí você não demora muito e já tenta fazer um discurso falando da importância de os políticos estarem lá com a gente para que esse impeachment saia. Ou pede para o Renan fazer.

— Tá bom — concordou ele, e já nos dividimos.

O Alexandre falou, e rapidamente cada um foi fazer uma coisa diferente. Um grupo foi juntar as coisas que a procissão de encrenqueiros passara derrubando, e outros localizaram os mais frenéticos e tentaram conversar com eles. Disseram que o pessoal que estava acompanhando os políticos teria status diferente e improvisaram um crachá na pura gambiarra. Para cada um, padronizaram fazer uma longa entrevista: nome, idade, profissão, posição política, motivo de estar lá etc.

Essa manobra nos deu algum tempo. Tempo suficiente para o Renan pedir um pouco de silêncio e soltar suas frases de ação. Puxa a cordinha:

— Tem gente aí dizendo que esse impeachment é do Eduardo Cunha. Mas eu pergunto para vocês, que vieram aqui hoje: esse impeachment é do Cunha ou é de vocês? — e o pessoal aplaudia e gritava.

Puxa a cordinha de novo:

— Eu quero saber de vocês o seguinte: quem veio aqui para pedir justiça faz barulho! — e a plateia gritava.

— Quem veio aqui para pedir mudança faz barulho! — falou mais rápido e a galera foi ao delírio.

— Faz barulho agora quem pensa que impeachment é golpe! — e apontou o microfone para a plateia. Um desavisado caiu no truque. Todo mundo riu. Ótima sacada. Pelo menos deu tempo de distrair e descontrair o pessoal que antes vaiava. Mas Renan prosseguiu:

— Só fica aqui quem tá ligado. Nessa manifestação ninguém é gado de ninguém. Não é para aplaudir toda e qualquer coisa que eu falar aqui na frente. Quem veio aqui é para pensar. Seja consciente na sua escolha. Nós estamos prestes a ter uma das maiores conquistas dos últimos anos e não podemos desperdiçar essa chance. Eu, você, os parlamentares e o Brasil só temos uma bala para gastar. Precisamos mirar bem, pessoal — falou. Na hora foi bem mais bonito. E a multidão respondia como se estivesse comemorando o hexa.

E ele continuou:

— Hoje, não importa se você é de direita ou de esquerda. Não importa se você é liberal ou social-democrata. Não importam credo, religião, cor ou coisa assim. O que importa é se você acha que quem comete crime tem de pagar ou não. Você pode achar qualquer outra coisa, mas, se concorda que a Dilma é culpada de crime de responsabilidade e deve passar por um legítimo processo de impeachment, então, hoje, você está do nosso lado. E eu posso garantir a vocês que todos os parlamentares aqui presentes estão.

A reação às falas de Renan misturava alguns momentos solenes com outros de muita vibração do pessoal. Ele é bom nisso.

O local em que estávamos alocados não era um caminhão típico, como de trio elétrico carnavalesco. Claro que não. Seria brega demais. Conseguimos um palco que ficasse acoplado mais proximamente do chão, para ficarmos perto da multidão. Deu certo: parecia mesmo que estávamos no mesmo nível da galera.

Uma curiosidade: contratamos o mesmo equipamento que a Ana Maria Braga usava para shows dela. É, é meio engraçado, mas o material era de primeira.

Renan terminou o discurso introdutório, reforçando diversas vezes a necessidade de estarmos unidos e como a presença dos políticos ali era importantíssima, e convidou o primeiro a ir falar. Acho que é meio óbvio o que se passava na minha cabeça ali, né? Eu cruzava os dedos para o pessoal não vaiar. Só quando o primeiro pegasse no microfone é que veríamos se o plano de distração e mobilização do pessoal tinha dado certo.

Começou o discurso e, para nossa surpresa e alívio, a multidão ouviu tudo em silêncio. Terminada a fala de um, aplausos, e subia o outro. Música para meus ouvidos! Foi assim que aconteceu até o último. Estávamos indo bem demais, até.

Renan olhou para mim fazendo um sinal de legal com a mão e eu dei umas piscada de volta fazendo um "beleza".

O deputado Roberto Freire, do PPS de São Paulo, fez um dos discursos mais duros do protesto. Expôs, de maneira incisiva, como o PT agia contra os princípios que dizia defender; como o partido mudara de postura ao se tornar governo; como havia se rendido ao fisiologismo e promovido o totalitarismo. Seria efusivamente aplaudido. Uma pessoa, entretanto, bem no final do discurso, gritou:

— Comunista! — com voz bem debochada.

Ao que o deputado respondeu:

— Sou comunista mesmo! E vou votar pelo impeachment.

Os manifestantes vibraram. Nunca pensei que fosse ver uma plateia gigantesca de direitistas aplaudindo um comunista. Política.

* * *

Batata. A matéria da *Folha* falou em 500 mil manifestantes. Provamos que estava errado. Além dos dados obtidos com a empresa israelense, também comparamos as fotos da manifestação de 15 de março de 2015, na qual o jornal afirmara haver 200 mil pessoas, com as do protesto do dia 13. Dizer, analisando as imagens, que o ato de 13 de março tinha reunido pouco mais do que o dobro do número de pessoas daquele de um ano atrás era simplesmente absurdo. Fisicamente impossível.

Pelo menos tínhamos como mostrar que a coisa fora bem maior do que o divulgado. E não só em São Paulo, mas em todas as cidades, ultrapassando recordes numéricos em todas as capitais. Aliás, a superioridade do 13 de março de 2016 em relação ao 15 de março de 2015 não se restringia apenas à ordem de quantidade. Explico melhor: agora estava claro, não só para a população, mas para os políticos também, que o impeachment era só uma questão de tempo. Déramos um salto de qualidade. O recado para Brasília fora dado. Que se segurasse quem pudesse, pois o Distrito Federal iria tremer.

Acabado o dia, algo ainda precisava ser cumprido. Afinal, promessa feita é promessa cumprida. E lá fomos nós comemorar, exaustos, o resultado do impeachment. E onde é que isso aconteceria? No Habib's. É claro.

Chegando ao local, quando íamos sentando à mesa, os funcionários puxaram uma salva de palmas e assobios para nos receber. Alguns clientes nos reconheceram e até tiraram fotos. O dono, que se lembrava da promessa, veio bondosamente nos receber e nos deu parabéns pela manifestação.

Acho que nunca comi uma esfirra com tanto gosto na vida. Pedimos bastante comida e fizemos um brinde com a música perfeita de fundo. Não sei se foi de propósito, mas tocava Tom Jobim: "São as águas de março fechando o verão/É a promessa de vida no teu coração."

* * *

Um dia depois da maior manifestação da história do país, a presidente Dilma Rousseff realizou um dos atos mais abjetos da história da política brasileira: decidiu nomear Lula para a Casa Civil apenas para livrá-lo das mãos do juiz Sérgio Moro. Plano ardiloso, não fosse tão amador.

"No Brasil é assim: quando um pobre rouba, vai para a cadeia. Quando um rico rouba, vira ministro." Palavras do próprio Lula em 1988. Engraçado como o mundo dá voltas, não é mesmo?

Desespero? Burrice? Nunca saberemos. O fato é que a nomeação acabou sendo um gigantesco tiro no pé. A população ficou absolutamente indignada, e com razão. Como é que uma presidente da República nomeia um investigado para a Casa Civil somente para garantir-lhe foro privilegiado? O PT já fora melhor de estratégia no passado.

Começava uma verdadeira batalha jurídica em torno daquela nomeação. Alguns juízes soltaram liminares proibindo o ex-presidente de assumir. Outros, por sua vez, permitiam. Chegaram até a criar um site que mostrava em tempo real se Lula era ministro ou não no momento.

Renan mandou um alerta em todos os nossos grupos, chamando para uma reunião de emergência. A gente precisava saber o que fazer. Afinal, o enxadrista do outro lado acabara de sacrificar um bispo em vão. Precisávamos nos movimentar logo para dominar mais peças.

Recebi uma ligação de Renan:

— Kim, vem pro escritório agora! Vamos decidir o que fazer com o resto da equipe. Boatos de que já tem gente se reunindo para se manifestar em alguns lugares. Precisamos ir logo! — gritava.

— Fala pro pessoal tentar descobrir logo onde é que o pessoal manifestante está se reunindo — pedi.

— O Alexandre e o Pedro já estão tentando conseguir essa informação. Mas tenta vir o mais rápido possível pra cá. O PT começou a bugar e a gente tem que montar em cima. Não dá pra desperdiçar essa chance.

— Tô chegando.

Renan conseguiu descobrir que o pessoal ia para a Fiesp protestar contra a manobra petista. Uma multidão já estava, de fato, se aglomerando. Fomos correndo nessa mesma direção para evitar que as novas manifestações se transformassem na confusão de 2013. Precisávamos converter toda a indignação em atos pró-impeachment.

Eu sabia que Pedro e Holiday dariam conta de tocar os novos protestos em São Paulo. Por isso, comuniquei que precisava sair. Meu lugar não era lá. Eu tinha de ir para Brasília. Precisávamos de alguém na capital para coordenar os próximos movimentos.

Pedro e Holiday, de fato, tocariam as manifestações. Esse foi um momento de muita coragem por parte do Pedro, já que perderia muitos dos fãs que tinha por conta de sua banda ao botar a cara em favor do impeachment.

***

16 de março, quarta-feira. Eu estava na Câmara dos Deputados, sentindo os impactos do anúncio da nomeação de Lula e, por telefone, organizando um protesto para a cerimônia de posse do molusco, que ocorreria no dia seguinte.

NO CORNER

Mal sabia o PT que estava enfrentando um inimigo muito superior em matéria de estratégia. Não, não estou falando da gente.

Ao cair da noite, o então juiz Sérgio Moro divulgou um diálogo que escancarava os planos de Dilma e Lula. Foi chocante e absolutamente inesperado. A conversa deixava mais do que claro que a nomeação não passava de uma jogada para livrá-lo das mãos da Lava Jato.

O diálogo fala por si:

Dilma: Alô.

Lula: Alô.

Dilma: Lula, deixa eu te falar uma coisa.

Lula: Fala, querida. Ah...

Dilma: Seguinte, eu tô mandando o "Bessias" junto com o papel pra gente ter ele, e só usa em caso de necessidade, que é o termo de posse, tá?!

Lula: Uhum. Tá bom, tá bom.

Dilma: Só isso, você espera aí que ele tá indo aí.

Lula: Tá bom, eu tô aqui, fico aguardando.

Dilma: Tá?

Lula: Tá bom.

Dilma: Tchau.

Lula: Tchau, querida.

Pronto. Essa tinha sido a gota d'água. Dilma e Lula proferiram a sentença que os condenaria. Moro nos dera nas mãos o mais poderoso agitador de consciências. Em poucos instantes da conversa entre a presidente e o ex-presidente se revelava o caráter daqueles que sempre alegaram inocência. Não dava mais para esconder. Estava ali. Explícito. Escancarado. "Em caso de necessidade", o termo de posse estaria ali, à disposição.

Convocamos manifestações em todo o país imediatamente. E os manifestantes atenderam ao chamado. Espontaneamente, centenas de milhares de pessoas tomaram as ruas para exigir a renúncia de Dilma Rousseff. Enquanto os outros coordenadores nacionais organizavam e lideravam o protesto na avenida Paulista, eu me manifestava bem em frente ao Palácio do Planalto, onde estava a presidente. Era guerra declarada. Não havia para onde correr. Moro novamente nos presenteava com algo que alavancaria e muito a justa indignação popular e, por consequência, a popularidade e a força do impeachment.

Graças à Meire, coordenadora do movimento em Brasília, conseguimos um carro de som em tempo recorde, o que ajudou a arregimentar pessoas em frente ao Planalto. Estávamos todos enfurecidos. Eu vestia camisa e gravata porque havia ido à Câmara para conversar com lideranças de oposição. Lembro-me de que estava muito quente, suava muito, mas isso era o de menos. O calor do momento se devia a outras preocupações.

O susto da gravação me dera um vigor que não havia sentido em qualquer outro ato, mesmo no de 13 de março. A população estava visivelmente indignada e cansada de esperar. Queriam, como eu, a queda imediata do governo Dilma.

Nesse dia, houve muita gente planejando invadir o Planalto. Alguns manifestantes mais enfurecidos tentaram entrar à força, mas sem sucesso. A polícia cumpria sua função com desgosto. Eu conseguia perceber no rosto dos policiais que queriam mais é que o Planalto fosse invadido, mesmo.

Por um lado, a revolta era boa, pois mandava um recado mais explícito de que queríamos o impeachment. Por outro, essas tentativas agressivas de resolver a coisa no braço não favoreciam o nosso projeto. A solução para a corrupção jamais seria a porradaria. E aquilo tudo me fazia pensar e repensar planos de como converter aqueles sentimentos em atitudes politicamente válidas.

O protesto durou horas e horas. A convicção e a energia dos participantes faziam parecer que nunca acabaria. Ao longo da manifestação, alguns parlamentares de oposição me ligaram perguntando se seria uma boa ideia aparecerem por lá, se não seriam hostilizados etc. Incentivei-os a ir. Não havia missão maior para a oposição do que derrubar a presidente e estar ao lado das ruas naquele momento. Se omitir seria um ato de covardia. E a dita oposição já havia sido covarde durante muito tempo. Estava na hora de deixar mais claro de que lado estava. Se do nosso, ou do pretenso ministro escolhido pela ciclista fiscal.

O deputado Darcísio Perondi, do PMDB do Rio Grande do Sul, que o Renan gosta de descrever como "um vozinho fofo que faz polenta" — cujas articulações foram fundamentais para o impeachment, diga-se —, foi um dos primeiros a aparecer. Lembro que, quando tomou o microfone, gritou com todas as forças: "É a queda da Bastilha!" Os protestantes vibraram, mas eu não consegui segurar a risada. Não havia dúvida de que o governo petista vivia o seu pior momento, mas "queda da Bastilha" parecia ligeiramente exagerado. E a fala fora duplamente engraçada porque parecia que o vozinho estava vendo a cena pela segunda vez.

As pessoas começaram a se dispersar. Desci do caminhão de som e logo fui abordado por um repórter da TV Uol. Expliquei as razões do protesto e disse que continuaríamos nas ruas todos os dias até que o governo caísse. No momento, eu realmente pensava que a mobilização popular estava intensa o suficiente para atos diários. Depois disso, andei até o Congresso para pegar um táxi e ir a um hotel. Estava exausto. Havia sido um dia e tanto.

Para minha surpresa, quando cheguei em frente à Câmara, um número ainda maior de pessoas se manifestava. Encontrei o deputado Sóstenes Cavalcante, do DEM do Rio de Janeiro, que acompanhava o protesto.

— Ué, só chegou agora? O pessoal tá aí há horas! — disse.

Respondi que estava em frente ao Palácio, onde outra mobilização ocorrera. Ele ficou surpreso:

— Eita! Tem mais gente lá, é?

A concentração em frente ao Palácio do Planalto já havia sido enorme, mas a no Congresso era, pelo menos, duas vezes maior. Apesar do cansaço, aquela multidão me deixou num estado de êxtase, o que me fez ficar protestando mais algumas horas, até o fim.

Nesse momento, o MBL já estava conseguindo doações muito expressivas e de várias pessoas. Dava para fazer um estrago muito grande com aquilo. Aproveitamos para já investir naquelas novas manifestações. Compramos mais caixas de som, mandamos confeccionar mais faixas e placas, fizemos mais folhetos etc.

Nossa aquisição mais legal, porém, foi outra. Foram outras: os canhões de luz mais potentes. Com eles, a gente fazia graça. Dava até para projetar "Fora Dilma" nas torres do Congresso. Sabe aquele canhão de luz que projetava o morcego para o Batman entrar em ação? Então, o nosso era melhor, mas usávamos não para chamar alguém, e sim para espantar. Fora Dilma, fora PT!

No entanto, mesmo com toda a população mobilizada, eu duvidava muito da hipótese da renúncia. Pelo que todos os parlamentares me diziam, parecia praticamente impossível devido à resiliência e à falta de nobreza de espírito de Dilma. De qualquer maneira, era importante manter a pressão para fortalecer o discurso do impeachment. A estratégia era simples: dar destaque para os parlamentares que publicamente defendiam a saída da presidente e cobrar e constranger aqueles que defendiam o governo. Câmara mole, Dilma dura, tanto bate até que impeachment.

Como era de se esperar, a gambiarra petista fracassou miseravelmente. No dia 18 de março, o ministro Gilmar Mendes, do STF, suspendeu definitivamente a nomeação de Lula, com base numa ação de autoria do PSDB e do PPS. Além disso, também determinou que a investigação do ex-presidente permanecesse nas mãos do juiz Sérgio Moro. Resumo: todo o desgaste para nomear Lula servira para absolutamente nada. Aliás, servira, sim. Para nos ajudar a tirar a Dilma do poder. Morria ali uma das maiores e mais baixas tentativas do PT de se manter no poder.

CAPÍTULO XII
A BATALHA FINAL

por Kim Kataguiri

Toda guerra importante tem algo em comum: uma cena final épica que faz todo o esforço anterior valer a pena. E então estávamos na semana que antecedia a votação do processo que, finalmente, faria justiça às contas públicas, desferiria um golpe importante no PT e finalmente daria voz à legítima indignação popular brasileira. Não poderia ser diferente.

Vencer significaria despertar alguma esperança para os propósitos liberais que defendo. Perder, ter de engolir mais alguns longos e sofridos anos da Era PT. E com esse pessoal não se brinca, ainda mais em campo de batalha. Entramos nesse jogo para ganhar, pois o preço da derrota seria caro demais.

Toda partida disputada contra um adversário habilidoso exige fôlego. O mesmo se dá no jogo político. Há movimentos que o outro lado executa apenas para nos cansar, há estratégias empregadas para nos despistar e tantos outros gestos para nos fazer baixar a guarda. O PT e seus filhos sabem bem como é isso. No campo das narrativas e das táticas de embate, são um adversário formidável. É verdade. Mas nós não entramos para perder. Não abrimos os flancos em momento algum.

Nos dias que antecederam a votação para abertura do impeachment na Câmara, havia uma mistura interessante de cansaço e entusiasmo. Lembro de várias vezes em que tivemos de dormir depois da meia-noite para logo sermos, ainda de madrugada, acordados para o batente. Até podia ser que estivéssemos exaustos, mas todo o esforço daquela semana valeria a pena. O trabalho que nos consumia era o mesmo que nos alimentava.

Nos últimos dias, já havia mais segurança de que o resultado seria favorável, mas não cantamos vitória antes da hora. Ainda havia muito a ser feito. Alguns parlamentares ainda precisavam ser convencidos e outros confirmados para compor os que votariam "sim".

Depois de conversarmos muito sobre o assunto, era evidente que o melhor plano era mapear e pressionar os deputados que pensavam em faltar (os famosos isentões) ou que votariam contra.

Mas será que viria mais alguém para nos ajudar nesse momento? Sim, o destino nos reservara mais um aliado de peso. Se me dissessem uma semana antes que eles viriam nos apoiar, eu não acreditaria, mas aconteceu.

Recebo um telefonema:

— Kim, caramba! Eu vou ter que ir correndo pra Goiânia. Você não faz ideia de quem falou comigo agora! — disse Renan, ofegante. Parecia estar correndo.

— Como assim? O que aconteceu dessa vez? — perguntei, já esperando alguma boa notícia, algo inusitado, como tantas outras que estávamos recebendo em sequência. Devia ser ciosa grande.

— Eu preciso ir discursar para a Confederação da Agricultura lá. Talvez eles fiquem do nosso lado.

— E quem falou isso? Você tem certeza? O pessoal da CNA tem muita força nas votações. Se eles ficarem do nosso lado, a balança vai pesar muito pra gente!

— Acabei de falar com o Caiado. Ele disse que o pessoal do agro está mordido com a atual situação deles em relação ao governo e com os últimos acontecimentos. Eles estão querendo muito entrar no impeachment com a gente, com força total. O pessoal da CNA parece que quer entrar sério. Eu preciso ir correndo lá pra garantir que vão virar voto — falou, loucamente empolgado.

— Mano, corre lá, então. Eu seguro as coisas por aqui com o pessoal.

Talvez o leitor não tenha muita noção da importância que o apoio da CNA teria para nós. Eles são historicamente conhecidos por diversas vitórias na Câmara, fazendo pressão e conseguindo votos em vários episódios importantes da política nacional.

A Confederação da Agricultura e Pecuária do Brasil era muito poderosa. A bancada ruralista, a maior da Câmara, passou a fazer muitas reuniões para definir quais estratégias seguiríamos. Tê-los ao nosso lado representava uma segurança inquestionável. Daí a empolgação quando recebemos a notícia.

O pessoal do agro, da CNA, era muito diferente da liderança da Fiesp. Não eram oportunistas nem queriam ficar só surfando na onda do momento. Não, não. Queriam mudança de verdade. A equipe da CNA era composta de gente séria e comprometida. Não era gente exibida que só queria aparecer, não. Eles viriam para somar.

Renan relatou que o encontro fora um sucesso. Ele discursou e disse que o clima era de grande expectativa pelo impeachment. Só que não ficou muito tempo. Tão logo terminou de falar, já teve de voltar para Brasília. Precisava conhecer a liderança nacional da CNA.

Renan, então, voltou para conversar com Daniel Carrara, diretor executivo da entidade. Os dois precisavam resolver alguns assuntos ainda. Foram apresentados e logo em seguida a discussão estratégica começou.

Foi esse o encontro que praticamente consagrou o impeachment. Após ele, tornaram-se rotineiros os encontros entre parlamentares e organizações pró-impeachment para pensar no confronto final. Diversas lideranças da oposição se comprometeram não só a votar "sim", mas a pressionar outros parlamentares para que fizessem o mesmo. Pipocavam diálogos entre as duas maiores bancadas — evangélica e ruralista — sobre trabalhos conjuntos para a virada de votos. Tudo aquilo parecia muito algum episódio de anime em que personagens antagonistas se unem para derrotar um inimigo maior.

A lógica dos encontros, aliás, rendeu uma matéria na *Folha* meses depois: "MBL, ruralistas e evangélicos se unem por agenda liberal." Petistas compartilharam essa notícia em massa — foi a mais lida do dia — para tentar nos atacar, claro. Oh, meu Deus! Que absurdo! Um movimento liberal se unindo a outras forças políticas para defender pautas liberais! Onde é que vamos parar? Era o fim dos tempos!

Renan me narrou que o diálogo mais importante entre ele e Daniel Carrara foi mais ou menos assim:

— Então, qual é o plano do MBL para a virada final de votos? — perguntou, com ar de general.

— Nós temos várias frentes trabalhando nesse sentido. As manifestações, os acampamentos, os memes, a pressão direta nos parlamentares etc.

— Certo, mas em que a CNA pode ajudar? Em qual dessas frentes podemos dar força para vocês?

— Olhe, atualmente, já perto da votação, precisamos mirar muito nos parlamentares indecisos. Precisamos de metralhadora de memes que faça esse pessoal ser apertado de todos os lados na internet e nas ruas.

— E o que vocês têm para fazer essa produção?

— Nós temos uma equipe liderada pelo Rizzo, mas é pequena. Precisamos de mais apoio aqui.

— Pode contar com a gente. Do que exatamente precisariam?

A BATALHA FINAL

— Precisamos aumentar o número de pessoas na elaboração dos memes, precisamos de mais computadores, mais gente pesquisando as pérolas dos parlamentares que possam virar piada e seguindo os indecisos.

— Nós podemos ceder nossa agência para vocês. Há gente suficiente para isso. Será que já serviria?

— Pô, perfeito! Vamos unir as coisas, então. Precisamos de uma bomba atômica de memes.

— Feito.

A partir dali, conseguimos gerar conteúdo muito mais rápido. O pessoal da CNA cedeu equipamentos e então tínhamos material de ponta, o trunfo do Rizzo. Logo em seguida, conseguimos descobrir que o número de parlamentares que estavam no vale da indecisão era de 53. Tivemos de pesquisar caso a caso o que estava em curso. O pessoal do PT cercava demais esse grupo. Ficamos sabendo que os petistas prometiam alianças em eleições, cargos, ministérios e coisas assim.

Diferente da petralhada, nossos métodos eram totalmente limpos e democráticos. A única coisa que fizemos foi divulgar informação verdadeira para quem a quisesse. O processo era este: descobria-se um deputado isentão, fazíamos meme dele e divulgávamos nas redes sociais. A população se revoltava, fazia pressão e, geralmente, o cara cedia e mudava de posição.

Poderia haver coisa mais democrática e válida do que fazer a própria população instigar a virada de votos? Ia superado o tempo em que a política era decidida longe e entre quatro paredes. Os parlamentares ficavam entre a cruz e a espada. Ou escolhiam os brindes que o PT oferecia ou o apoio popular. Os que estavam cogitando escolher as regalias logo ficavam impopulares e recebiam carga de todos os lados nas redes sociais.

* * *

Isso que acabo de descrever estava associado a uma operação que tive o privilégio de nomear. É que não bastava a pressão apenas em rede social. Precisávamos de um pouco mais de pressão no corpo a corpo. Vou tentar explicar como a ideia surgiu.

Uma coisa que me preocupava era que os discursos do lado de quem queria tirar Dilma não eram todos sensatos. Não raro era possível ouvir alguém mais radical dizendo, por exemplo, que seria impossível tirar os petistas usando os mesmos meios que eles haviam inventado para chegar ao poder, e que era necessário usar a força, a força física, e invadir o Parlamento. Um discurso intervencionista mesmo.

Lembro-me de ter ouvido pregações dessa natureza bem em frente ao Congresso. Senti um frio na espinha, confesso. A força que esse tipo de maluquice tinha — e tem — é assustadora e alcança facilmente o coração dos revoltados.

Poucas vezes fiquei nervoso antes de falar, mas ali, naquele meio, tive um certo receio. Olhei para o palácio Nereu Ramos, diante do qual estávamos, vi, naqueles rápidos segundos, as duas cúpulas sobre o Senado e a Câmara, observei a camisa dos colegas, que tinham alguns dizeres, olhei para o relógio em meu pulso, e uma ideia estalou. Rapidamente me ocorreu um discurso para neutralizar a barbaridade que se desenrolava:

— Não é para tanto, pessoal! Se vocês tentarem invadir o Congresso, o máximo que vai acontecer é que terminarão alguns presos, outros fugidos, mas todos frustrados. A melhor forma de derrotar um inimigo é usar seus próprios meios contra ele! Não haverá ato de maior grandeza se eles caírem pelas regras que eles mesmos aprovaram e juraram proteger. Vejam essas duas cúpulas, senhores! Unindo as duas temos um círculo perfeito que une a representação do poder Legislativo e o poder Executivo: um não existe sem o outro. Não dá para pensar que chutando a porta e quebrando tudo dentro conseguiremos alguma coisa. Queiramos ou não, estão lá quem os brasileiros escolheram. Mas sairão de lá os que não honraram esse privilégio. Vamos protestar um pouco mais que a vitória é nossa! É só uma questão de tempo!

Vi alguns esfriando a cabeça e voltando à sanidade mental. Outros meneavam e continuavam esbaforidos. Mas a pergunta provocadora que um deles fez ao término de minha fala não pararia de ecoar em minha cabeça:

— Legal, mas qual é o plano, então?

Precisávamos de um plano e estavam nos cobrando por isso.

Lembro de ter conversado longamente com Renan e Pedro a respeito. Precisávamos deixar claro qual a opção que ofertávamos em lugar da violência. Decidimos, então, que precisávamos nos reunir.

Voltei para São Paulo e fizemos mais um encontro no escritório. Dessa vez, iríamos delegar mais atividades para as unidades do MBL espalhadas pelo Brasil. Estávamos estudando como usar mais pessoas na investida derradeira. Afinal, já sabíamos que uma parte considerável, senão a maioria, da população estava do nosso lado. Cabia então, mais do que nunca, marcar de perto os políticos representantes de cada estado que iriam para a votação.

No meio das discussões, decidimos alugar uma casa que funcionasse como QG em Brasília para todos os líderes do MBL. Todos ficariam lá. A ideia era fazermos pressão em blocos, todos os dias, na Câmara. A casa, a propósito, era bem esquisita. Uma mansão toda branca com quase nenhum móvel. Oca. Se falasse lá dentro, o eco durava alguns segundos.

Para dar início a esse rush pelos últimos votos, botamos na rua a chamada Operação Minerva, em referência à deusa da mitologia grega que presidiu e deu o voto decisivo no que teria sido o primeiro julgamento da história da humanidade: o de Orestes, julgado por homicídio.

O episódio em questão se dera por ocasião da Guerra de Troia. Agamemnon sacrificou sua filha para tentar vencer o conflito. A mãe,

Clitemnestra, tomada de ódio pelo marido, junto de seu amante, então planejou e executou a morte de Agamemnon. Por fim, para vingar a morte do pai, e obedecendo a ordens de Apolo, Orestes matou a própria mãe e o amante. Como resultado, perseguido pelas Erínias, as personificações da vingança, acabaria por ir a julgamento em Atenas.

De onde essa história de mitologia grega surgira? De mim, ora. O primeiro jogo de computador no qual me viciei foi o *Age of Mythology*, baseado nas mitologias grega, egípcia e nórdica. Nele, quando se clica para ver a descrição de um personagem mitológico, toda a história do sujeito pode ser lida. A partir de então, passei a pesquisar e ver vídeos sobre mitologia grega e logo parti para os livros. Admitamos: Operação Minerva foi um baita nome, não?

Nosso intuito, porém, era mudar um pouco o fim da história da mitologia, pois, naquele caso, visto que a votação do júri composto por doze cidadãos atenienses ficara tecnicamente empatada, Minerva teve de se manifestar e ela mesma decidir sobre se Orestes deveria ser inocentado. E acabou que foi.

Se tudo corresse bem, na nossa Câmara, o júri não ficaria dividido o suficiente para não nos dar a vitória. Orestes pode ter tido a sorte de contar com Minerva para inocentá-lo, mas estávamos fazendo de tudo para que Dilma não tivesse o mesmo fim.

Nessa operação, pegávamos os nomes dos parlamentares mapeados pelo comitê pró-impeachment e os pressionávamos pelas redes e, principalmente, em suas bases eleitorais. Como a maioria pertencia ao Centrão, era difícil impactá-los com posts no Facebook etc. Por isso, mobilizamos praticamente todos os núcleos locais do MBL para distribuir panfletos, colar cartazes, colocar outdoors e carros de som para encher o saco daqueles deputados diretamente em suas regiões.

Além disso, montamos o "Placar Fora Dilma", site que mostrava a posição de cada parlamentar em relação à denúncia. Não bastava manifestação por escrito. Só contávamos os deputados que nós mesmos gravávamos. O deputado tinha de aparecer nas filmagens para poder ser incluído no rol de apoiadores do impeachment.

Esse período em que registramos as posições dos deputados foi inesquecivelmente engraçado. Numa espécie de *CQC*, toda semana desembarcávamos na Câmara para, com celulares na mão, correr atrás de deputados. E, encontrando algum deles, perguntávamos sutil e despretensiosamente:

— Como o senhor vai votar? Não sabe? Mas não sabe por quê? Está negociando cargos? Está esperando o governo fazer uma oferta maior? Você não tem vergonha de vender a República em troca de meia dúzia de cargos?

Como se pode imaginar, eles ficavam irritadinhos, mas, depois de uma ou duas semanas, pelos motivos mais diversos, acabavam cedendo. O efeito gerado quando as pessoas viam a demora ou relutância de um parlamentar para se posicionar era imediato. Estávamos contando com a justificável indignação que as pessoas teriam quando constatassem que um político se mostrava indeciso ou pensativo nessa crise. E, como esperado, elas se indignavam mesmo.

Mas, fosse por verdadeira mudança de opinião, por tentativa de manter sua imagem pública ou por qualquer outra coisa, era fato: os deputados estavam se posicionando. Pouco a pouco recebíamos mais confirmações. Era o que importava. A estratégia funcionava.

O sucesso do "Placar" foi tanto que diversos parlamentares começaram a ligar, desesperados:

— Pelo amor de Deus! O que eu faço pra vocês me colocarem no "sim"? É pra gravar? Pode vir agora no meu gabinete que eu gravo o que vocês quiserem!

E como era bom ouvir isso. Cada vez mais os parlamentares engrossavam as nossas fileiras. Por outro lado, houve casos de deputados, não um ou dois, que saíam correndo assim que viam as figuras mais conhecidas do movimento, como eu e Holiday. Não adiantava. Corriam em vão. Começamos a mandar pessoas diferentes, todas as semanas, à procura deles. E, quando o cara percebia, era tarde demais. Já estava em frente às câmeras.

Tenho de confessar que achei engraçadíssimo ver parlamentares correndo de um monte de crianças, eu inclusive, com celular na mão.

Digna de nota foi, também, a postura de muitos policiais legislativos. Cenas legais que ficaram em minha memória foram as que se deram quando algum deputado os chamava para nos afastar ou impedir nosso acesso. Assim que o parlamentar ia embora, os policiais sempre faziam sinal de "Vão lá! Mandem bala!". Uma clara confirmação de que tínhamos apoiadores em todos os lados, até entre os seguranças da Câmara.

* * *

Em Brasília, Ian e Renan foram chamados a uma reunião com representantes do GDF (Governo do Distrito Federal) para saber como o gramado em frente ao Congresso ficaria organizado no dia da votação. Foram informados de que o local onde nós estávamos planejando montar nossa estrutura teria de ser dividido em dois, porque os petistas também queriam se manifestar na mesma área.

Sem dúvidas, queriam passar alguma segurança para os deputados favoráveis a Dilma, mostrar que havia gente do lado deles, que não precisavam ficar preocupados com a nossa pressão lá na frente. Mas é claro que não deixaríamos essa percepção prevalecer.

Aqui faço um esclarecimento óbvio. Se a esquerda dizia querer metade do espaço para montar acampamento, é porque queria mandar uma legião de lulistas e dilmetes para avermelhar o "campo de batalha". Esse pessoal gosta de fazer barulho e é profissional nisso. Minorias organizadas especializadas em impor suas vontades à maioria silenciosa. Daí nosso empenho tão grande em mobilizar o maior número de pessoas possível para mostrar que, mesmo sem a máquina do governo, seríamos capazes de levar um número muito maior de manifestantes ao gramado do Congresso Nacional.

Raciocinamos: *Quais são as duas forças conservadoras mais importantes no Congresso?* A resposta era evidente: a frente parlamentar da agricultura e a frente parlamentar evangélica. Boi e bíblia. Decidimos colocá-los juntos.

Mais rapidamente do que a velocidade com que o Boulos corre para invadir propriedade alheia, Renan correu para falar com os evangélicos e abriu uma reunião dos deputados da frente parlamentar do agro com o deputado e pastor Marco Feliciano e Sóstenes Cavalcante (do DEM, também evangélico) para ver o que poderíamos fazer.

Ficou combinado que as igrejas, os pastores e as comunidades evangélicas de maneira geral orientariam os fiéis a irem à manifestação. E o pessoal do agro ajudaria, inclusive com ônibus para levar o pessoal das igrejas nos deslocamentos. As duas forças políticas, que, apesar de terem a relevância e alta capacidade de organização em comum, quase nunca tinham trabalhado juntas, atuaram em sintonia maior do que dupla de nado sincronizado. Bonito de ver.

Rapidamente providenciamos um vídeo de divulgação para que fosse passado em canais de igrejas evangélicas e nos grupos de WhatsApp dos membros de comunidades locais.

* * *

Além de todo esse trabalho para garantir boa mobilização em Brasília, também organizamos manifestações em centenas de cidades pelo país para o dia da votação, 17 de abril de 2016. Todos os coordenadores estaduais do movimento foram orientados a arrecadar dinheiro para colocar telões em pelo menos todas as capitais.

Em Brasília, além da transmissão ao vivo, o ato ainda contaria com uma atração especial. Fora confirmada a presença da Banda Loka Liberal, o grupo de amigos liberais de Porto Alegre que havia dado o tom de praticamente todas as manifestações pró-impeachment. Eles embalaram o momento com letras como "Chora, petista, bolivariano. A roubalheira do PT tá acabando. Tua conduta é imoral, fere os princípios da CF nacional".

Eles também tocaram músicas que ficaram famosas, como "Lula sabia de tudo", ou ainda a "Dá-lhe, Moro". Não havia letras melhores para a ocasião. E a batida e o traquejo daquele pessoal eram de dar inveja a muitas outras bandas por aí. A proximidade desses gaúchos com as torcidas organizadas argentinas contribuiu muito para o tom das canções e dos gritos de guerra. Bah!

Em São Paulo, uma ideia mirabolante — e brilhante — de Pedro deu para a manifestação um toque, digamos, bem peculiar. Ele decidiu contratar a Carreta Furacão, fenômeno da internet que contava com Capitão América, Mickey, Fofão, Popeye e um palhaço, todos com um rebolado bem brasileiro.

A ideia surgiu de um tweet do youtuber PC Siqueira no qual dizia ter o sonho de contratar a Carreta Furacão para roubar o protagonismo de uma das manifestações pró-impeachment. Pedro, com seu caloroso coração e sua vocação para atrair mídia das maneiras mais mirabolantes possíveis, decidiu bondosamente realizar o sonho do vlogueiro ex-vesgo.

Divulgamos a possibilidade da participação deles, fizemos uma vaquinha para conseguir pagar as passagens e o cachê da Carreta, e, por incrível que pareça, deu certo. Arrecadamos os 15 mil reais necessários. Repórteres de todos os veículos de imprensa começaram a nos ligar. Estavam incrédulos, como nós.

Como sempre, porém, tinham de encontrar algo negativo. Descobriram que o criador do Fofão, Orival Pessini, não havia permitido o uso da imagem do personagem. Em todos esses anos de Carreta, o sujeito havia ficado calado. Mas, claro, já que o grupo participaria de uma manifestação do MBL, ele tinha de reclamar seus direitos sobre o bochechudo rebolante. Não é mesmo? Tudo bem. Direito do cara.

As críticas de Pessini só ajudaram a divulgar ainda mais a manifestação. Começamos uma campanha para que ele permitisse a presença do personagem postando memes com frases como "Fofão is not a crime" (Fofão não é crime). A criatividade do pessoal aflora nessas horas.

Esse período de criação de memes do Fofão pró-impeachment foi, sem dúvida, um dos mais engraçados de minha vida. E certamente um dos momentos mais cômicos da história do MBL também. Nunca, nunquinha, jamais imaginaria ver a Carreta Furacão na aba de política dos principais jornais do país. Até hoje não acredito, mas foi real: Fofão ajudou a derrubar uma presidente da República. Melhor: tudo isso rebolando ao som de um cavaquinho remixado.

Já até treinávamos a paródia que cantaríamos quando o impeachment passasse na Câmara: "Siga em frente, olhe para o lado. Se liga que o impeachment agora vai pro Senado!" Horrível, né? Eu sei, mas, naquela época, era engraçado. Só de escrever a letra já me dá vontade de cantar. É inevitável.

No fim, não rolou Fofão. Mas rolou Goku, o que é muito mais legal. Obrigado, Orival Pessini! Graças a você, derrubamos Dilma com uma Genki Dama. Podemos dizer que, de certeza forma, Orival Pessini foi nosso Mr. Satan.

Confesso que a minha vontade era estar nessas manifestações de telão em São Paulo, e não em Brasília. O clima na Paulista era muito mais de comemoração e de alegria. Houve até o revezamento de vários humoristas bem conhecidos e muito bons, enquanto, na Câmara dos Deputados, sentia-se a tensão de longe.

Pelo menos o MBL registrou alguns dos melhores momentos das participações dos humoristas em São Paulo para quem não pôde estar lá. Ali, no improviso, saíram ótimas piadas, todas comemoradas ao som das vozes de uma grande multidão. Danilo Gentili, Criss Paiva, Davi Mansour, Zé Luiz Martins, Léo Lins, Felipe Hamachi, Nil Agra e Rogério Vilela mandaram muito bem. E faziam questão de dizer que estavam fazendo o show sem ganhar um centavo em troca.

Destaco uma das piadas mais sensacionais. Sabendo rir de si mesmo, Zé Luiz Martins, comediante que nasceu com má-formação porque a mãe contraíra rubéola durante a gravidez, perguntou para a plateia se os presentes votariam nele para presidente da República. Explicou que teria grandes chances porque, afinal de contas, o nome dele era Luiz, vinha de São Bernardo do Campo, bebia muito, não tinha todos os dedos da mão nem a menor ideia de como governar o país. Fantástico!

Infelizmente, não pude estar lá, mas a batalha em Brasília, no corpo a corpo, valeu a pena. E, apesar de não estarmos com comediantes profissionais, os eventos da capital federal também tiveram seus momentos de altas emoções.

* * *

Um dia antes da votação, resolvemos sair com toda a liderança do MBL e aliados que estavam mais próximos da gente. Se eu puder fazer essa analogia sem ficar clichê demais, estávamos em clima de Copa. Os jogadores, na véspera, não treinam, não fazem muito esforço, não se estressam nem nada. Apenas descansam e se divertem modestamente. E era assim que estávamos. Até cobertura da Globo ia haver. Só faltaria o Galvão Bueno para narrar. Imagine só: *Lá vai o deputado da oposição usar o tempo de fala para declarar o seu voto. Diz que é pelo povo, pela sua mãe, pela sua família, pela sua cidade, pelo seu papagaio. O presidente da Câmara fica impaciente e pergunta o voto do deputado com seu olhar de peixe morto e sua voz de psicopata. Cortou o microfone do parlamentar no meio do voto! Pode isso, secretário-geral da mesa Arnaldo?*

A BATALHA FINAL

O que tinha de ser feito já estava feito. Apenas aceitamos o esforço todo que tivemos naqueles dias e acreditamos que tínhamos dado o melhor. Sem tempo para arrependimentos e sem tempo para novas estratégias. Era noite apenas de bebermos e tirarmos sarro uns dos outros. Bebemos, conversamos, rimos e pronto. Voltamos para o hotel, o Aristus. Lá estava um monte de gente de nossa equipe. Enchemos vários quartos. E era dali que partiríamos bem cedo, para estarmos às 7h na frente do Congresso.

Foi até engraçado pensar que, na noite anterior, estava todo mundo só na curtição e na bebida. Mas, de manhã, estaríamos lá alinhadinhos, de terno e gravata, para fazer cair uma presidente da República. Tira a cara de sono, engole a ressaca e segue o jogo! Hora de mudar o Brasil.

Já tinha ficado certo que a TV NHK (uma rede japonesa) cobriria o meu momento de entrada na Câmara dos Deputados. Eu não sabia direito por quê, mas deixei, né? Eu que não ia negar isso para meus primos do outro lado do mundo. Até o Japão estava interessado na queda de Dilma. E, ao que tudo indicava, iriam transmitir desde o lado liberal da coisa.

Pouco tempo antes da votação do impeachment, o então presidente da Câmara Eduardo Cunha decidiu enrijecer a segurança do Parlamento. Ele divulgou que, naquela semana, o acesso ao Salão Verde, local próximo ao plenário onde costumam acontecer entrevistas coletivas, estaria muito restrito. Até servidores da casa e veículos de imprensa foram afetados.

Logo que soubemos disso, entramos em contato com o deputado Darcísio Perondi, com quem mantínhamos boa relação, para pedir crachás de acesso ao Salão Verde. Havíamos organizado as manifestações pelo impeachment e éramos signatários da denúncia em tramitação. Então, nada mais justo e coerente do que estarmos lá durante a votação.

— Vou conseguir, mas não vão me dar problema, hein? — disse Perondi, com seu sotaque gaúcho e sua voz aguerrida.

Se ele soubesse o furdunço que os tais crachás gerariam, provavelmente não os teria providenciado.

Chegamos bem cedo à Câmara para evitar problemas, às 7h, como planejáramos. Passamos pela Polícia Legislativa tranquilamente, pois todos estavam cientes da validade de nossos crachás. Fomos direto para a liderança do DEM, que havia se tornado uma espécie de QG do impeachment. Diversos parlamentares estavam reunidos, tomando café da manhã num clima de bastante seriedade em decorrência do que estava prestes a acontecer.

Não esperava que seria ali, naquela sala, que teria minha primeira exibição solo na Globo. Não foi lá uma cena gloriosa; mas memorável, sim. É que repousava sobre uma mesa o que em breve seria minha vítima: um vistoso bolo de cenoura com cobertura de chocolate. E, tão logo percebi que a refeição servida era livre — ou seja, comida grátis —, me aproximei para pegar alguns generosos pedaços.

A graça da história está no fato de que, bem na hora em que comecei a comer o bolo, um câmera da Globo passou na sala fazendo gravações dos presentes para uma matéria que falaria do período pré-impeachment. A intenção era mostrar como os parlamentares passavam o tempo antes da votação ou coisa assim. Como resultado, lá estava eu, aparecendo na Globo, com uma cara de sono, exausto e faminto por causa do intenso trabalho daquela semana, mas feliz por estar comendo bolo de cenoura com cobertura de chocolate.

Minutos depois, comecei a receber mensagens do tipo: "Ei, japonês, te vi na Globo! Tava enchendo o bucho, né? Pilantra!" Pois é... Na única vez em que a Globo me mostrou, eu estava de boca aberta, comendo bolo. Nem minha mãe deixou de fazer piada da situação. Maldita imprensa golpista!

Após o café, Eliseu Padilha chegou à sala com uma lista com todos os futuros votos dos 513 deputados. Passou nome por nome. De vez em quando, algum parlamentar duvidava:

— Tem certeza de que esse vota "sim"?

— Esse daí nem vem hoje.

— Acho que esse daí vota "não", hein?

Padilha sempre respondia que eram votos nossos mesmo, com segurança e com pressa para terminar a lista. Ficou claro, para mim, que já sabia o resultado. O papel de Padilha ali era o de tranquilizar os deputados e fingir que levava a opinião deles em consideração.

Passados os 513, cravou:

— Temos 367 votos. Margem mais do que segura — falou alto e com confiança.

A maioria dos deputados duvidou e falava em burburinho, desconfiando da contagem. Eu também considerava que seria um pouco menos. Mas, como posteriormente me diria o deputado Pauderney Avelino, "o filho da mãe acertou certinho!".

Nosso papel na Câmara, além de atualizar nossos seguidores em tempo real sobre todas as movimentações do impeachment, era de mapear e divulgar os nomes que ainda não haviam marcado presença na Casa na hora da votação. O engajamento de quem nos acompanhava era clara prova de uma mudança, mesmo que mínima, do interesse popular. Informações como as que nós dávamos sobre a votação ganhavam, com cada vez mais números, a atenção de brasileiros que vibravam com a chance de a justiça ser feita.

Que não se pense, porém, que os contrários ao impeachment estavam parados esperando para ver o placar ficar. Havia forte rumor, na imprensa e nos corredores do Congresso, de que a estratégia de Lula não era angariar votos "não", mas fazer com que o máximo possível de deputados faltasse. É que, no processo de impeachment, a oposição está sempre em desvantagem, pois lhe cabe mobilizar os 342 votos sem os quais não se derruba um presidente da República. Se se conseguem apenas 341 e todo o resto falta ou vota não, já era. O presidente fica.

Aproveitamos as manifestações que estávamos organizando em todo o país para expor os deputados que ainda não haviam marcado presença. Cada voto era importante. Um só nome bastaria para fazer a diferença na contagem. Não dava para desperdiçar coisa alguma.

Daí ligamos para os coordenadores estaduais e eles logo providenciaram caminhões de som que anunciavam bem alto os nomes dos parlamentares que ainda não estavam presentes na Câmara. Assim, a notícia da ausência logo se espalhava na boca do povo.

Além disso, passamos todos os nomes para Rizzo, nosso eterno diretor de memes, que, a uma velocidade assustadora — assustadora, mesmo! —, publicava rostos, e-mails e telefones desses deputados ausentes.

Quando saímos da liderança do DEM para almoçar, junto com o então líder do partido Pauderney Avelino, fomos abordados, no corredor que leva ao Salão Verde, por dois deputados petistas: Carlos Zarattini e Pedro Uczai. Os dois estavam indignados com a nossa presença.

— Que autoridade esses moleques têm para estarem aqui? — diziam, bufando.

Mostramos nossos crachás, pendurados no bolso da frente de nossas camisas. Com raiva, Uczai gritou:

— Deixa eu ver isso aqui!

Mas não deixei. Se ele levasse aquele crachá, eu nunca mais colocaria a mão nele e teria de sair da Câmara. Daí Pauderney começou a bater boca com Uczai. Zarattini, por sua vez, chamou a Polícia Legislativa. Nisso, dezenas de repórteres começaram a filmar, fotografar e a nos fazer perguntas.

No meio do tumulto, Uczai tentou tomar meu crachá e acabou me puxando. Em resposta, disse um "sai pra lá" e o empurrei. Pauderney, indignado com a atitude do petista, logo entrou na frente. Fomos todos para uma sala da Polícia Legislativa.

Explicamos, com toda a parcimônia do mundo, que os crachás eram regulares e que haviam sido criados especialmente para o esquema de segurança da semana do impeachment. Os membros da petezada não aceitaram, disseram que era um absurdo, que nem assessores deles tinham acesso ao Salão Verde. Os jornalistas presentes, claramente alinhados com os petistas, também reclamaram e disseram que estavam com acesso restrito a diversas áreas da Câmara.

Lembro que, no calor da discussão, uma mulher, que se dizia advogada da mesa da Câmara, afirmou desconhecer os crachás e que nós deveríamos ser detidos. Rubinho falou que não era nossa culpa se ela não lia os decretos da mesa na qual trabalha e que, de todo modo, não tinha autoridade para mandar nos prender. Estressada e possivelmente não querendo ficar por baixo do *mansplaining*, a mulher deu carteirada e gritou o número da sua carteirinha da OAB. Rubinho, igualmente estressado, gritou o número da dele. É evidente que, dadas as circunstâncias, eu estava estressado, mas não consegui segurar a risada. Que diabo fora aquilo? Uma batalha de números da Ordem? Após a esgrima jurídica, um deu voz de prisão ao outro. No final, ninguém foi preso.

Os deputados petistas começaram a pressionar novamente a Polícia Legislativa, alegando que nossos crachás eram irregulares e que deveriam ser recolhidos. No ápice do ódio, um deles colocou a mão no crachá do Renan. Pauderney, visivelmente possesso, entrou no meio e berrou:

— Ninguém toca nesses crachás! O que é isso? Perderam a noção de vez? — e fuzilou com os olhos.

Para a nossa sorte, enquanto o pau(derney) comia, havia uma televisão ligada na TV Câmara transmitindo ao vivo os discursos do plenário. Pelo menos dava para acompanhar o que ocorria enquanto jornalistas e deputados se digladiavam pelo nosso direito de circular no salão livremente.

Depois, um deputado petista pediu para falar e questionou o presidente sobre os nossos crachás. Cunha respondeu que eram absolutamente regulares e que haviam sido concedidos para diversos convidados.

Fizemos uma cara de "Pois é, se lascaram!" para os petistas e, quando saíamos, o deputado Zarattini gritou, com um tom irônico:

— Tá machão, hein, Pauderney?

Pauderney ficou em chamas e respondeu na hora:

— Eu sou macho para caralho!

Tinha certeza de que iriam cair na porrada, mas o petista afinou. Deve ter ficado atordoado com a paudernada.

Os repórteres, então, nos abordaram como abutres:

— Foram liberados? Como entraram com crachás irregulares? Quem deu esses crachás, o Eduardo Cunha? Por que o acesso é restrito para a imprensa, mas livre para vocês?

Pouco importava a nossa resposta. Menos ainda importou a verdade. Publicaram o que o coraçãozinho cheio de rancor deles queria publicar: "Integrantes do MBL entram com crachás irregulares na Câmara dos Deputados."

A convite de Darcísio Perondi e Nelson Marchezan Jr., fomos almoçar na casa do deputado Heráclito Fortes. Quando chegamos, Heráclito conversava com Raul Jungmann. Apesar da intensidade do dia, não falavam sobre política, mas sobre bobeiras do cotidiano.

Me lembrei, naquele momento, que parlamentares também são gente. Pode parecer absurdo, mas, quando você está no olho de um furacão político e tem de lidar com discursos, vídeos e conversas de bastidores quase todos os dias, você quase esquece que, no final, tratam-se de pessoas.

Comecei a receber diversas notícias e mensagens informando que havia forte possibilidade de a presidente declarar estado de defesa para adiar a votação do impeachment. É que, quando a Presidência da República faz tal declaração, teoricamente mobiliza forças especiais para ajudarem-na a restabelecer a ordem pública e a paz social. Nesse período, o decreto pode fazer valer algumas medidas coercitivas, tais como a restrição do direito de sigilo de correspondência e outros. Mas

A BATALHA FINAL

o que estaria ameaçando a ordem e a paz para que se especulasse tal ato? A saída do PT? Essa seria, ironicamente, uma leitura às avessas da realidade brasileira.

Aproveitei a oportunidade de estar com Jungmann, que tinha ótima interlocução com as Forças Armadas — o que, inclusive, faria com que se tornasse ministro da Defesa do governo Temer —, para perguntar sobre a possibilidade de as FFAA apoiarem o governo caso Dilma decretasse estado de defesa. Ele foi enfático:

— Zero chances. Todo mundo sabe que isso é loucura. Seria, definitivamente, o fim do governo.

A afirmação me tranquilizou, mas nem tanto. Espera-se tudo do PT.

De volta ao Salão Verde, o deputado Silvio Costa, um dos defensores mais ferrenhos da presidente, passou perto de nós enquanto eu conversava com o deputado Alexandre Baldy sobre a pressão que fazíamos em cima dos parlamentares que estavam planejando faltar à sessão para beneficiar o governo. Quando nos viu, gritou:

— Desafio qualquer impeachmista a vir até aqui e bater a lista de votos comigo. Dilma tem 212 votos. Estou com a lista aqui na minha mão. Quem tem coragem?

Demos risada. Toda a conversa da oposição era sobre o número exato de votos que derrubaria Dilma. Ninguém acreditava em sua permanência. O jeito como reagimos mostrava isso. Nosso longo riso talvez o tenha deixado mais enfurecido ainda, mas tudo bem. Pelo menos conseguimos sair da confusão que geraram.

Chegara a hora da votação na Câmara dos Deputados. Seria onde veríamos o resultado de nossos esforços. Se a lista certa era a nossa ou a de Silvio Costa. Se, portanto, teríamos vencido essa importante batalha da guerra política brasileira.

A votação começou, e Cunha anunciara que havia 504 votantes presentes dos 513 possíveis. Se o PT tinha se engajado para que os parlamentares faltassem, o plano não dera muito certo.

Cada voto "sim" tinha direito a grito de torcida, aplausos, assobio e tudo mais à moda brasileira de tornar tudo uma Copa do Mundo. Mas não se passariam nem cinco minutos até que viesse o primeiro "não". O outro lado ainda lutaria bastante.

Se o momento era sério? Sim, certamente. Mas, apesar de haver várias afirmações preocupantes nos discursos dos mais variados parlamentares, houve muitos momentos de alívio cômico também. As declarações consistiam, basicamente, num revezamento de dedicatórias longas e justificativas para todos os lados. Os deputados votavam pela família, por seu estado, pelos eleitores, pelos professores, pelas mulheres, pelas crianças, pelos idosos, pelo passado, pelo futuro, pelos militares, pela saúde, pelas universidades e até pelo MBL.

Muitos parlamentares haviam levado suas famílias para a Câmara na hora da votação. Não eram raras as cenas em que se via um deputado comemorando com um monte de gente depois de ter votado. E eu só conseguia pensar: *Quem é esse monte de gente aleatória?* Só depois entenderia o que acontecia ali.

Ah, e havia quem dedicasse o voto a suas divindades também. Os nomes de Deus e Jesus foram usados tanto para condenar quanto para apoiar o impeachment. Existia uma briga para definir de qual lado Deus estava.

Para compor parte de sua fala, ainda que desconhecido da maioria dos espectadores, Cabo Daciolo, que depois se candidataria à Presidência da República, já soltaria um de seus futuramente famosos "Glória a Deus".

Os votos também foram dados em combate a algumas coisas. De cabeça, consigo lembrar que houve aqueles dedicados ao combate à corrupção, ao comunismo, à mídia tendenciosa, à insegurança, ao "golpe", aos reacionários, aos progressistas, a Dilma, a Cunha, a Temer, ao Foro de São Paulo etc. O microfone ali era um claro instrumento para distribuição de indiretas e alfinetadas uns nos outros. O importante, para muitos, era fazer pose de alguém preocupado com algo. O importante, para nós, era que falassem logo e dissessem "sim".

E, quando você pensava já ter visto de tudo na política brasileira, veio Jean Wyllys para cuspir em Jair Bolsonaro. Sim, um deputado escarrara no outro durante o processo de votação do impeachment de um presidente da República! A notícia foi imediatamente comentada e rapidamente alimentou milhares de memes que imortalizariam a cena tragicômica. Os memes produzidos sobre a cena são simplesmente impagáveis. Caso eu esteja falando a um jovem que lê este livro vinte anos depois do fato, apelo para que procure registros do episódio e suas repercussões. O brasileiro tem de ser estudado pela Nasa.

Voltando à seriedade, dizeres como "Fora Dilma!" e "Fora Cunha!" eram proferidos por votantes de ambos os lados. Talvez já prevendo o pouco tempo de liberdade que lhe restava, Cunha, ao som de uma mescla de vaias e aplausos, começou o próprio voto dizendo: "Que Deus tenha misericórdia desta nação."

Na virada da terceira para a quarta hora, quando os votos positivos já passavam de trezentos, ficamos mais seguros de que ganharíamos. Na quinta hora, quando se aproximava a tão esperada quantidade mínima de 342, os deputados já vibravam e faziam contagem regressiva.

Lembro até que rolava uma aposta entre nós para ver quem acertava qual seria o deputado a dar o voto decisivo. Mas foi passando o tempo e já era evidente quem seria.

Passadas seis horas, faltando três votos para a comemoração final, já se podia ouvir:

— Três! Três! Três! — gritava a torcida ao redor do microfone.

Depois:

— Dois! Dois! Dois! — e a petezada chorando.

E, finalmente, senti o choque de realidade ao ouvir quão próximos estávamos:

— Um! Um! Um!

A vitória era certa. Só faltava agora um discurso seguido de voto para que se cravasse o golpe de misericórdia. E, como bem enfatizou Bruno Araújo, foi a ele que o destino reservou a oportunidade de dizer o "sim" que asseguraria, enfim, o impeachment.

— Sim!.

Com muito confete, torcida organizada e barulho, o voto de número 342 foi proferido. Ao fundo, ouvíamos: "Eu sou brasileiro com muito orgulho, com muito amor." E não foi por um gol ou qualquer outra coisa dessa natureza. Que momento!

Placar final: 367 votos "sim"; 137 "não"; e sete abstenções.

Não sou uma pessoa que fica emotiva e chorosa com facilidade, mas foi impossível conter as lágrimas naquele momento. O trabalho de dias e noites atualizando fora, enfim, recompensado. E não estava chorando sozinho, não. Bastava olhar para o lado e ver todos comemorando efusivamente, mas com a mistura de um sentimento solene também. Era uma comemoração bem diferente das que ocorriam fora da Câmara. Em São Paulo, o clima era mais de descontração, palhaçada e festa. Nossa comemoração era, também, de muita felicidade, mas como que impregnada de um sentimento de gravidade por estarmos diante de algo grandioso, um episódio que ficaria marcado como um dia especial da história do país.

Logo em seguida, na capa do portal da *Folha de S.Paulo*, em matéria sobre a aprovação da Câmara, estava eu, pulando com os outros membros do MBL, chorando emocionado com o resultado. Com a preciosa foto que me captara em um raro momento de emoção, pelo menos teria algo que me ajudasse a lembrar — para sempre — do sentimento daquele instante. E é importante mesmo que não me esqueça de como foi.

A gente saiu do Congresso e nossa comemoração virou praticamente uma festa de rua. O pessoal estava muito louco do lado de fora. No bom sentido, claro. Era a energia da vitória vindo à flor da pele. Renan, como era de se esperar, estava elétrico. Saiu de lá e começou a beber até ficar torto. Aliás, quase todo mundo ficaria bêbado. Rubinho inclusive. A última memória que tenho dos dois é de ambos dançando com completos desconhecidos até que se perderam no meio dos manifestantes. Não os achei mais. Sumiram mesmo. Mas tudo bem. A gente merecia aquela comemoração. Demos tudo de nós e deu certo. Finalmente, Dilma Rousseff teria o destino merecido.

Quando penso no que fizemos, a ficha cai um pouco mais. Afinal, tivemos parte decisiva em algo que será estudado como fenômeno importante da política do Brasil. Com o impeachment de Dilma, o cenário — que antes se desenhava de uma forma — mudara drasticamente. Não sabíamos ainda exatamente a que a substituição por Temer levaria, mas nossa missão fora realizada com sucesso. E seus frutos positivos são inquestionáveis.

Gerações e gerações se sucederão ouvindo falar daquele 17 de abril de 2016. Irão questionar se foi golpe? Sim, mas que se responda que o único golpe ali foi na corrupção. Indagarão sobre se aquela era a melhor maneira de mudar as coisas? Certamente, mas que não se ignore que a Constituição fora violada e que a presidente da República não pode tudo. Perguntarão se valeu a pena em decorrência do que viria depois, com Temer e Bolsonaro? É claro que sim. E não há resposta melhor para isso do que: sim, valeu a pena, pois não só se ensinou, legitimamente, que quem está no poder não pode fazer o que quer, como também se demonstrou que ir à rua fazer pressão resulta.

Aliás, uma resposta deve ser adicionada a essa última questão. Em entrevista para o programa *Fato e Opinião*, fizeram a mesma pergunta para mim. E é claro que minha resposta foi positiva. Como consequência do período Dilma Rousseff, em que a inflação era de mais de 10%, puxada principalmente pelo preço dos alimentos, e a taxa de juros estava extremamente alta, minha resposta não poderia ser outra senão a de que: sim, valeu a pena. Aliás, como brincou Leo Lins na Paulista, o PT até que conseguiu cumprir uma das coisas que prometera, pois, de fato, a desigualdade salarial entre homens e mulheres havia caído. Naquela altura, os dois estavam desempregados.

Nunca me arrependerei. E que se pese como evidência da gravidade da coisa o que o próprio PT declarou no congresso nacional do partido de 2016. Em autocrítica, admitiam dois erros: não censurar a imprensa e não aparelhar o Exército. Como eu poderia me arrepender de ter ajudado o impeachment contra um partido cujo *mea culpa* consiste em lamentação por não ter conseguido implementar um projeto totalitário de poder? Eu ajudaria a fazer o impeachment quantas vezes fossem necessárias se para barrar um projeto autoritário.

A propósito, acrescento um comentário: quem conseguiria imaginar, na época do governo Lula, que o vistoso PT, com suas promessas de moralidade e transparência, teria momento tão vergonhoso? A história está aí para nos mostrar como tudo pode ter um desfecho diferente do prometido. Promessas só têm valor quando cumpridas.

Lá em 2014, quando tudo começou, eu jamais pensaria que, tão cedo, faria parte de algo grande e tão revigorante assim. A vitória que conquistamos não teve impacto apenas no cenário político, mas, claro, sobre mim mesmo. Por um bom tempo, fiquei absorto não só naquela emoção, mas em reflexões acerca das consequências individuais das escolhas que fiz. E minha conclusão foi a de que não poderia fazer coisa melhor de meu futuro. Há maior realização pessoal do que se conectar com milhões de pessoas por um objetivo nobre e vê-lo, pouco a pouco, se materializando? Há algo que possa nos ensinar mais sobre a humanidade que isso? Simplesmente desconheço. Não encontrei, pessoalmente, maior expressão de virtude, de aprendizagem ou mostra de cidadania do que nesse período lutando junto do MBL.

É óbvio que muita coisa ainda precisa mudar. A maior parte, na verdade. Não é como se, num passe de mágica, tudo tivesse ficado bem depois de tirarmos Dilma. Não. A reflexão era outra: o que esse episódio significara para nós, um grupo de jovens (de idade ou de espírito; no meu caso, só de idade) que gritava por mudança? Nosso ânimo por transformações teria parado ali? Ou seria aquele o marco motivador, a centelha, para novas lutas? De uma coisa eu tinha certeza: no que dependesse da gente, a batalha não cessaria com o impeachment conquistado.

Terminadas as comemorações, depois de termos passado por pelo menos mais duas festas de núcleos de deputados diferentes, voltei a pé para o hotel. Fiquei sozinho. Já estava tudo escuro, mas eu conseguia ouvir umas celebrações persistentes ao longe. Fui andando até o barulho da vitória se perder na distância. Era hora de o calor baixar. Já não havia mais reservas de adrenalina. Ao entrar no quarto, podia sentir o peso de meu corpo se impor, o sono acumulado apresentando a conta.

Munição esgotada, armas guardadas, soldados comemorando, inimigo no chão e generais se retirando para descansar. A noite não poderia terminar melhor. Não era um sonho. A batalha acontecera e nós triunfamos. Hoje, olhando pelo retrovisor, vejo que não era "ingenuidade de moleque". O MBL mudara, sim, e para melhor, o rumo da história do país. E continuaria mudando. Continuará.

CAPÍTULO XIII
RESSACA DE RODOVIÁRIA

por Renan Santos

Amanheci, naquela segunda feira, com a boca amarga de quem havia se excedido na noite anterior. A sensação de torpor era chancelada pelo corpo castigado, as pernas pesadas que insistiam em não reagir. A cama intacta e a calça ainda vestida eram testemunhas honestas de como regressara ao hotel após uma noite que só Deus sabe o quanto eu havia imaginado. Para ser preciso: eu não imaginara a noite, mas o dia da conquista em decorrência do qual haveria a celebração. A noite de comemoração pouco me tinha marcado.

Pouco me importavam a festa e os farsantes que tentavam capitalizá-la. Eu sabia o que tínhamos feito. Tinha consciência de que o MBL fora agente decisivo, fundamental, para o impeachment. Por isso mesmo acordei leve — leve a ponto de me sentir vazio. Era uma ressaca existencial, daquelas que aliviam o peso do ombro e o fardo da alma. Era, naquele instante, apenas um pedaço de gente qualquer, descabelado, olhando para o teto, digerindo uma vitória que ajudara a construir e o entendimento — ou iluminação, fosse eu espiritualizado — de que minha existência estava amarrada à história.

Quando nossa existência individual se mescla ao fato histórico — e nossa consciência se dá conta disso, capturando aquele instante como que com as mãos —, nós nos esvaziamos. Sem dor. Ali, naquele pequeno instante em que a vida miúda ombreia com a grandeza da história, todo o resto deixa de importar. Alguns comparam esse sentimento ao de cruzar os olhos com alguém amado. Outros tantos relatam ser essa a sensação ao se aproximar da morte. Sei apenas que, dali em diante, poderia morrer sem o sofrimento da não realização. Mais que a dor de partir, a dor de viver sem saber por que sempre me pareceu mais cortante.

Permaneci ali, quieto, olhando para o teto e sentindo meu corpo — afundado naquele colchão mole de hotel barato — cada vez mais leve, a ponto mesmo de formigar. Respirava pausadamente, sentindo o ar sair dos pulmões. Os olhos, já despertos, fixavam-se nas manchas de pintura mal-acabada que se espalhavam pelo quarto. E sorri.

Não é uma sensação ruim, imaginei. *Espero me sentir assim outras vezes.*

Mais tarde, finalmente de pé, reencontraria os parceiros. Rubinho, Paloma, Rafael e Kim me esperavam na recepção. Íamos ao Congresso, ainda vazio de representantes, conversar com amigos do MBL que lá estavam. Falou-se em manter a casa da Operação Minerva para pressionar senadores, etapa seguinte no processo; em organizar atos, eventos e pressões mil para garantir que o impedimento de Dilma, agora referendado pela Câmara, tivesse destino similar no Senado. Muitos dos nossos líderes tinham construído vínculos afetivos com a guerra. Eu também. *A continuidade era necessária*, imaginavam, pois a luta assim demandava. Escondíamos, porém, uma dimensão ambiciosa, difícil de controlar tanto quanto de alcançar: a de sustentar uma Waterloo permanente, capaz de dar à vida um plano maior que aquele do cotidiano.

Era por isso, aliás, que gostávamos tanto uns dos outros. Nunca entramos naquela guerra por um verde-amarelismo babaca, arrotando um patriotismo artificial difícil de ser compreendido. *Ame sua bandeira*, muitos diziam, como se aquele pano e suas cores dissessem algo mais sobre um Estado erguido em detrimento de seus cidadãos. Para muitos de nós, os símbolos da República só apareciam nos envelopes de processos e nos selos de oficiais de justiça.

Nunca amamos esse Brasil abstrato, distante, positivista, glorificado nos altos salários de seus funcionários e na verve cafona de seus prosélitos. O Brasil que construímos dentro de nós é o Brasil que descobrimos ao longo de nossa jornada. Um Brasil que é, portanto, diferente para cada um. O meu não parece com o do Fernando Holiday — mas também o é! E eu aprendi a entendê-lo, pois fora com Fernando que tinha caminhado, e não com uma flâmula, hino ou abstração. Com ele lutei uma guerra; a nossa guerra! E nela aprendemos que somos mais parecidos do que jamais imagináramos.

Essa percepção sempre foi tida como pressuposto e nunca tratada por nós com o devido peso. Somos um time de jovens um tanto quanto racionais, pouco dados a arroubos sentimentais ou demonstrações de fé e amor desmedidos. Mas nos apegamos à nossa história, pois com ela costuramos nossa ideia de grupo, de tempo, de nação. Nossa história é nossa guerra; é nossa Jerusalém. E tínhamos de saber quando estava feita, posta, realizada.

Não precisávamos de batalha pelo Senado; o governo Temer construía-se a olhos vistos. Mesmo a luta contra o "golpe" — termo utilizado pelas esquerdas para descrever o processo — arrefecia diante do inevitável. Permanecer em Brasília era dar seguimento descendente a uma história que deveria se encerrar no auge. O 17 de abril fora o dia de nossa vitória; a bolsa que subia e o impeachment no Senado eram apenas algumas das consequências.

Alguns ali presentes não aceitaram bem minha ponderação. Lágrimas escorriam dos olhos de Renatinha, gaúcha que conhecemos em Goiás e que militava por Minas; era ela a primeira a pedir que reconsiderássemos, que mantivéssemos os acampamentos de pé por mais algumas semanas. Cigana que era, não suportava a ideia de regressar ao lar. Ela chorava. Outros tantos, como Paulo Filippus e Alexandre Paiva, não escondiam a insatisfação. Mas não tinha jeito. Um ciclo se encerrara. Boas vitórias devem terminar assim, melancolicamente. Não há maneira diferente de criar raízes e saudades.

Era hora de partir. Saímos. Apertando os olhos contra o sol, subimos o gramado em frente ao Congresso — o mesmo onde acampáramos seis meses antes — e percebemos que ainda havia sinais de nossas barracas sobre o terreno.

— Ainda tem as marcas — disse o Ian, enquanto acendia um cigarro.

Rubinho abandonou a calçada e começou a caminhar pelo xadrez colorido, entre tons de verde, que desbotava até se tornar novamente uniforme; procurava identificar onde ficava cada barraca, onde se sucedeu cada acontecimento.

— O Kim ficava aqui — gritou ele, de fundo, já próximo ao espelho d'água. Imagino que tenha acertado.

Enquanto ele redesenhava o mapa de nossa antiga vila de manifestantes, continuei caminhando. Renatinha estava ao meu lado, olhando para baixo, ainda inconformada — magoada mesmo — por deixarmos Brasília. Permanecíamos em silêncio, os soluços dela cada vez mais raros. Até que nos deparamos com uns garranchos, em preto, recém--pichados sobre a calçada do Congresso Nacional. Afastando o olhar, lemos: "Não vai ter golpe." Era essa a mensagem redigida por algum rebelde governista na noite anterior.

Contemplamos a frase com desconcerto. Renata, que franzia os olhos para se defender do sol, ensaiou um sorriso. "Não vai ter golpe" era o lema entoado por nossos adversários. A forma por meio da qual denunciavam o processo de impeachment, tentando vendê-lo como quebra da ordem institucional e ligá-lo a uma tradição de rupturas. Tratar aquela conquista da sociedade como golpe era risível, desrespeitoso para com um país que se insurgira, mas servia como ladainha para guiar a esquerda pelo deserto. Repetiam o coro como reza; tentavam impô-lo como fato a despeito dos fatos. O resultado era cômico. Naquele 18 de abril, mais cômico ainda. Nossos adversários não tinham compreendido coisa alguma do que se passara. Não compreendem até hoje. Daí por que sorríamos.

Era, realmente, o fim de uma aventura para todos nós. Ian ficaria por Brasília, para tocar seu trabalho de acompanhamento parlamentar — nosso lobby liberal, diga-se — até se tornar uma das figuras mais conhecidas do universo particular da Câmara dos Deputados. Rubinho, por sua vez, já tinha voo marcado para Viracopos; deveria regressar a Vinhedo, nossa pequena cidade, onde tudo começara, para continuar seu trabalho como advogado. Renatinha, ainda desconsolada, permaneceria alguns dias em Brasília, mantendo viva a sensação de casa que a luta podia lhe oferecer.

Eu fingi ter um voo mais tarde. Não tinha. Almocei com Kim — cuja agenda estava recheada de entrevistas — e regressei ao hotel, onde peguei minhas coisas. Eram duas mochilas, uma de roupas, outra com o laptop e documentos, além do blazer puído da Zara que comprara para visitar o Congresso. Fiz o check-out e me dirigi à rodoviária, sempre ela, em busca de uma passagem para São Paulo. Era hora de voltar para casa, mas à moda antiga.

As idas e vindas a Brasília e o orçamento apertado me ensinaram a apreciar as viagens de ônibus. Aquela estrada, a mesma que cruzáramos a pé no início da jornada, era mais do que somente uma via de passagem. Havia os postes de luz que gostava de acompanhar na saída da capital federal; a imensidão vazia pela noite de Goiás; os postos de gasolina em Catalão e Pirassununga. Deitado naquele banco reclinável, enquanto acompanhava as conversas triunfantes nas centenas de grupos do MBL no WhatsApp, recebi ligações de meu irmão, de Pedro e de Fernando. Todos felizes com a vitória no dia anterior.

Fora a primeira manifestação que fizemos separados, liderada, em São Paulo, exclusivamente por Holiday. Pedro, dono da ideia da Carreta Furacão, podia assumir-se como membro do movimento, enquanto Alexandre, descobrindo-se gestor, podia vangloriar-se de ter conduzido um espetáculo a céu aberto para centenas de milhares de pessoas. Nossos planos, como que num filme adolescente, encaixaram-se no tempo certo, na hora certa. As dificuldades viraram história a ser contada. Apenas eu remoía o auxílio jamais dado por muitos em cujas portas bati. Mas isso nunca importou muito. Afinal, tínhamos conseguido.

Foi encostando a cabeça no vidro frio da janela do ônibus que senti, pela primeira vez, saudade de todos os momentos que passáramos juntos em nossa pequena epopeia pela saída de Dilma Rousseff. Até dela tinha — tenho — saudades. Confesso. Dela, das manchetes do Antagonista, das articulações de Cunha, das notícias da Lava Jato e dos almoços no Madrigano; das reuniões inúteis com possíveis doadores, das conversas sobre conjuntura com Reinaldo Azevedo, da maturidade cortante do Kim, do talento difícil e temperamental do Fernando.

Ah, os dias passados cheios de dúvidas e esperanças na Marcha para Brasília, com chuva na cabeça e desculpas furadas para aquecer os espíritos! E as rondas noturnas pelo acampamento, razão que inventávamos para caminhar trocando conversa com desconhecidos? Foram tempos estranhos os que nos trouxeram até aqui, e nós vivemos, felizes ou não, cada um de seus momentos.

* * *

É estranho pensar nas consequências de cada uma das ações descritas neste livro. Kim, mais frio do que eu, é capaz de elencá-las metodicamente, até que uma sequência lógica se construa. Já eu me perco um pouco nas palavras e nas sensações. O Brasil que nasceu a partir dessa aventura não é perfeito, mas é mais livre. Nosso grupo também. Minha vida foi revirada pela imprensa e pelo juiz que me perseguia. Ao fim, porém, continuei de pé. Fernando tornou-se vereador, deixando de lado as incertezas e as desconfianças típicas de alguém que se via diferente dos demais. Mudamos de escritório, criando raízes num galpão reformado na Vila Mariana. Kim tornou-se o estudante, o militante e o deputado que sempre planejara ser. Alexandre é nosso eterno presidente, aquele que juntou tantos diversos numa mesma fórmula. E Pedro abandonou de vez o showbiz para virar nosso criador de caminhos num mundo político mais estranho que o da música. Crescemos, conquistamos outras coisas, nos tornamos força política. Mas isso nada significa perto da aventura que vivemos.

Eu nunca esquecerei os dias passados naquele pequeno escritório na Brigadeiro Luís Antônio, nem as experiências vividas naqueles dois anos. A história do impeachment é maior que o impeachment em si, pois é também a minha história e dos meus amigos; porque é dos afetos mais íntimos que falamos primeiro. Sempre!

O Brasil que aprendi a amar é o Brasil que ajudei a erguer. É o Brasil que cruzei naquela noite no ônibus, entre Goiás, Minas e São Paulo, nas rotas que os Bandeirantes singraram enquanto tomavam posse de nosso país.

Esse é o meu Brasil, único e possível.

É o Brasil que me acolheu enquanto fechava os olhos, voltando para casa, como um acorde de sol maior encerrando uma canção que se acabou.

AGRADECIMENTOS

Este livro só foi possível pela paciência da Record e de seu editor-executivo, Carlos Andreazza, com nossos incessantes atrasos. Esperamos que nos perdoem pelo vacilo. Aprendemos muito durante o processo, e cremos ter entregue um relato pessoal e verdadeiro dos três anos mais intensos de nossas vidas.

E, se vacilamos com a editora, por que não falar de nossos amigos e familiares, que tanto nos cobravam pelo isolamento dedicado à construção destas páginas, justamente nos dias em que era possível desfrutar de suas companhias? A eles, nossos mais sinceros agradecimentos... ainda que o tempo não volte.

Aos irmãos de batalha em todo o processo, Alexandre, Pedro, Rizzo, Fernando, Fred e Rubinho — que estiveram conosco desde a fundação do humilde escritório na combalida Bela Vista: não reconheceremos vacilo algum! Temos de manter nossa fama de workaholics. Fomos cobrados por todos vocês pela entrega deste livro. Esperamos ter honrado suas participações nesta obra que se junta ao filme *Não vai ter golpe!* na construção do legado afetivo de nossas memórias.

Aos coordenadores do MBL que partiram — mas que lutaram conosco a boa batalha — fica também nossa lembrança e agradecimento. Se a estrada se tornou outra ao final do processo, que fique a memória dos dias em que caminhamos juntos. Se vacilaram conosco, saibam que não guardamos rancor; se vacilamos com vocês, fica nosso pedido de desculpas. A lembrança será sempre positiva.

Aos deputados que devotaram seus mandatos a esta aventura, nosso franco reconhecimento. Quantos de vocês não arriscaram seus mandatos por conduzirem uma luta inglória em seus estados e partidos? Sabemos o quanto a urna é ingrata, ávida por paixões fugazes. A história, porém, não vacila. E guarda vocês em grande conta.

Aos adversários, o reconhecimento por terem pelejado até o fim. Vocês abrilhantaram nossa vitória. Contaram votos até o último instante, jogaram seu jogo — sujo, reconheçamos — até que a realidade se impusesse. Não nego: tiraram nosso sono, moldaram nosso caráter. Agradecemos por terem nos ajudado a ser quem somos — e permitir que essa história, um dia, fosse contada. Só quem está na arena sabe as dores e delícias de lutar.

Agradecemos também ao povo que foi às ruas; aos jornalistas que nos cobriram; aos demais movimentos, em especial Vem Pra Rua e Revoltados On Line; à CNA e ao setor agrobrasileiro, que nunca faltam no momento das grandes lutas; aos doadores e aos detratores, reais e imaginários; ao amigo Arthur Mamãe Falei, primeiro a ouvir os parágrafos deste livro, lidos ferozmente por Renan; aos restaurantes de estrada em Goiás, ao gramado do Congresso Nacional, aos violões tocados em noites sem esperança; ao eterno Madrigano, velho restaurante e sede de reuniões sem fim. Esperamos ter honrado seu papel nessa história.

Fizemos o que pudemos. Jamais vacilamos diante do desafio.

Obrigado a todos.

Este livro foi composto na tipografia Minion
Pro, em corpo 11,5/16, e impresso em
papel off-white no Sistema Cameron da
Divisão Gráfica da Distribuidora Record.